교사를 위한
실무 한글

앤써북
ANSWERBOOK

교사를 위한

학교 업무 효율성 높이는 66제

초판 1쇄 인쇄 | 2025년 8월 30일

지　은　이 | 한동규
발　행　인 | 김병성
발　행　처 | 앤써북
편 집 책 임 | 조주연
주　　　소 | 경기도 파주시 탄현면 방촌로 548번지
전　　　화 | (070)8877-4177
팩　　　스 | (031)942-9852
등　　　록 | 제382-2012-0007호
도 서 문 의 | answerbook@naver.com

I S B N | 979-11-93059-61-6 13000

이 책은 저작권법에 따라 보호받는 저작물이므로 무단 전재와 무단 복제를 금하며,
이 책 내용의 전부 또는 일부를 사용하려면 반드시 저작권자와 앤써북 발행인의
서면동의를 받아야 합니다.

※ 책값은 뒤표지에 있습니다.
※ 잘못된 책은 구입한 서점에서 바꿔 드립니다.

한글 찐 프로 교사 한쌤의 업무 활용 노하우를 모두 배운다!

교사를 위한
실무 한글
학교 업무 효율성 높이는 66제

문서 작성 기초 떼고 스타일, 상용구, 메일머지, 공문서, 보고서, 수업자료, 놀라운 꿀팁까지

한동규 저

쉬운 설명
초보자도 따라하는
아주 쉽게 설명!

모두 제공
업무 효율성을
확 높이는 직접 만든
단축키 모음집!

업무 활용
교사 업무 및
수업 준비 시간이
확! 줄어든다

한쌤 꿀팁
한쌤의 수년간
업무 활용 속 터득한
꿀팁 대방출!

시작하는 글

요즈음 학교 현장에서는 다양한 에듀테크 도구를 교육활동에 활용하는 것이 중요한 시대흐름으로 자리잡고 있습니다. 디지털 도구를 수업에 적용하기 위하여 전국의 많은 선생님들이 연수, 세미나, 연구회, 독서 활동 등을 통해 새로운 것을 배우며 익히고 있습니다. 필자 역시 좋은 수업을 만들어가고자 여러 가지 에듀테크 도구의 활용을 연구하고, 이를 수업에 효과적으로 적용하고자 노력하고 있습니다.

그런데 대한민국의 교사들이 학교 업무 중 가장 많이 활용하는 에듀테크 도구는 무엇일까요? 아마도 한컴오피스가 아닐까 합니다. 한컴오피스는 K-에듀파인 등에서 업무를 할 때 필수적으로 접해야 하는 도구입니다. 기안문 작성과 문서 편집 등이 모두 한컴오피스를 기반으로 이루어지고 있기 때문입니다. 뿐만 아니라 각종 보고서 작성, 수업 자료 제작, 평가문항 개발 등도 역시 상당 부분 한컴오피스를 활용하는 경우가 많을 것입니다. 이렇게 한컴오피스를 사용하는 시간이 많음에도 불구하고 아직까지 교육 현장에서 한컴오피스 활용을 위한 연수는 다른 에듀테크 도구들에 비해 활발하게 이루어지지 않고 있는 모습을 볼 수 있습니다. 이는 아마도 누구나 사용 가능한 익숙한 도구이기에 그 필요성을 잘 느끼지 못해서이지 않을까라는 추측을 해봅니다.

필자는 육군 포병장교로 군복무를 했습니다. 그 당시 제가 맡은 보직은 작전장교였는데 주요 업무는 훈련을 위한 계획서와 보고서 작성 등 문서 작업을 하는 것이 대부분이었습니다. 일반적인 업무 수행은 제가 종이에 펜으로 초안을 쓰면 저희 부서에 속해있는 작전병들이 한컴오피스로 문서 작업을 한 후 출력하여 저에게 제공하고, 이를 다시 제가 펜으로 수정한 후 작전병들에게 보내는 과정의 반복으로 진행되었습니다. 작전병들은 주로 컴퓨터를 다루는 능력이 뛰어난 사람들로 구성되어 있었는데, 한글 문서 작업 또한 신속하게 처리하였습니다. 하지만 때때로 업무량이 과도할 경우에는 작전병을 거치기 보다는 제가 직접 컴퓨터로 한글 문서 작업을 하는 것이 업무효율을 높이는데 효과적이었습니다. 그래서 군 복무 기간 동안 틈틈히 작전병들에게 한컴오피스의 주요 단축키과 활용 팁에 대해 배우고 이를 바로 적용하고자 노력하였습니다. 그러한 시간들이 쌓이자 제대를 앞 둔 시점에서는 저도 왠만한 작전병들과 비슷한 수준으로 한컴오피스를 다루는 능력을 갖출 수 있게 되었습니다.

군 전역 후 한 달이 채 되지 않은 시점에 학교에서 근무를 시작하였는데, 공문서 작성 등의 업무 처리 부분은 다른 신규 교사들에 비해 유독 빨리 적응하는 편이었습니다. 군대와 학교에서의 공문서 처리 과정이 상당히 유사하기도 했으며, 각종 계획서 등을 작성할 때 군 복무 기간 중 익힌 한글 문서 편집 능력이 큰 도움을 주었습니다. 그때부터 지금까지 교직 생활 20년간 저의 한컴오피스 활용 능력은 학교 업무와 교육 자료 제작을 효율적으로 수행하는데 상당히 효과적이었습니다. 이는 순수 학교업무 외에 각종 연

시작하는 글

구대회, 교사연구회, 연구학교 보고서 작성 등 많은 양의 문서 작업을 큰 어려움 없이 수행할 수 있는 바탕이 되었습니다.

이후 에듀테크 도구 활용 강사로 타 학교에 강의를 다니던 중 우연한 기회에 한컴오피스의 각종 팁을 전달하는 기회가 있었는데, 다른 에듀테크 도구보다 선생님들의 호응이 매우 좋았습니다. 이를 계기로 지난 2021년부터 지금까지 지식샘터(educator.edunet.net)를 통해 매월 '한컴오피스 업무효율 올리기' 강좌를 운영하며 온라인상으로 전국의 유·초·중·고 선생님들에게 한컴오피스의 다양한 팁을 소개하고 있습니다.

이 책은 학교 현장에서 흔히 접할 수 있는 다양한 상황에서 적절하게 활용할 수 있는 한컴오피스의 기능을 구체적인 과정과 함께 소개하고 있습니다. 각 소주제마다 제공되고 있는 실습파일을 열고 이를 책에서 안내하는 순서대로 한 단계씩 따라하다보면 금새 해당 단축키와 편집 요령을 익힐 수 있습니다. 또한 중간중간 독자분들께 소개하는 '한쌤의 TIP!!'과 '한쌤의 노하우!!'는 업무 시간을 단축하는데 유용하게 활용될 수 있을 것입니다. 아무쪼록 이 책이 교육활동에 열심히 매진하고 있는 선생님들의 한컴오피스 업무효율을 높여 차 한 잔 할 수 있는 여유를 선물할 수 있기를 기대해봅니다. 선생님을 통해 아이들의 꿈이 자라납니다. 선생님의 건승을 기원합니다!

마지막으로 이 책을 집필하는 동안 한결같은 사랑으로 저를 응원해준 아내 은정, 그리고 제 인생의 선물과도 같은 네 명의 자녀 미르, 마루, 누리, 별에게 감사의 마음을 전하며, 모든 영광을 하나님께 드립니다.

2025년 7월
한동규

독자지원센터

[책 소스 다운로드 / 정오표 / Q&A / 긴급 공지]

이 책의 실습에 필요한 책 소스 파일 다운로드, 정오표, Q&A 방법, 긴급 공지 사항 같은 안내 사항은 PC 기준으로 안내드리면 앤써북 공식 카페의 [종합 자료실]에서 [도서별 전용 게시판]을 이용하시면 됩니다.

앤써북 네이버 카페에서 [종합 자료실] 아이콘(❶)을 클릭한 후 종합자료실 게시글에 설명된 표에서 226번 목록 우측 도서별 전용 게시판 링크 주소(❷)를 클릭하거나 아래 QR 코드로 바로가기 합니다. 도서 전용 게시판에서 설명하는 절차로 책소스 파일 다운로드, 정오표, 필독사항 등을 안내 받을 수 있습니다.

▶ 앤써북 공식 네이버 카페 종합자료실
https://cafe.naver.com/answerbook/5858

▶ 도서 전용게시판 바로가기
https://cafe.naver.com/answerbook/8326

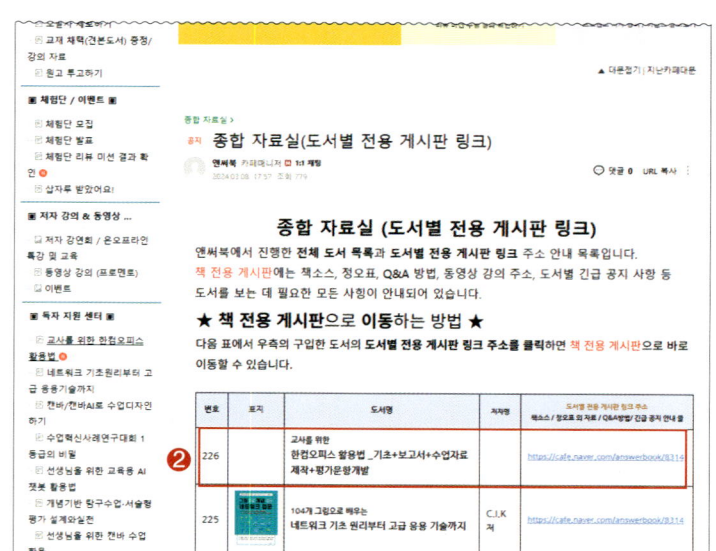

독자지원센터

[앤써북 공식 체험단]

앤써북에서 출간되는 도서와 키트 등 신간 책을 비롯하여 연관 상품을 체험해 볼 수 있습니다. 체험단은 수시로 모집하기 때문에 앤써북 카페 공식 체험단 게시판에 접속한 후 [즐겨찾기] 버튼(❶)을 누른 후 [채널 구독하기] 버튼(❷)을 눌러 즐겨찾기 설정해 놓거나, ❸[새글 구독]을 우측으로 드래그하여 ON으로 설정해 놓으면 새로운 체험단 모집 글을 메일로 자동 받아보실 수 있습니다.

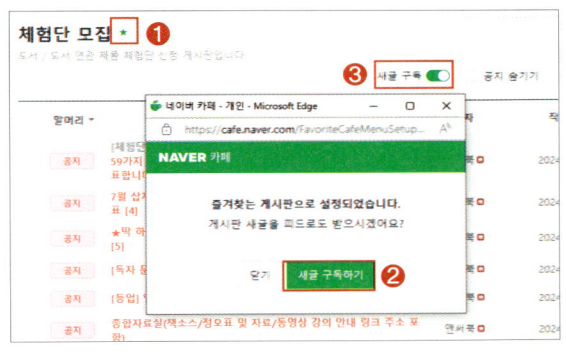

➡ 앤써북 카페 공식 체험단 게시판

https://cafe.naver.com/answerbook/menu/150

▲ 체험단 바로가기 QR코드

[저자 강의 안내]

앤써북에서 출간된 책 관련 주제의 온·오프라인 강의는 특강, 유료 강의 형태로 진행됩니다. 강의 관련해서는 아래 게시판을 통해서 확인해주세요. "앤써북 저자 강의 안내 게시판"을 통해서 앤써북 저자들이 진행하는 다양한 온·오프라인 강의를 확인할 수 있습니다.

➡ 앤써북 강의 안내 게시판

https://cafe.naver.com/answerbook/menu/144

▲ 저자 강의 안내 게시판 바로가기 QR코드

Contents

1 효과적인 문서 작업 시작하기

1 효율적인 한글 문서 작업의 비결 • 14
효율적인 문서 작업을 위한 한컴오피스 설정 • 14
키보드와 친해지기 • 17
주요 단축키 숙지하기 • 18

2 Ctrl 키 100% 활용하기 • 23
Ctrl 키 활용하여 블록 설정하기 • 23
Ctrl 키 활용하여 편집시간 단축하기 • 25

3 효과적인 표 편집으로 업무시간 단축하기 • 28
마우스 사용 없이 표 만들기 • 28
셀 블록 설정하기 • 32
셀 크기 조절하여 이름표 만들기 • 34
셀 테두리/배경 편집하기 • 39
표/셀 속성 활용하기 • 42
제목셀 설정하여 명렬표 만들기 • 45
셀 모양 복사하여 시간표 만들기 • 47
줄/칸 나누고 합치기 • 50
줄/칸 추가하기 • 52
자동채우기 100% 활용하기 • 57
블록 계산식 활용하기 • 60
캡션 활용하여 표 정리하기 • 62

Contents

② 공문서 기안 스마트 하게 하기

❶ 글자모양 편집하기 • 68
  - 손쉽게 글자색 바꾸기 • 68
  - 간편하게 글자 속성 조정하기 • 71
  - 장평/자간 활용하여 공문서 작성하기 • 74
  - 문자표 활용하여 특수문자 입력하기 • 78
  - 간편하게 글자 크기 바꾸기 • 82
  - 특정 글자 한 번에 찾아 바꾸기 • 85
  - 글자 모양 복사하기 • 87

❷ 문단모양 편집하기 • 91
  - 문단모양 설정 활용하여 공문서 작성하기 • 91
  - 들여쓰기/내어쓰기 설정으로 K-에듀파인 기안하기 • 95
  - 손쉽게 문단 정렬 편집하기 • 99
  - 간편하게 줄간격 조절하기 • 103
  - 특정 문단 모양 한 번에 찾아 바꾸기 • 105
  - 문단 모양 복사하기 • 112

❸ 메일 머지로 상장 만들기 • 116
  - 메일 머지 상장 양식 만들기 • 116
  - 메일 머지 데이터 파일 만들기 • 118
  - 메일 머지 상장 출력하기 • 120
  - 메일 머지로 여러 상장 한 번에 만들기 • 122

❹ 문서 작업 효율적으로 하기 • 125
  - 스타일 설정하고 활용하기 • 125
  - 한글 매크로 활용하여 표 만들기 • 142
  - 완성한 문서 맞춤법 검토하기 • 145

Contents

③ 학습자료 쉽게 편집하기

❶ 상용구로 학습지 편집효율 높이기 • **150**
　상용구 입력하기 • 150
　상용구 활용하여 평가문항 만들기 • 153
　이미지 상용구 활용하기 • 155
　겹침 문자 상용구 활용하기 • 159
　나만의 상용구 파일 활용하기 • 160

❷ 학습지 구성 다양하게 편집하기 • **165**
　편집 용지 설정하기 • 165
　쪽 번호 편집하기 • 166
　학습지 머리말/꼬리말 입력하기 • 169
　각주 삽입하고 편집하기 • 170
　다단 나누기로 학습자료 만들기 • 172

❸ 학습지 수업에 활용하기 • **175**
　학습지 정답 필요할 때만 보기 • 175
　학습지 정답 제외하고 인쇄하기 • 183
　메모 기능 활용하여 참고자료 입력하기 • 186
　하이퍼링크와 책갈피 기능 활용하기 • 189

Contents

보고서 깔끔하게 완성하기

① 효과적인 한컴오피스 그림 편집 • 194
　여러 개의 그림 한 번에 편집하기 • 194
　여러 개의 그림 크기 한 번에 조절하기 • 196
　그림에 다양한 효과 넣기 • 201
　간편하게 그림 자르기 • 205
　손쉽게 그림 용량 줄이기 • 210
　서명 이미지 삽입하기 • 213

② 복잡한 문서 편집하기 • 218
　쪽번호 올바르게 표시하기 • 218
　목차 차례 점선 만들기 • 220
　편집화면 나누어 목차 완성하기 • 221
　특정 페이지 한 번에 찾아가기 • 224

③ 여러 문서 하나의 파일로 합치기 • 227
　문서 끼워넣기 • 227
　메모 삭제하기 • 229
　조판부호 한 번에 정리하기 • 231

④ 문서 편집 실습하기 • 233
　실습과제1: 표 편집하여 회의자료 만들기 • 233
　실습과제2: 여러 개의 파일을 하나의 문서로 완성하기 • 244

1

효과적인 문서 작업 시작하기

이 장에서는 효과적인 문서 작업의 시작을 위한 첫 단추를 끼워보겠습니다. 한컴오피스의 기본 설정, 키보드와 친해지는 방법, 주요 단축키 등을 익히면 한글 문서 작업의 효율성을 높일 수 있을 것입니다. 또한 [Ctrl] 키의 적절한 활용은 문서 작업 시간을 단축하는 데 유용할 것입니다. 그리고 한글 문서 작업 중 많은 시간이 소요되는 표 편집을 보다 효과적으로 수행할 수 있는 각종 팁을 소개해드리겠습니다.

1 효율적인 한글 문서 작업의 비결

효율적인 한글 문서 작업을 위해서 처음 한컴오피스 기본 설정이 중요합니다. 또한 마우스보다는 키보드를 활용하며 작업하면 시간을 단축할 수 있습니다. 이를 위해 업무에서 자주 사용하는 기능의 단축키를 정리하여 익히면 매우 유용합니다. 또한 문서 작업 중 많은 시간이 소요되는 표 편집의 주요 기능을 익히면 문서 작업의 효율을 높일 수 있습니다.

효율적인 문서 작업을 위한 한컴오피스 설정

문서 작업을 시작하기 전에 기본 환경을 적절하게 설정하면 적인 업무의 효율성을 높이는 데 도움이 됩니다. 효율적인 문서 작업을 위한 한컴오피스 설정 과정에 대해 알아보겠습니다.

실습 파일: 01-1_실습_1.HWP   **완성 파일:** 01-1_완성_1.HWP

01 실습 문서(01-1_실습_1.HWP)를 연 뒤 ❶ 메뉴 우측 상단의 'ᐯ'(단축키 Ctrl + F1)를 눌러 ❷ 기본 도구상자가 보이도록 설정합니다.

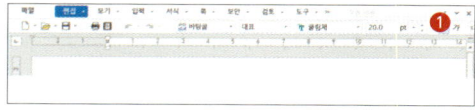 

02 ❸한글 메뉴 [보기] 선택 - ❹[쪽 윤곽] 체크 - ❺[컬러] 체크 - ❻[문단 부호] 체크 - ❼[그림] 체크 - ❽[투명 선] 체크 - ❾[교정 부호] 체크 - ❿[메모] 체크합니다.

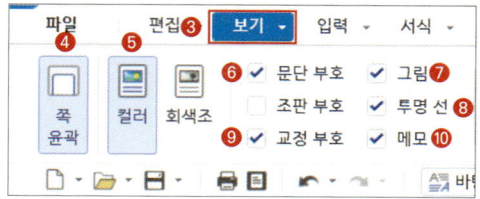

03 한글 메뉴 ❶[도구] - ❷[환경 설정]을 선택합니다.

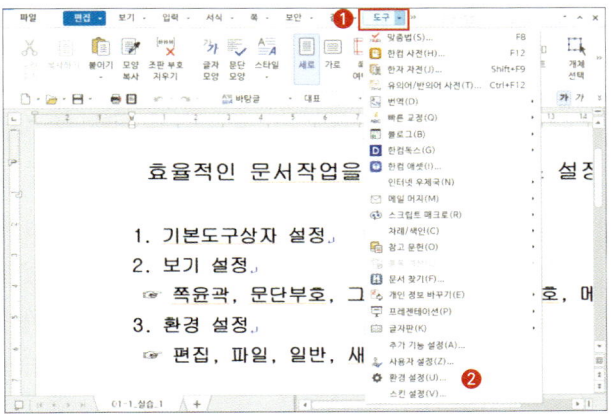

04 ❸[편집] 탭 선택 - ❹[불러오기] 항목에서 '문서를 불러올 때 문서 첫 줄로 커서 이동'을 체크합니다.

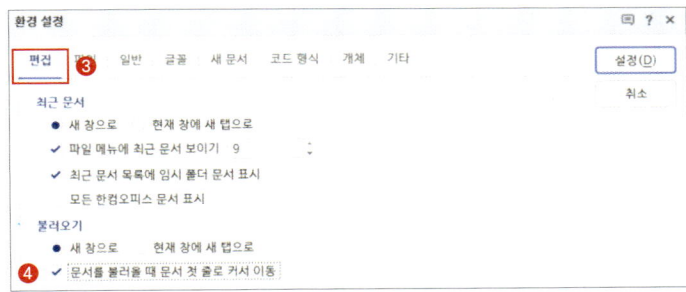

한쌤의 TIP 한컴오피스를 열면 문서를 닫기 전 가장 마지막으로 저장한 부분에서 커서가 위치되어 있습니다. 하지만 [환경설정]-[파일] 탭에서 '문서를 불러올 때 문서 첫 줄로 커서 이동'을 체크하면 새 문서를 열 때마다 항상 문서의 첫 부분에 커서가 위치하게 되어 업무 시 유용하게 활용할 수 있습니다.

05 ❺[파일] 탭 선택 - ❻[저장] 항목의 다음 형식으로 파일 저장에서 '한글 문서(*.hwp)' 선택 - ❼[복구용 임시 파일 자동 저장] 항목 '무조건 자동 저장 10분' 체크 - ❽'쉴 때 자동 저장 10초' 체크합니다.

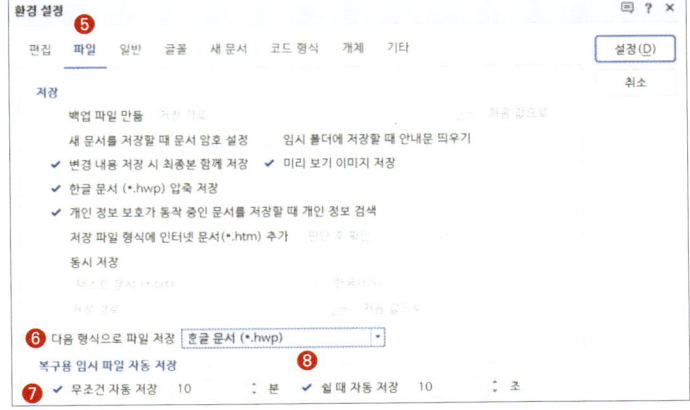

한쌤의 TIP 한글표준문서(*.hwpx)의 활용이 더 많이 필요한 경우에는 [환경설정]-[파일] 탭의 '다음 형식으로 파일 저장' 항목에서 파일 저장 형식을 변경할 수 있습니다.

Chapter 1 효과적인 문서 작업 시작하기 **15**

06 ❾[일반] 탭 선택 - ❿[사용자 정보]의 사용자 이름에 '홍길동'을 입력합니다.

> **한쌤의 TIP** [환경설정]-[일반] 탭에서 사용자 이름을 설정하면 추후 한글 메모 입력 시 해당 이름이 각각의 메모에 표시되어 필요에 따라 유용하게 활용될 수 있습니다.

07 ❶[새 문서] 탭 선택 - ❷[용지 종류] 'A4(국배판) [210×297mm]' 선택 - ❸[용지방향] '세로' - ❹[제본] '한쪽' - ❺[용지 여백] 위쪽 '20.0mm' - ❻머리말 '15.0mm' - ❼왼쪽 '30.0mm' - ❽오른쪽 '30.0mm' - ❾제본 '0.0mm' - ❿꼬리말 '15.0mm' - ⓫아래쪽 '15.0mm' - ⓬[설정] 버튼을 누릅니다.

> **한쌤의 노하우** 용지 여백을 변경한 후 이를 새 문서에 적용시키고자 할 경우에는 **F7** 키 입력 - 용지 여백 값 설정 - ❶'현재 설정 값을 새 문서에 적용'을 체크하는 과정을 거치면 됩니다.

키보드와 친해지기

한글 문서 작업 시 중간중간 마우스를 많이 사용할수록 작업 시간이 길어집니다. 키보드를 적절하게 활용하면 마우스를 대체할 수 있습니다. 마우스를 대체할 수 있는 키보드의 몇 가지 기능에 대해 알아보겠습니다.

> 실습 파일: 01-1_실습_2.HWP

01 실습 문서(01-1_실습_2.HWP)를 연 뒤 ❶ 2쪽 '1) 자유학년제의 개념'이 보일때까지 `PgDn` 키를 누릅니다.

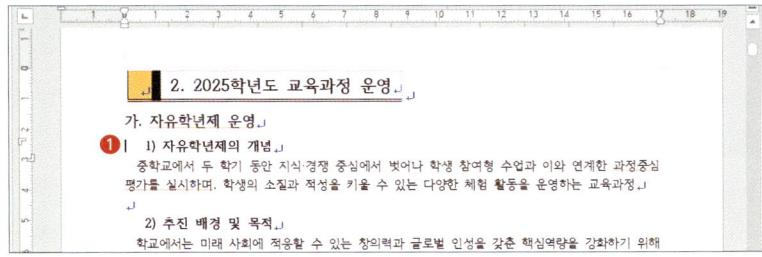

02 ❷ `Shift` + `End` 를 입력하여 '1) 자유학년제의 개념'을 블록설정합니다.

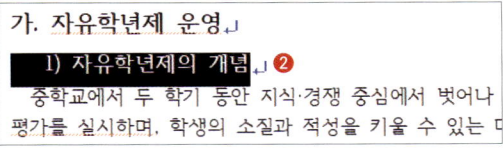

03 ❸ `Shift` + `PgDn` 을 입력하여 화면 전체를 블록설정합니다.

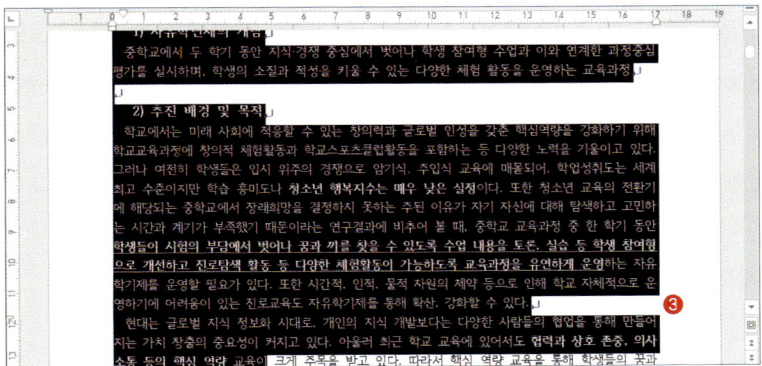

04 ❹ `Alt` + `G` 입력 - ❺[쪽] 선택 - ❻'21'입력 - ❼[가기]를 누릅니다.

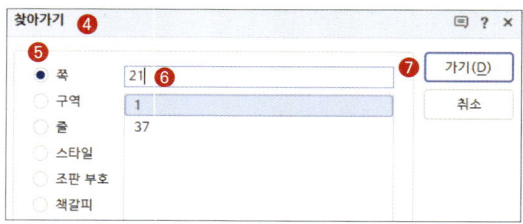

05 ❽ `Ctrl` + `PgDn` 입력하여 문서의 가장 마지막 부분으로 이동합니다.

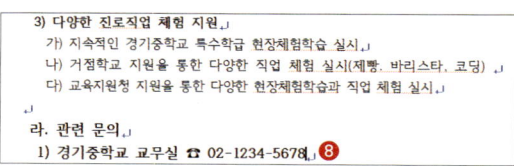

06 ❾ `Ctrl` + `PgUp` 을 입력하여 문서의 가장 첫 부분으로 이동합니다.

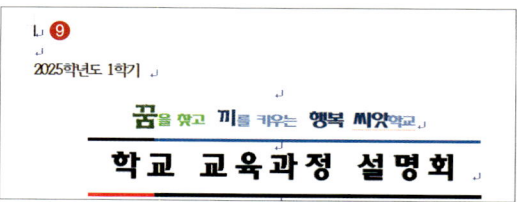

주요 단축키 숙지하기

한글의 단축키는 문서 작업 효율을 높이는데 효과적입니다. 하지만 한글의 모든 단축키를 익히기는 쉽지 않습니다. 본 책에서는 학교 업무에서 자주 활용될 수 있는 단축키를 50개로 정리하였습니다. 물론 이보다 더 많은 단축키가 있으나 본 책에서 제시하는 50개의 단축키만 익혀도 업무의 효율성을 상당 부분 높일 수 있을 것입니다. 주요 단축키 활용 방법에 대해 알아보겠습니다.

> 실습 파일: 01-1_실습_3.HWP

01 실습 문서(01-1_실습_3.HWP)를 연 뒤 ❶두 번째 줄 두 번째 칸에 커서를 위치시킨 후 Ctrl + A 입력 - ❷ Ctrl + U 를 누릅니다.

02 ❸세 번째 줄 두 번째 칸에 커서를 위치시킨 후 Ctrl + A 입력 - ❹ Ctrl + B 를 누릅니다.

03 ❺네 번째 줄 두 번째 칸에 커서를 위치시킨 후 Ctrl + A 입력 - ❻ Ctrl + I 를 누릅니다.

04 ❼다섯 번째 줄 두 번째 칸에 커서를 위치시킨 후 Ctrl + A 입력 - ❽ Ctrl 을 누른 채 N 과 T 를 순서대로 입력합니다.

05 ❾여섯 번째 줄 두 번째 칸에 커서를 위치시킨 후 Ctrl + A 입력 - ❿ Shift + Alt 를 누른 채 E 를 세 번 입력합니다.

06 ⓫ 일곱 번째 줄 두 번째 칸에 커서를 위치시킨 후 Ctrl + A 입력 - ⓬ Shift + Alt 를 누른 채 R 을 세 번 입력합니다.

07 ⑬여덟 번째 줄 두 번째 칸의 문구 '교사를 위한'에 커서를 위치시킨 후 ⑭ Alt + C 입력 - ⑮[본문 모양 복사] 항목에서 '글자 모양과 문단 모양 둘 다 복사' 체크 - ⑯[표에서 적용 대상] '본문 모양과 셀 모양 둘 다' 체크 - ⑰[복사] 버튼을 누릅니다.

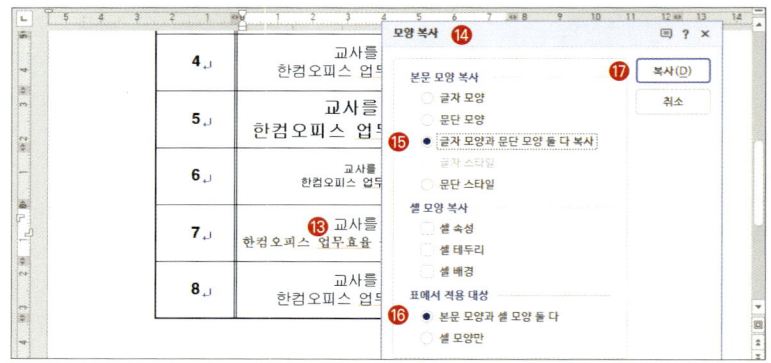

08 ⑱여덟 번째 줄 두 번째 칸의 '한컴오피스 업무효율 높이기' 블록설정 후 ⑲ Alt + C 입력합니다.

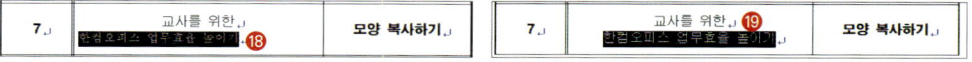

09 ⑳아 홉 번째 줄 두 번째 칸에 커서를 위치시킨 후 Ctrl + A 입력 - ㉑ Shift + Alt 를 누른 채 글자모양 '궁서'가 될 때까지 F 를 여러 번 입력합니다.

> **한쌤의 노하우** 한컴오피스의 한글 단축키는 그 종류가 상당히 많습니다. 한컴오피스의 모든 단축키를 익히면 업무 향상에 도움이 되겠지만, 현실적으로 그 많은 단축키를 전부 익히기는 쉽지 않습니다. 하지만 학교 업무에서 자주 사용하는 기능의 단축키를 익힌다면 기존보다 업무 효율을 상당 부분 개선할 수 있을 것입니다. 학교 업무에서 자주 사용할 수 있는 단축키를 50가지로 정리하여 안내해 드립니다. 안내해 드리는 50개의 단축키는 크게 4가지로 분류할 수 있습니다. 다음의 분류 기준을 참고하면 단축키를 익히는데 도움이 될 수 있을 것입니다.
>
> ☞ 한글 단축키 분류 기준
> 1. 기능키: `F6`, `F7`
> 2. `Ctrl` 활용 단축키
> 3. `Alt` 활용 단축키
> 4. `Shift` + `Alt` / `Shift` + `Ctrl` 활용 단축키
>
> | 순 | 단축키 | 기능 | 비고 |
> |---|---|---|---|
> | 1 | F6 | 문서 스타일 설정 | |
> | 2 | F7 | 문서 편집용지 설정 | |
> | 3 | Ctrl + F1 | 기본 도구상자 접기/펴기 | |
> | 4 | Ctrl + F2 | 찾아 바꾸기 | |
> | 5 | Ctrl + F3 | 상용구 편집하기 | |
> | 6 | Ctrl + F5 | 들여쓰기 감소 | 내어쓰기 증가 |
> | 7 | Ctrl + F6 | 들여쓰기 증가 | 내어쓰기 감소 |
> | 8 | Ctrl + F10 | 문자표 불러오기 | |
> | 9 | Ctrl + O | 문서 끼워 넣기 | |
> | 10 | Ctrl + Z | 되돌리기 | |
> | 11 | Ctrl + U | 밑줄 긋기 | 블록지정 후 |
> | 12 | Ctrl + B | 글자 진하게 | 블록지정 후 |
> | 13 | Ctrl + I | 글자 기울이기 | 블록지정 후 |
> | 14 | Ctrl + N, T | 표 만들기 | |
> | 15 | Ctrl + K, P | 프레젠테이션 | |
> | 16 | Ctrl + G, C | 조판부호 보기 | |
> | 17 | Ctrl + M, B | 파란색 글자 변경 | 블록설정 후 사용 |
> | 18 | Ctrl + M, W | 흰색 글자 변경 | 블록설정 후 사용 |
> | 19 | Ctrl + M, K | 검정색 글자 변경 | 블록설정 후 사용 |
> | 20 | Ctrl + M, R | 빨간색 글자 변경 | 블록설정 후 사용 |

순	단축키	기능	비고
21	Alt + L	글자 모양 설정하기	블록설정 후 사용
22	Alt + T	문단 모양 설정하기	
23	Alt + C	모양 복사하기	본문 모양, 셀 모양
24	Alt + I	상용구 사용하기	준말 입력 후 사용
25	Alt + G	페이지 찾아가기	
26	Alt + O	문서 불러 오기	
27	Alt + N	새 문서	
28	Alt + S	저장하기	
29	Alt + V	다른 이름으로 저장하기	
30	Alt + P	인쇄	
31	Shift + Alt + E	글자 크기 키우기	블록설정 후 사용
32	Shift + Alt + R	글자 크기 줄이기	블록설정 후 사용
33	Shift + Alt + F(G)	글자 모양 바꾸기	블록설정 후 사용
34	Shift + Alt + S	아래 첨자 만들기	블록설정 후 사용
35	Shift + Alt + P	위 첨자 만들기	블록설정 후 사용
36	Shift + Alt + N	자간 줄이기	블록설정 후 사용
37	Shift + Alt + J	장평 줄이기	블록설정 후 사용
38	Shift + Alt + W	자간 늘이기	블록설정 후 사용
39	Shift + Alt + K	장평 늘이기	블록설정 후 사용
40	Shift + Alt + A	줄간격 줄이기	
41	Shift + Alt + Z	줄간격 늘이기	
42	Shift + Alt + C	개체 모양 복사	그림 선택 후
43	Shift + Alt + V	개체 모양 붙이기	그림 선택 후
44	Shift + Alt + M	문단 양쪽 정렬	
45	Shift + Alt + R	문단 오른쪽 정렬	
46	Shift + Alt + L	문단 왼쪽 정렬	
47	Shift + Alt + C	문단 가운데 정렬	
48	Shift + Alt + T	문단 배분 정렬	
49	Shift + Tab	내어쓰기, 왼쪽여백 조정	
50	Ctrl + Shift + Tab	내어쓰기, 왼쪽여백 조정	표 안에서 적용

② Ctrl 키 100% 활용하기

Ctrl 키는 한글 문서 작업에서 다양하게 사용될 수 있는 버튼입니다. 가장 흔하게 사용되는 복사(Ctrl + C)와 붙여넣기(Ctrl + V) 단축키 뿐만아니라 '찾기', '블록 설정하기', '어절 단위로 삭제하기'등 다양한 기능이 있습니다. 특히 Ctrl 키는 Shift 키 등과 같이 다른 버튼들과 함께 사용하면 필요에 따라 유용하게 활용할 수 있습니다.

Ctrl 키 활용하여 블록 설정하기

Ctrl 키를 적절하게 활용하면 문서에서 블록 설정을 간편하게 수행할 수 있습니다. 한글 문서에서 필요한 부분을 제외한 나머지를 블록 설정하여 삭제하는 과정에 대해 알아보겠습니다.

실습 파일: 01-2_실습_1.HWP   **완성 파일:** 01-2_완성_1.HWP

01 실습 문서(01-2_실습_1.HWP)를 연 뒤 ❶ Ctrl + F 입력 - ❷[찾을 내용]에 '국립생태원' 입력 - ❸[찾을 방향] '아래로' 선택 - ❹[다음 찾기] 버튼을 누릅니다.

02 ❺'※ 국립생태원 주요 프로그램' 아래 표에 커서를 위치 시키고 - ❻ Ctrl + A 입력 - ❼ Ctrl + C 를 입력합니다.

03 ❽실습 문서 4쪽의 '4. 주요 프로그램'아래의 표 안에 커서를 위치시킨 후 - ❾ Ctrl + V 를 누릅니다.

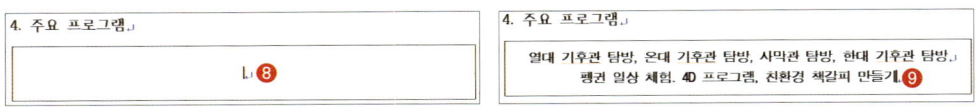

04 ❿실습 문서 4쪽의 첫 줄 '[서식1]' 앞에 커서를 위치시킨 후 - ⓫ Shift + Ctrl + PgUp 을 입력 - ⓬ Del 키를 누릅니다.

05 ⓭[서식1] 왼쪽의 커서의 글자크기를 '14pt'로 줄이고 - ⓮[서식1]을 양쪽 정렬 입력 - ⓯[서식1] 아래 공란의 글자크기를 '9pt'로 줄입니다.

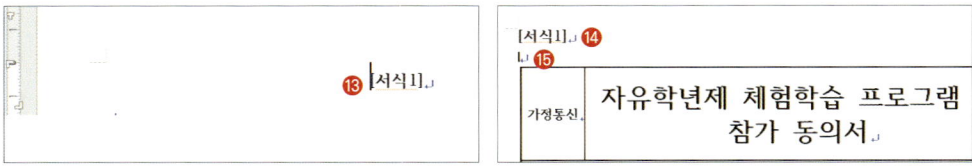

06 ⓰'자유학년제 체험학습 프로그램 참가 동의서' 표 옆에 커서를 위치시킨 후 - ⓱ Ctrl + Shift + PgDn 입력 - ⓲ Del 키를 누릅니다.

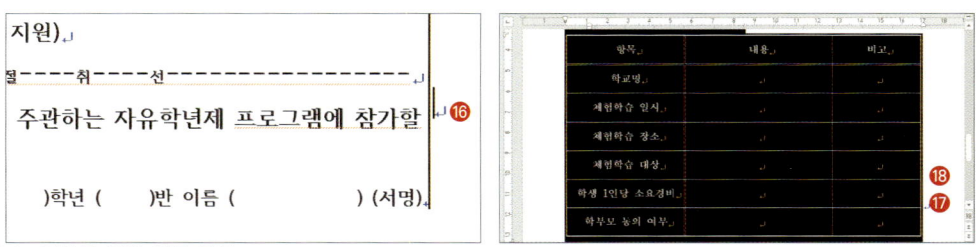

24 교사를 위한 실무 한글

Ctrl 키 활용하여 편집시간 단축하기

Ctrl 키는 Enter 키, Del 키와 함께 사용하면 상황에 따라 유용하게 활용할 수 있습니다. 또한 Ctrl 키를 활용하면 한글 편집 화면을 손쉽게 확대하거나 축소할 수 있습니다. Ctrl 키를 활용하여 문서 편집 시간을 단축하는 요령에 대해 알아보겠습니다.

실습 파일: 01-2_실습_2.HWP 1-2_실습_3.HWP   완성 파일: 01-2_완성_2.HWP

01 실습 문서(01-2_실습_2.HWP)를 연 뒤 ❶ 첫 번째 쪽 끝부분에 커서를 위치시킵니다.

02 ❷ Ctrl + Enter 키를 누릅니다.

03 ❸ 실습 문서(01-2_실습_3.HWP)를 연 뒤 Ctrl + A 입력 후 - ❹ Ctrl + C 를 누릅니다.

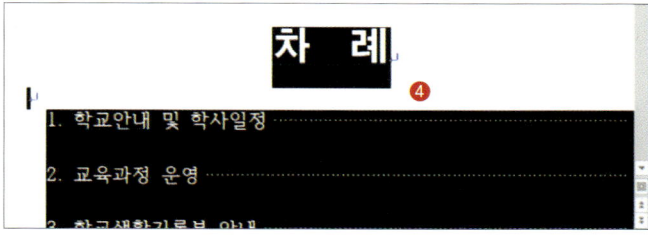

04 ❺ 실습 문서(01-2_실습_2.HWP) 두 번째 쪽에서 Ctrl + V 를 입력합니다.

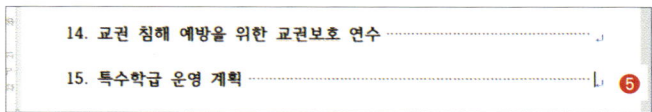

05 ❻ 실습 문서(01-2_실습_2.HWP) 세 번째 쪽 '1) 교원'에 해당하는 표 안의 '13'이 포함되어 있는 셀에 커서를 위치시킵니다.

06 ❼ Ctrl + Enter 를 입력합니다.

07 ❽ 표의 빈칸에 '14-교사-000-여-음악- -생활지도-00.00.00.'을 차례대로 입력합니다.

08 ❾ Ctrl 키를 누른 채 마우스 휠을 돌려 편집화면 배율이 20%가 될 때까지 축소 – ❿ 14~21쪽까지 블록설정 후 Del 키를 누릅니다.

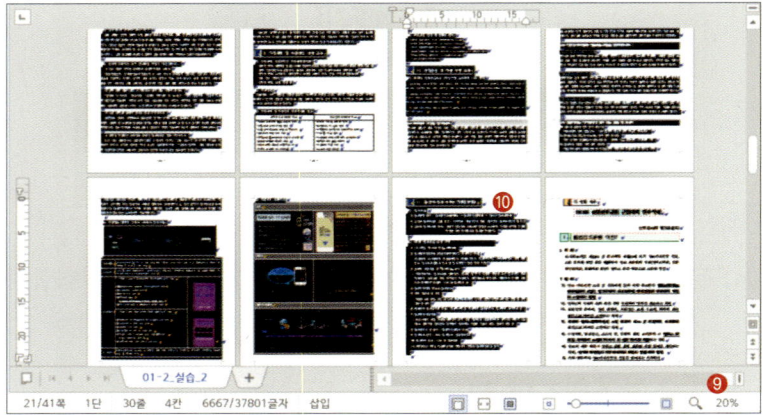

26 교사를 위한 실무 한글

09 ⑪ Ctrl 키를 누른 채 마우스 휠을 ⑨와 반대 방향으로 돌려 편집화면 배율이 85%가 될 때까지 확대합니다.

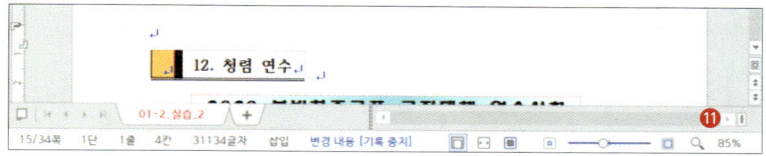

10 ⑫ Ctrl + F 입력 - ⑬ [찾을 내용]에 '서식1' 입력 - ⑭ [찾을 방향] '아래로' 선택 - ⑮ [다음 찾기] 버튼을 누릅니다.

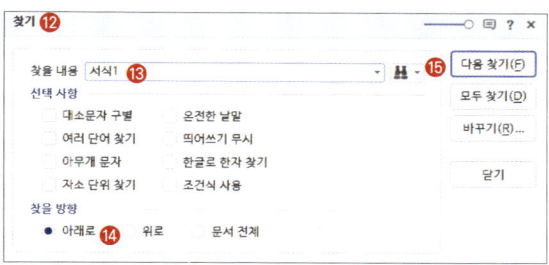

11 ⑯[서식1]왼쪽에 커서를 위치시킨 후 ⑰ Shift + Ctrl + PgDn 을 누릅니다.

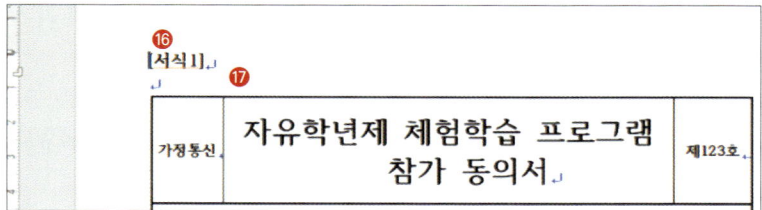

12 선택된 상태에서 ⑱ Del 키를 입력합니다.

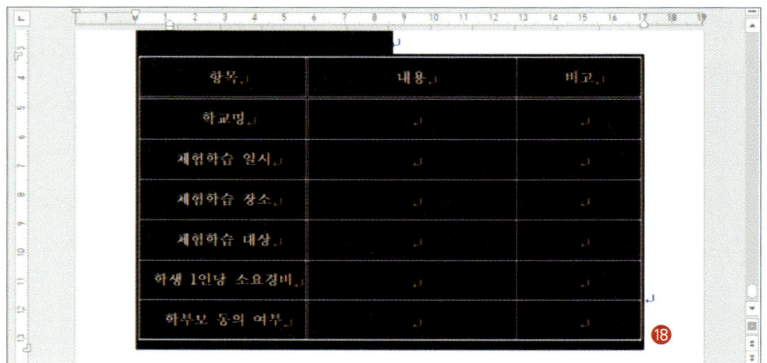

Chapter 1 효과적인 문서 작업 시작하기 **27**

③ 효과적인 표 편집으로 업무시간 단축하기

한글 문서 작업을 수행하는 중에 표를 만들고 편집하는 일은 시간이 다소 많이 소요되는 과정입니다. 보통 표를 편집할 때 마우스를 많이 사용하곤 하는데, 단축키의 활용은 마우스의 사용을 최소화하여 업무 작업 효율을 높일 수 있습니다. 또한 표를 효과적으로 편집할 수 있는 다양한 방법을 익힌다면 업무시간을 단축시킬 수 있을 것입니다.

마우스 사용 없이 표 만들기

표 편집의 첫 번째 단계는 표를 만드는 과정입니다. 마우스를 사용하지 않고 키보드만으로 표를 제작하는 방법에 대해 알아보겠습니다.

실습 파일: 03-1_실습_1.HWP **완성 파일:** 01-3_완성_1.HWP

01 실습 문서(01-3_실습_1.HWP) 1쪽에서 ❶ Ctrl + N , T 입력 - ❷ [줄 개수]에 '10' 입력 - ❸ Teb 키 누른 후 [칸 개수]에 '10' 입력 - ❹ Alt + T 입력 - ❺ Alt + D 를 입력합니다.

02 ❻ F5 키를 세 번 누릅니다.

❼ Ctrl 키를 누른 채 ↓ 키를 세 번 누릅니다.

03 ❽ Shift + Ctrl + C 를 입력합니다.

04 ❶ 실습 문서(01-3_실습_1.HWP)를 2쪽의 표 안에 있는 내용을 블록설정 한 뒤 Ctrl + C 를 누릅니다.

05 ❷ '☞ 위 내용이 포함된 5줄 ×1칸 표 만들기' 아래 부분에서 Ctrl + V 를 입력합니다.

06 ❸ 붙여 넣기한 내용을 블록설정 합니다.

07 ❹ Ctrl + N , T 를 누릅니다.

08 ❺ ☞ 위 내용이 포함된 5줄 ×1칸 표 만들기' 아래 부분에서 Ctrl + V 를 입력합니다.

09 ❻'순'오른쪽에서 Tab 입력 - ❼ '1.'오른쪽에서 Tab 입력 - ❽'2.'오른쪽에서 Tab 입력 - ❾ '3.'오른쪽에서 Tab 입력 - ❿'4.'오른쪽에서 Tab 을 입력합니다.

10 ⓫ 붙여 넣기한 내용을 블록설정 합니다.

11 ⓬ Ctrl + N , T 를 누릅니다.

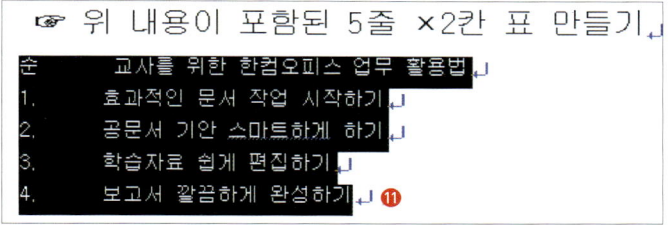

한쌤의 TIP 표를 만들 때 표 하나의 내용이 1쪽 범위를 벗어나지 않는 경우는 '글자처럼 취급'을 체크하는 것이 문서의 전반적인 편집 작업에 유용합니다. 하지만 표 하나의 내용이 1쪽을 넘어가는 경우는 반드시 '글자처럼 취급'을 체크 해제해야 표의 내용을 이상 없이 볼 수 있습니다.

셀 블록 설정하기

표 편집 작업을 위해서는 셀에 블록설정을 해야 합니다. 마우스를 사용하지 않고 키보드 자판만으로도 얼마든 지 셀의 블록설정을 자유롭게 할 수 있습니다. 키보드로 셀 블록설정을 수행하는 과정을 알아보겠습니다.

실습 파일: 03-1_실습_2.HWP   **완성 파일:** 01-3_완성_2.HWP

01 ❶ 실습 문서(01-3_실습_2.HWP)의 첫 번째 표 첫 번째 칸에 커서를 위치한 후 F5 키를 누릅니다.

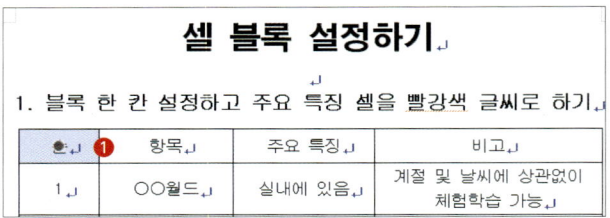

02 ❷ → 버튼을 2번 누릅니다.

03 ❸ Alt + L 입력 후 - ❹ [글자 색] 빨간색 선택 - ❺ [설정] 버튼을 누릅니다.

04 ❶ 실습 문서(01-3_실습_2.HWP)의 두 번째 표 첫 번째 칸에 커서를 위치한 후 F5 키를 두 번 누릅니다.

05 ❷ → 버튼을 세 번 누릅니다.

06 ❸ Ctrl + B 를 입력합니다.

07 ❹ 실습 문서(01-3_실습_2.HWP)의 세 번째 표 첫 번째 칸에 커서를 위치한 후 F5 키 세 번 입력 - ❺ Alt + L 입력 - ❻ 글꼴 '휴먼명조' 선택 - ❼[설정] 버튼을 누릅니다.

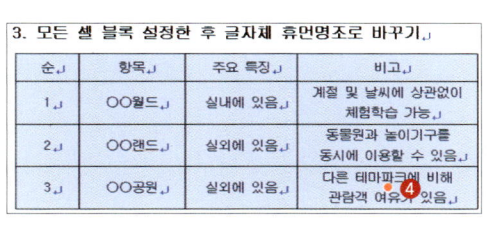

Chapter 1 효과적인 문서 작업 시작하기 **33**

셀 크기 조절하여 이름표 만들기

표의 셀은 크기를 설정할 수도 있으며, 또는 셀의 각각의 높이와 너비를 적절하게 조절할 수 있습니다. 마우스의 사용을 최소한으로 하고 키보드를 활용하여 이름표를 만드는 과정과 여러 개의 표를 하나의 표로 합치는 과정에 대해 알아보겠습니다.

실습 파일: 03-1_실습_3.HWP   완성 파일: 01-3_완성_3.HWP

01 ❶ 실습 문서(01-3_실습_3.HWP)를 연 후 Ctrl + N , T 입력 - ❷ [줄/칸] 줄 개수 '1' 입력 - ❸ [줄/칸]' 칸 개수 '1' 입력 - ❹ [크기 지정] 너비 임의값 선택 후 '35.0' 입력 - ❺ [크기지정] 높이 임의 값 선택 후 '15.0' 입력 - ❻ [기타] '글자처럼 취급' 체크 - ❼[만들기] 버튼을 누릅니다.

02 ❽ 만들어진 표의 셀에서 F5 키 입력 - ❾ Ctrl + C 를 누릅니다.

03 ❿ Ctrl + V 입력 – ⓫ 아래쪽에 끼워넣기 선택 – ⓬ [붙이기] 버튼을 누릅니다.

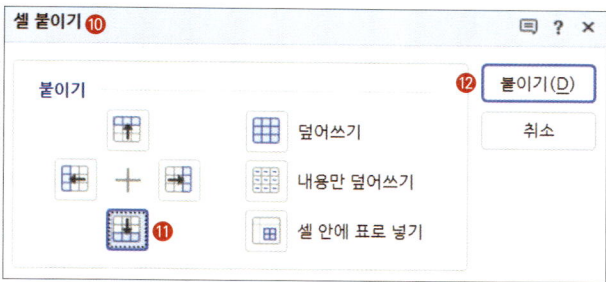

04 ⓭ ❿~⓬ 과정을 3회 반복 – ⓮ 표의 셀 안에 '홍길동', '한미르', '한마루', '한누리', '한별'을 차례대로 입력합니다.

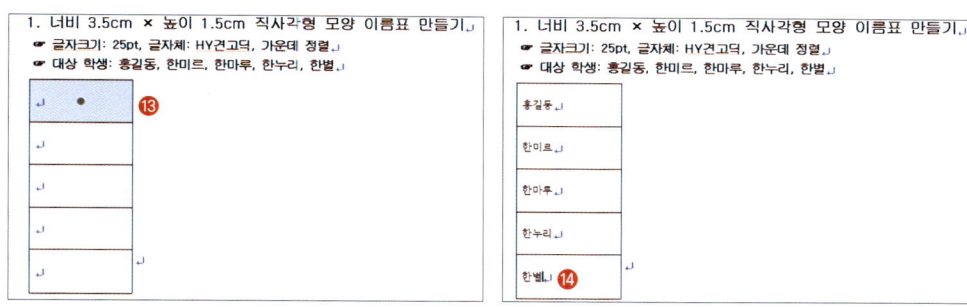

05 ⓯ F5 키를 세 번 누릅니다.

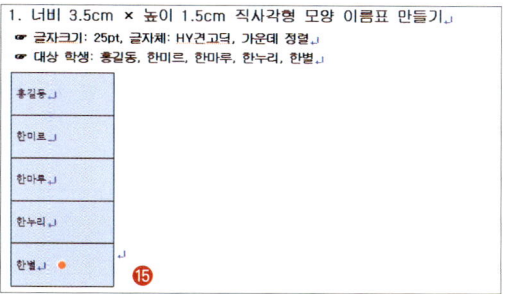

Chapter 1 효과적인 문서 작업 시작하기 35

06 ⑯ `Alt` + `L` 키를 누른 후 - ⑰ [기준 크기] '15pt' 입력 - ⑱ [글꼴] 'HY견고딕' 선택 - ⑲ [설정] 버튼을 누릅니다.

07 ⑳ `Shift` + `Ctrl` + `C` 를 입력합니다.

08 ❶ 실습 문서(01-3_실습_3.HWP)의 2쪽의 두 번째 표 두 번째 줄부터 끝까지 블록 설정 - ❷ `Ctrl` + `C` 를 누릅니다.

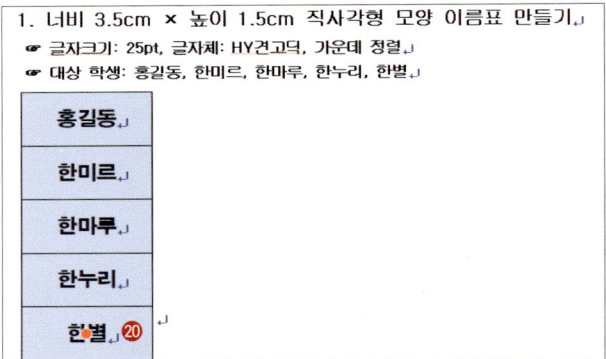

09 ❸ 실습 문서 2쪽의 첫 번째 표 마지막 줄에 커서를 위치한 후 Ctrl + V 입력 - ❹ '아래쪽에 끼워 넣기' 선택 - ❺ [붙이기] 버튼을 누릅니다.

10 ❻ 세 번째~다섯 번째 표에서 ❶~❺ 과정을 반복합니다.

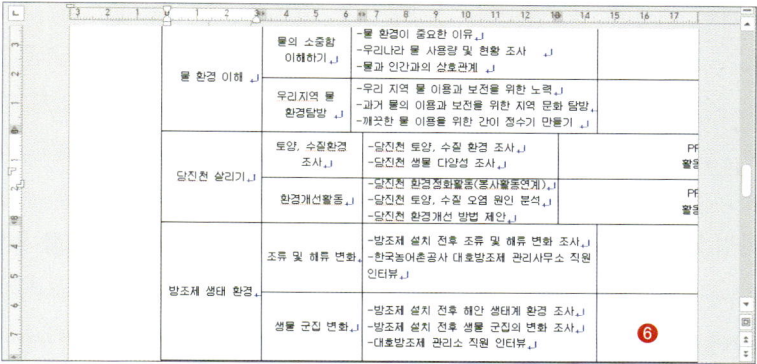

11 ❼ 표 안에서 F5 키를 세 번 입력한 후 - ❽ Ctrl 키를 누른 채 표의 너비가 쪽 안으로 들어올 때까지 ← 를 반복하여 입력합니다.

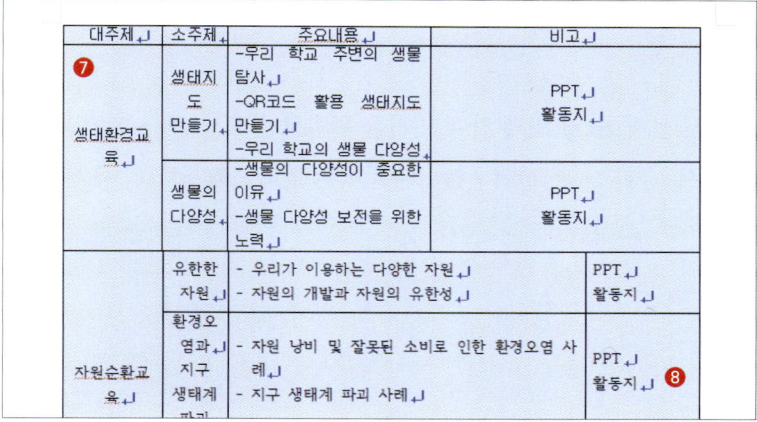

Chapter 1 효과적인 문서 작업 시작하기 **37**

12 ❾ 표의 두 번째 줄 세 번째 칸의 셀에서 F5 키를 누른 후 - ❿ Alt 키를 누른 채 '비고'란의 간격이 적당히 줄어들 때까지 → 버튼을 누릅니다.

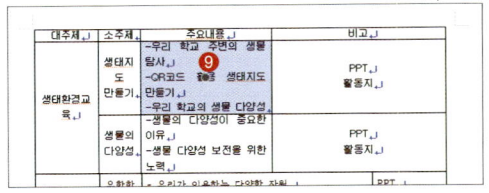

13 ⓫ '자원순환교육'이 입력된 셀에서 F5 키를 누른 후 - ⓬ Alt 키를 누른 채 ← 를 눌러 해당 셀의 위, 아래의 너비를 일치시킵니다.

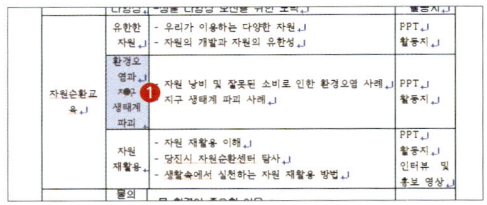
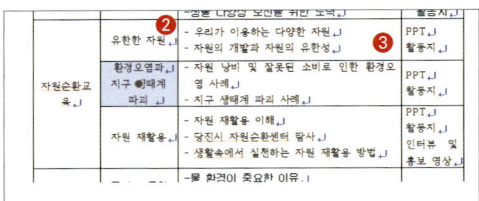

14 ❶ '환경오염과 지구 생태계 파괴'가 입력되어 있는 셀에서 F5 키를 입력 후 - ❷ Alt 키를 누른 채 ← 를 눌러 셀의 위아래 너비를 맞춘 다음 - ❸ Alt + → 를 눌러 해당 셀의 너비를 적절히 넓혀줍니다.

15 ❹ 표의 첫 번째 줄 첫 번째 칸에 커서를 위치시킨 후 Ctrl + C 입력 - ❺ [본문 모양 복사] 항목에서 '글자 모양' 선택 - ❻ [복사] 버튼 입력 - ❼ F5 키 세 번 누릅니다.

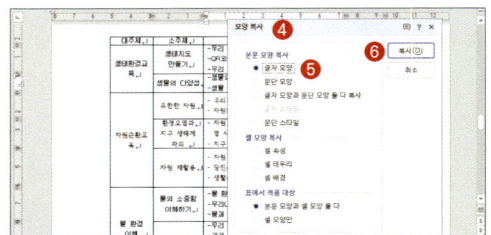

38 교사를 위한 실무 한글

16 ⑧ Alt + C 입력 - ⑨ Ctrl 키를 누른 채 표의 높이가 쪽 안으로 들어올 때 까지 ↑ 버튼을 누릅니다.

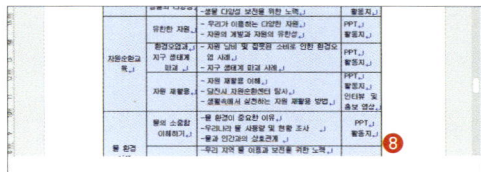

한쌤의 TIP 한글에서 셀 너비와 높이를 조절하는 단축키는 다음과 같습니다. 상황에 따라 적절하게 활용하면 효과적입니다.

구분	기능	비고
Ctrl + 방향키	셀이 속한 줄(칸) 너비(높이) 함께 조절	표 전체 너비(높이) 함께 변동
Alt + 방향키	셀이 속한 줄(칸)과 접해있는 줄(칸) 너비(높이) 함께 조절	표 전체 너비(높이) 유지
Shift + 방향키	셀과 그 셀에 인접한 셀의 너비(높이) 함께 조절	표 전체 너비(높이) 유지

셀 테두리/배경 편집하기

셀의 테두리와 배경 등을 편집하는 일은 한글 문서 작업에서 자주 수행하는 과정입니다. 효율적인 셀 테두리와 배경 편집 과정에 대해 알아보겠습니다.

실습 파일: 03-1_실습_4.HWP   **완성 파일:** 01-3_완성_4.HWP

01 ❶ 실습 문서(01-3_실습_4.HWP)를 연 후 첫 번째 표에서 F5 키를 세 번 누릅니다.

Chapter 1 효과적인 문서 작업 시작하기 **39**

02 ❷ ㄴ 키를 입력한 다음 - ❸ [테두리] 탭 선택 - ❹ 종류 '실선' 선택 - ❺ 굵기 '0.4mm' 선택 - ❻ 색 '검정색' 선택 - ❼ '선 모양 바로 적용' 체크 - ❽ '바깥쪽' 선택 - ❾ [적용 범위] '선택된 셀' 체크 - ❿ [설정] 버튼을 누릅니다.

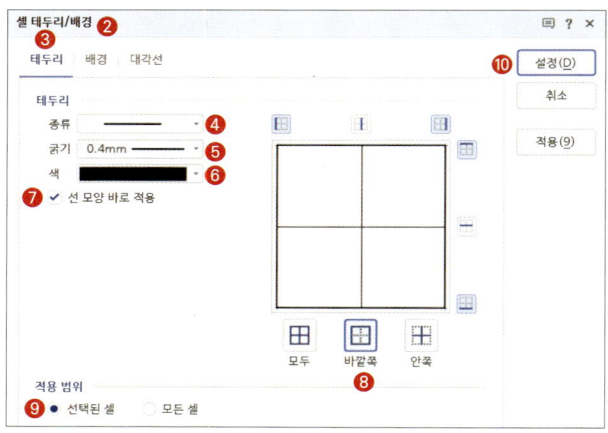

03 ❶ 표의 첫 번째 줄을 블록 설정 - ❷ ㄴ 키 입력 - ❸ [테두리] 탭 선택 - ❹ 종류 '이중선' 선택 - ❺ '아래쪽' 선택 - ❻ [설정] 버튼을 누릅니다.

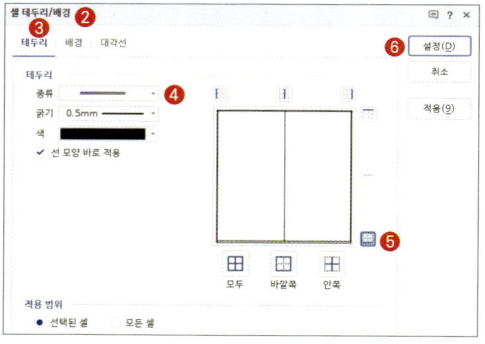

04 ❼ 표의 첫 번째 칸을 블록 설정 - ❽ ㄴ 키 입력 - ❾ [테두리] 탭 선택 - ❿ 종류 '이중선' 선택 - ⓫ '오른쪽' 선택 - ⓬ [설정] 버튼을 누릅니다.

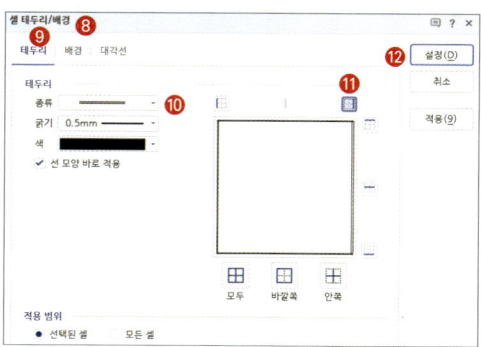

05 ❶ 실습 문서 두 번째 표의 첫 번째 줄을 블록설정 합니다.

06 ❷ L 키를 입력한 다음 - ❸ [배경] 탭 선택 - ❹ 색 '회색' 선택 - ❺ [적용 범위] '선택된 셀' 체크 - ❻ [설정] 버튼을 누릅니다.

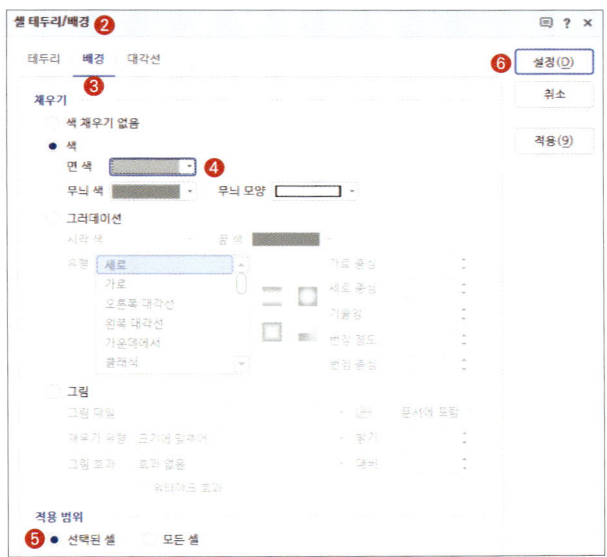

07 ❼ 표의 두 번째 줄 블록 설정 - ❽ L 키 입력 - ❾ [배경] 탭 선택 - ❿ 색 '노란색' 선택 - ⓫ [설정] 버튼을 누릅니다.

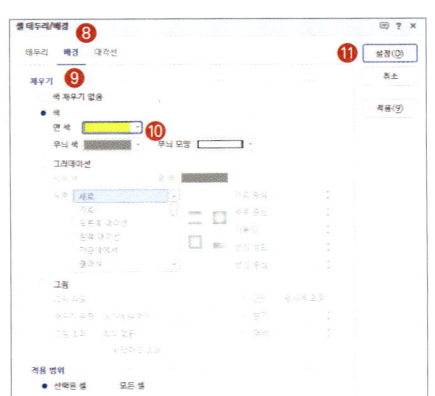

Chapter 1 효과적인 문서 작업 시작하기 **41**

08 ⑫ 표의 마지막 줄 블록 설정 - ⑬ L 키 입력 - ⑭ [배경] 탭 선택 - ⑮ 색 '초록색' 선택 - ⑯ [설정] 버튼을 누릅니다.

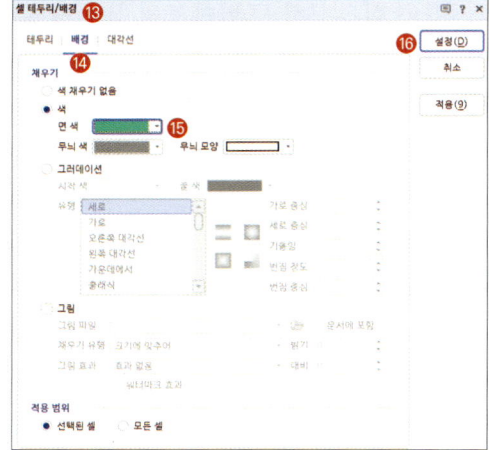

09 ❶ 표의 첫 번째 줄 첫 번째 셀 블록설정 - ❷ L 키 입력 - ❸ [대각선]탭 선택 - ❹ [╲ 대각선]에서 '╲' 선택 - ❺ [적용 범위] '선택된 셀' 체크 - ❻ [설정] 버튼을 누릅니다.

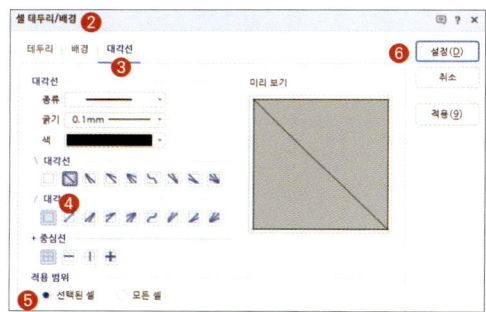

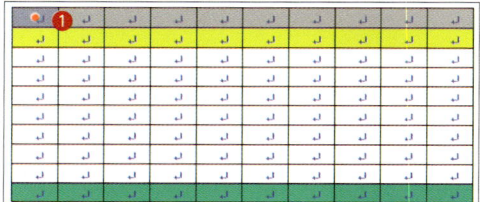

표/셀 속성 활용하기

  표와 셀의 속성 편집은 한글 문서 작업의 완성도를 높이는데 유용한 기능입니다. 사진을 셀의 여백 없이 채우는 방법과 셀 안의 내용을 세로 정렬로 설정하는 과정에 대해 알아보겠습니다.

실습 파일: 03-1_실습_5.HWP   완성 파일: 01-3_완성_5.HWP

01 ❶ 실습 문서(01-3_실습_5.HWP)의 표 마지막 칸을 모두 블록설정 합니다.

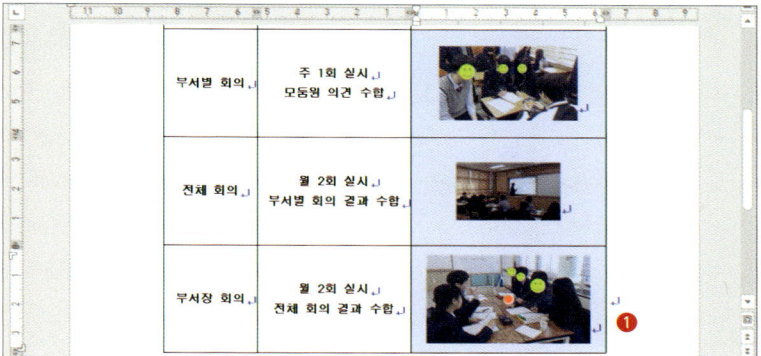

02 ❷ P 키 입력 - ❸ [셀] 탭 선택 - ❹ [안 여백 지정] 체크 - ❺ 왼쪽 '0.00mm' 입력 - ❻ 위쪽 '0.00mm' 입력 - ❼ 오른쪽 '0.00mm' 입력 - ❽ 아래쪽 '0.00mm' 입력 - ❾ [설정] 버튼을 누릅니다.

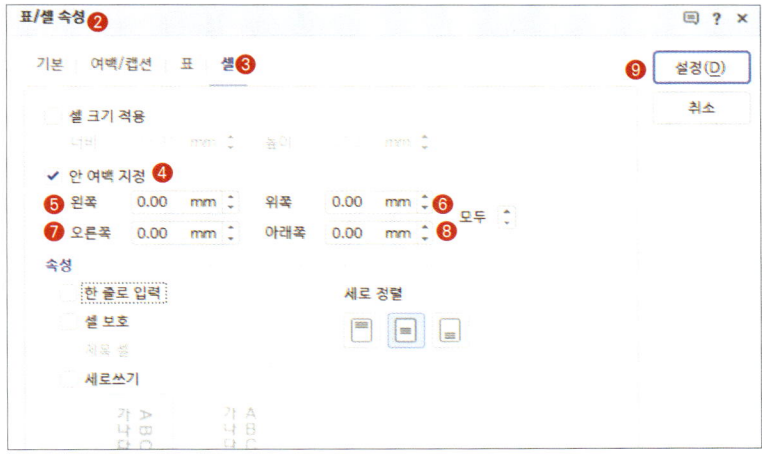

03 ❿ 표의 두 번째 줄 세 번째 칸의 셀에 있는 사진을 클릭한 후 셀을 가득 채울 때까지 드래그합니다.

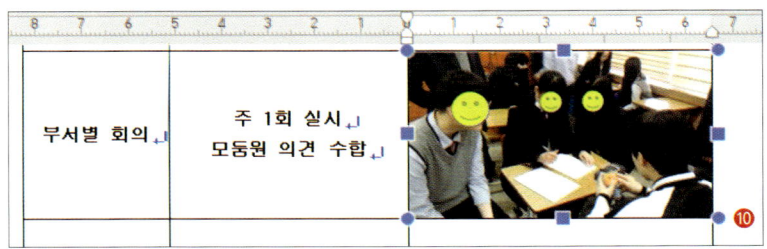

04 ⓫ Shift + Alt + C 입력 - ⓬ [공통 모양 복사] 항목에서 '개체 크기' 체크 - ⓭ [복사] 버튼을 누릅니다.

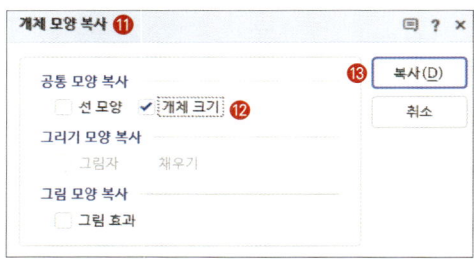

05 ⓮ Shift 키를 누른채 세 번째 줄과 네 번째 줄에 있는 사진을 마우스로 선택합니다.

06 ⓯ Shift + Alt + C 를 입력합니다.

07 ❶ 표의 세 번째 줄 두 번째 칸의 셀 블록설정 - ❷ P 키 입력 - ❸ [속성] 세로 정렬 항목에서 '위' 선택 - ❹ [설정] 버튼을 누릅니다.

08 ❺표의 네 번째 줄 두 번째 칸의 셀 블록설정 - ❻ P 키 입력 - ❼ [속성] 세로 정렬 항목에서 '아래' 선택 - ❽ [설정] 버튼을 누릅니다.

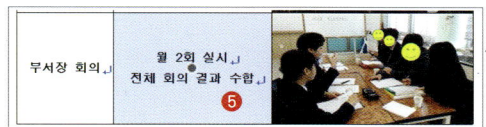

제목셀 설정하여 명렬표 만들기

하나의 표가 한 쪽을 넘어가 여러 쪽에 걸쳐 내용이 전개될 경우에 제목셀의 설정과 활용은 필요에 따라 유용하게 사용할 수 있는 기능입니다. 명렬표를 만드는 과정을 통해 제목셀을 설정하고 이용하는 방법에 대해 알아보겠습니다.

실습 파일: 03-1_실습_6.HWP   **완성 파일:** 01-3_완성_6.HWP

01 ❶ 실습 문서(01-3_실습_6.HWP)의 표를 마우스로 더블클릭합니다.

02 ❷ [기본]탭 선택 - ❸ [위치] '글자처럼 취급' 체크 해제 - ❹ [설정] 버튼을 누릅니다.

03 ❺ 표의 가장 첫 번째 줄을 블록설정 합니다.

04 ❻ P 키 입력 - ❼ [표] 탭 선택 - ❽ [여러 쪽 지원] 항목에서 '제목 줄 자동 반복' 체크

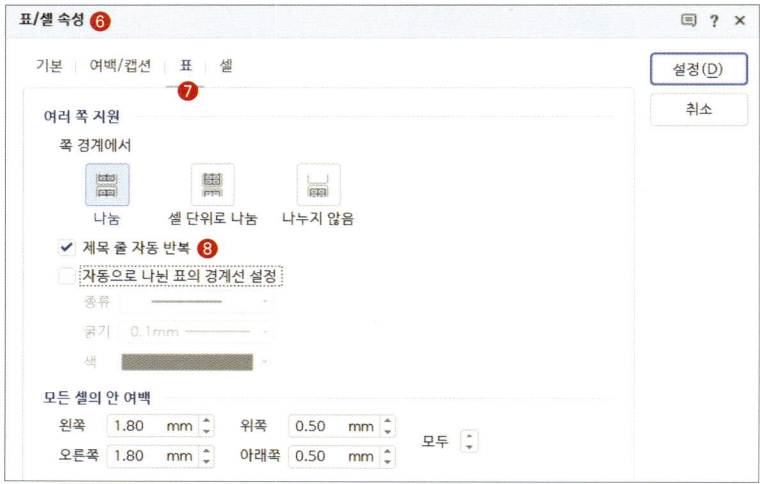

05 ❾ [셀] 탭 선택 - ❿ [속성] 항목에서 '제목 셀' 체크 - ⓫ [설정] 버튼을 누릅니다.

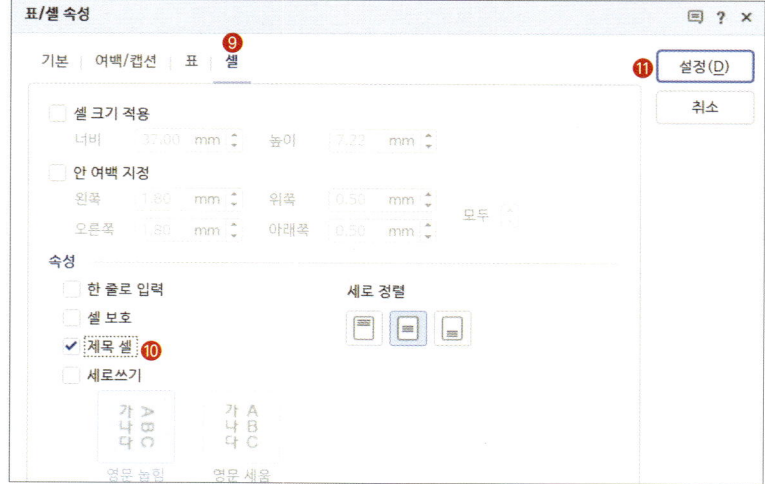

셀 모양 복사하여 시간표 만들기

표에서 입력한 셀의 배경을 복사하여 붙여 넣는 요령을 숙지하면 관련된 업무를 수행할 때 시간을 절약할 수 있습니다. 시간표 만드는 과정을 통해 셀 모양을 복사하여 붙여넣기에 대해 알아보겠습니다.

> **실습 파일**: 03-1_실습_7.HWP   **완성 파일**: 01-3_완성_7.HWP

01 ❶ 실습 문서(01-3_실습_7.HWP)의 표 두 번째 줄 두 번째 칸의 '국어'에 커서를 위치시킨 후 ❷ Alt + C 입력 - ❸ [본문 모양 복사] 항목에서 '글자 모양' 선택 - ❹ [복사] 버튼을 누릅니다.

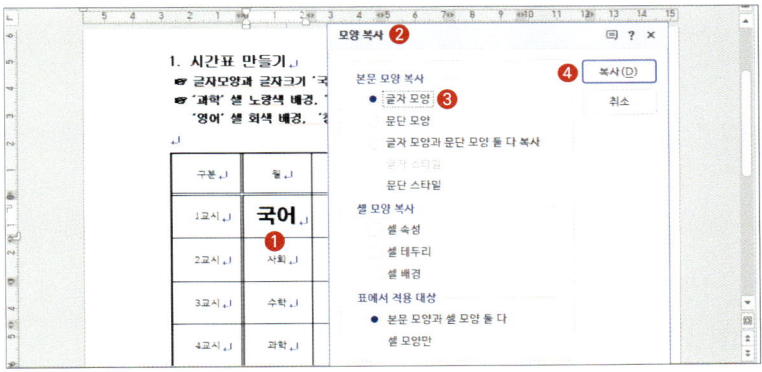

02 ❺ F5 키를 세 번 누릅니다.

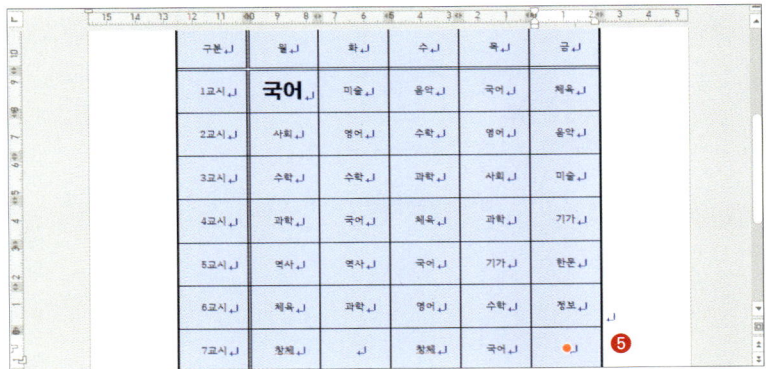

Chapter 1 효과적인 문서 작업 시작하기 **47**

03 ❻ Alt + C 를 입력합니다.

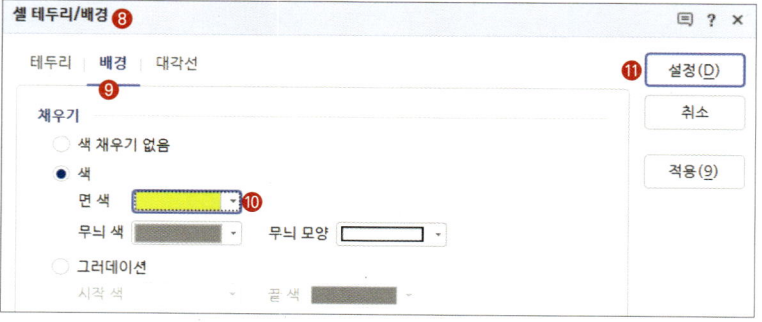

04 ❼ '4교시' 오른쪽 '과학'이 있는 셀에서 F5 키를 한 번 누릅니다.

05 ❽ L 키를 입력하고 - ❾ [배경] 탭 선택 - ❿ [채우기] 항목에서 '면 색' 노란색 선택 - ⓫ [설정] 버튼을 누릅니다.

06 ⑫'과학'셀에서 블록지정을 해제한 뒤 `Alt` + `C` 입력 - ⑬ [셀 모양 복사] '셀 배경' 체크 - ⑭ [표에서 적용 대상] '셀 모양만' 체크 - ⑮ [복사] 버튼을 누릅니다.

07 ⑯ 6교시가 포함된 줄의 '과학'이 있는 셀 블록지정 - ⑰ `Alt` + `C` 를 입력합니다.

08 ⑱ 3교시가 포함된 줄의 '과학'이 있는 셀 블록지정 - ⑲ `Alt` + `C` 를 입력합니다.

09 ⓴ 3교시가 포함된 줄의 '과학'이 있는 셀 블록지정 - ㉑ Alt + C 를 입력합니다.

10 ㉒ ❼~⓱과 같은 방법으로 수학(초록색), 체육(보라색), 창체(분홍색), 영어(회색)가 있는 각각의 셀의 배경을 모두 변경해 줍니다.

한쌤의 TIP 표에서 셀의 배경을 복사할 때는 반드시 블록지정을 해제한 후 **[셀 모양 복사]** 항목에서 '셀 배경'을 체크해야 합니다. 또한 복사한 배경을 붙여 넣을 때는 셀에 블록지정을 한 상태에서 Alt + C 를 입력해야 정상적으로 배경 복사 붙여 넣기가 완료됩니다.

줄/칸 나누고 합치기

줄/칸을 나누고 합치는 과정은 표 편집 중 자주 하는 작업 중에 하나입니다. 줄/칸을 나누고 합치는 단축키를 익히고 적용하면 작업 효율을 높일 수 있습니다. 간편하게 줄/칸을 나누고 합치는 방법을 알아보겠습니다.

실습 파일: 03-1_실습_8.HWP   **완성 파일**: 01-3_완성_8.HWP

01 ❶ 실습 문서(01-3_실습_8.HWP) 1쪽 표의 노란색 셀을 모두 블록설정 - ❷ ⌐S⌐ 키 입력 - ❸ [줄/칸 나누기] 항목에서 '줄 개수' 체크 해제 - ❹ '칸 개수' 체크 후 '2' 입력 - ❺ [나누기] 버튼을 누릅니다.

02 ❻ 초록색 셀을 모두 블록설정 - ❼ ⌐S⌐ 키 입력 - ❽ [줄/칸 나누기] 항목에서 '줄 개수' 체크 후 '2' 입력 - ❾ '칸 개수' 체크 해제 - ❿ [나누기] 버튼을 누릅니다.

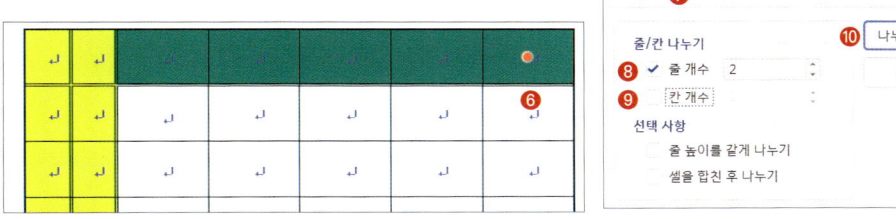

03 ⓫ 보라색 셀을 블록설정 - ⓬ ⌐S⌐ 키 입력 - ⓭ [줄/칸 나누기] 항목에서 '줄 개수' 체크 후 '2' 입력 - ⓮ '칸 개수' 체크 후 '2' 입력 - ⓯ [나누기] 버튼을 누릅니다.

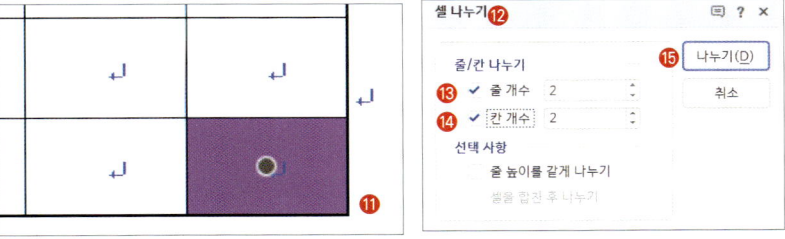

04 ❶ 노란색 셀을 모두 블록설정 - ❷ M 키를 입력합니다.

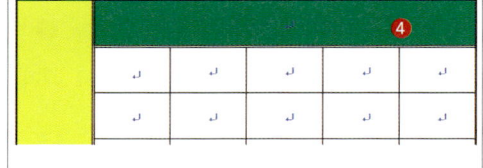

05 ❸ 초록색 셀을 모두 블록설정 - ❹ M 키를 입력합니다.

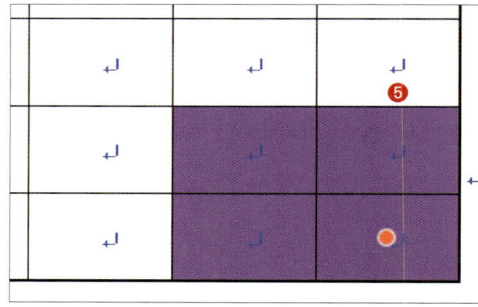

06 ❺ 보라색 셀을 모두 블록설정 - ❻ M 키를 입력합니다.

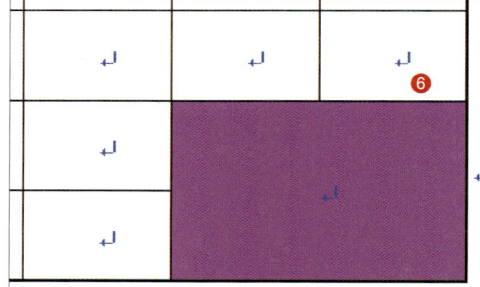

줄/칸 추가하기

줄/칸을 추가하는 과정은 표 편집 중 자주 하는 작업 중에 하나입니다. 줄/칸을 추가하는 단축키를 익히고 적용하면 작업 효율을 높일 수 있습니다. 간편하게 줄/칸을 추가하고, 셀의 너비와 높이를 같게 하는 방법을 알아보겠습니다.

실습 파일: 03-1_실습_9.HWP   완성 파일: 01-3_완성_9.HWP

01 ❶ 실습 문서(01-3_실습_9.HWP) 표의 첫 번째 줄 세 번째 칸에 커서를 위치시킵니다.

02 ❷ Alt + Insert 입력 - ❸'오른쪽에 칸 추가하기' 선택 - ❹ [줄/칸 수] '2' 입력 - ❺ [추가] 버튼을 누릅니다.

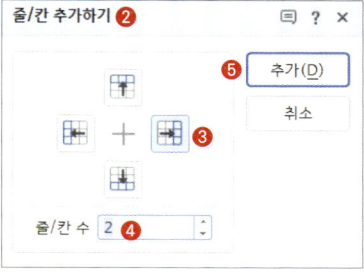

03 ❻ 표의 첫 번째 줄 첫 번째 칸에 커서를 위치시킵니다.

Chapter 1 효과적인 문서 작업 시작하기 53

04 ❼ `Alt` + `Insert` 입력 - ❽ '왼쪽에 칸 추가하기' 선택 - ❾ [줄/칸 수] '1' 입력 - ❿ [추가] 버튼을 누릅니다.

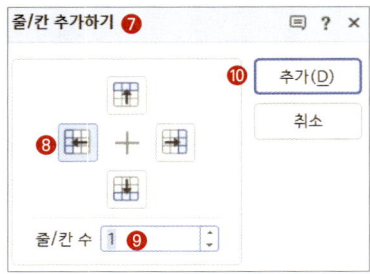

05 ❶ 표의 첫 번째 줄 마지막 두 칸의 셀을 블록설정 합니다.

06 ❷ `Ctrl` 을 누른 채 표의 너비가 쪽 윤곽 안에 들어올 때 까지 ← 키를 누릅니다.

07 ❸ `F5` 키를 세 번 누릅니다.

08 ❹ W 키를 입력합니다.

09 ❶ 표의 첫 번째 줄 여섯 번째 칸에 커서를 위치 시킵니다.

10 ❷ Ctrl + Backspace 를 누릅니다.

11 ❸ 표의 14 번째 줄을 블록설정 합니다.

12 ❹ S 키를 누른 다음 - ❺ '줄 개수' 체크 후 '2' 입력 - ❻ '칸 개수' 체크 해제 - ❼ [나누기] 버튼을 누릅니다.

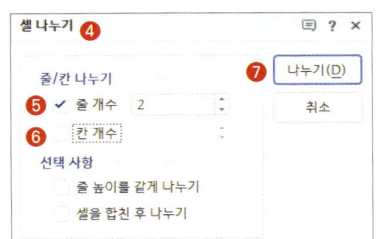

Chapter 1 효과적인 문서 작업 시작하기 55

13 ❶ 표의 마지막 줄의 셀에 커서를 위치시킨 후 ❷ Ctrl 을 누른 채 Enter 키를 여섯 번 누릅니다.

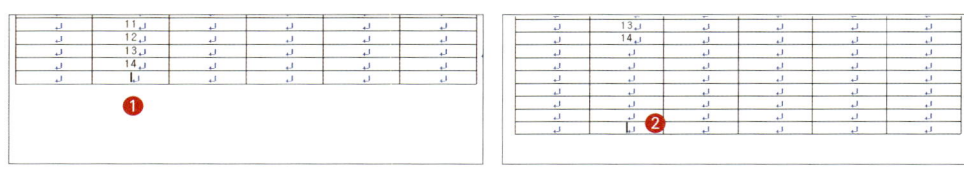

14 ❸ 표의 마지막 줄 셀을 블록설정 - ❹ Ctrl 키를 누른 채 표의 높이가 쪽 윤곽에 다가갈 때까지 ↓ 키를 누른 다음 - ❺ F5 키를 세 번 누릅니다.

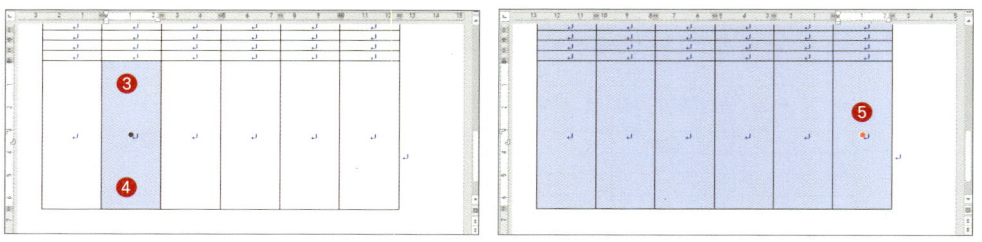

15 ❻ H 키를 입력합니다.

자동채우기 100% 활용하기

표에서 셀마다 같은 내용을 입력해야 하는 경우가 있습니다. 이때 자동채우기 기능은 손쉽게 같은 내용을 입력할 수 있어 편리합니다. 또한 순차적으로 숫자를 입력하는 경우 역시 자동채우기 기능으로 간편하게 작업할 수 있습니다. 자동채우기 기능의 활용 방법에 대해 알아보겠습니다.

실습 파일: 03-1_실습_10.HWP   **완성 파일**: 01-3_완성_10.HWP

01 ❶ 실습 문서(01-3_실습_10.HWP) 1쪽 표의 두 번째 줄 세 번째 '상' 입력 – ❷다섯 번째 줄까지 블록설정 합니다.

순	점수	수준	비고
1	98	상 ❶	
2	95		
3	88		
4	82	❷	

02 ❸ A 키를 입력합니다.

순	점수	수준	비고
1	98	상	
2	95	상	
3	88	상	
4	82	상 ❸	

03 ❹ 두 번째 줄 네 번째 칸에 '합격' 입력 – ❺다섯 번째 줄까지 블록설정 합니다.

순	점수	수준	비고
1	98	상	합격 ❹
2	95	상	
3	88	상	
4	82	상	❺

04 ❻ A 키를 입력합니다.

순	점수	수준	비고
1	98	상	합격
2	95	상	합격
3	88	상	합격
4	82	상	합격 ❻

05 ❼ 표의 여섯 번째 줄 세 번째 칸에 '중', 다섯 번째 칸에 '합격' 입력 - ❽ 아홉 번째 줄까지 두 칸을 함께 블록설정 합니다.

5↵	76↵	중↵	합격↵ ❼
6↵	72↵	↵	↵
7↵	65↵	↵	↵
8↵	63↵	↵	↵ ❽

06 ❾ A 키를 입력합니다.

5↵	76↵	중↵	합격↵
6↵	72↵	중↵	합격↵
7↵	65↵	중↵	합격↵
8↵	63↵	중↵	합격↵ ❾

07 ❿ ❼~❾와 같은 방법으로 열 번째 줄부터 끝까지 세 번째 칸에는 '하', 네 번째 칸에는 '불합격'을 모두 입력합니다.

9↵	59↵	하↵	불합격↵
10↵	51↵	하↵	불합격↵
11↵	45↵	하↵	불합격↵
12↵	36↵	하↵	불합격↵ ❿

08 ❶ 실습 문서 2쪽의 표 첫 번째 칸의 두 번째 줄에는 '1', 세 번째 줄에는 '2' 입력 - ❷ 표의 첫 번째 칸을 두 번째 줄부터 마지막 줄까지 블록설정 - ❸ A 키를 입력합니다.

순↵	연도↵	비고↵
1↵	↵	↵
2↵ ❶	↵	↵
↵	↵	↵
↵	↵	↵
↵	↵	↵
↵	↵	↵
↵	↵	↵
↵	↵	↵
↵	↵	↵
↵	↵	↵
↵ ❷	↵	↵

순↵	연도↵	비고↵
1↵	↵	↵
2↵	↵	↵
3↵	↵	↵
4↵	↵	↵
5↵	↵	↵
6↵	↵	↵
7↵	↵	↵
8↵	↵	↵
9↵	↵	↵
10↵	↵	↵
11↵	↵	↵
12↵ ❸	↵	↵

09 ❹ 표 두 번째 칸의 두 번째 줄에는 '2020년', 세 번째 줄에는 '2021년' 입력 - ❺ 표의 두 번째 칸을 두 번째 줄부터 마지막 줄까지 블록설정 - ❻ A 키를 입력합니다.

10 ❼ Ctrl 키를 누른 채 Enter 키를 8회 입력합니다.

11 ❽ 표의 첫 번째 칸과 두 번째 칸을 열 두 번째 줄부터 마지막 줄까지 블록설정 - ❾ A 키를 입력합니다.

블록 계산식 활용하기

한글의 표에 합계나 평균 등을 처리할 수 있는 간단한 계산식을 입력하면 업무의 능률을 높이는데 유용합니다. 한글의 표에서 활용할 수 있는 블록 계산식에 대해 알아보겠습니다.

실습 파일: 03-1_실습_11.HWP **완성 파일**: 01-3_완성_11.HWP

01 ❶ 실습 문서(01-3_실습_11.HWP) 1쪽 첫 번째 표 '2회고사 성적' 아래 칸을 모두 블록설정 - ❷ 마우스 오른쪽 버튼 입력 - ❸ [블록 계산식] - ❹ [블록 합계]를 선택합니다.

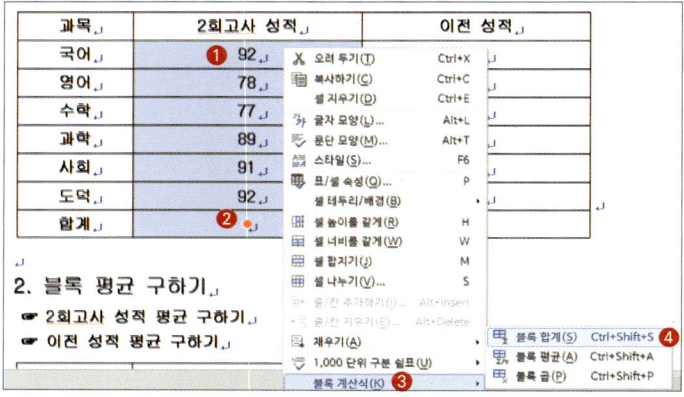

02 ❺ 표의 '이전 성적' 아래 칸을 모두 블록설정 - ❻ Ctrl + Shift + S 를 입력합니다.

03 ❶ 1쪽 두 번째 표 '2회고사 성적' 아래 칸을 모두 블록설정 - ❷ 마우스 오른쪽 버튼 입력 - ❸ [블록 계산식] - ❹ [블록 평균]을 선택합니다.

04 ❺ 표의 '이전 성적' 아래 칸을 모두 블록설정 - ❻ Ctrl + Shift + A 를 입력합니다.

05 ❶ 실습 문서 2쪽 표의 '계' 아래 칸에 원 입력 - ❷ 마지막 줄까지 블록설정 합니다.

06 ❸ A 키를 입력합니다.

07 ❹ 표의 두 번째 줄 두 번째 칸부터 다섯 번째 줄 네 번째 칸까지 블록설정 - ❺ `Ctrl` + `Shift` + `P` 를 입력합니다.

항목	단가	수량	계
컵라면	900원	12개	원
음료수	1,200원	12개	원
삼각김밥	800원	24개	원
막대 아이스크림	800원	12개	원 ❹
계			원

항목	단가	수량	계
컵라면	900원	12개	10,800원
음료수	1,200원	12개	14,400원
삼각김밥	800원	24개	19,200원
막대 아이스크림	800원	12개	9,600원 ❺
계			원

08 ❻ 표의 '계' 아래쪽 칸 모두를 블록설정 - ❼ `Ctrl` + `Shift` + `S` 를 입력합니다.

항목	단가	수량	계
컵라면	900원	12개	10,800원
음료수	1,200원	12개	14,400원
삼각김밥	800원	24개	19,200원
막대 아이스크림	800원	12개	9,600원
계			원 ❻

항목	단가	수량	계
컵라면	900원	12개	10,800원
음료수	1,200원	12개	14,400원
삼각김밥	800원	24개	19,200원
막대 아이스크림	800원	12개	9,600원
계			54,000원 ❼

캡션 활용하여 표 정리하기

한글 문서에서 여러 개의 표가 있을 경우 캡션 기능을 활용하면 표를 정리하는데 유용합니다. 표에 캡션을 입력하는 방법에 대해 알아보겠습니다.

실습 파일: 03-1_실습_12.HWP   **완성 파일:** 01-3_완성_12.HWP

01 ❶ 실습 문서(01-3_실습_12.HWP) 1쪽 첫 번째 표를 마우스로 선택 - ❷ 마우스 오른쪽 버튼 입력 - ❸ [개체 속성]을 선택합니다.

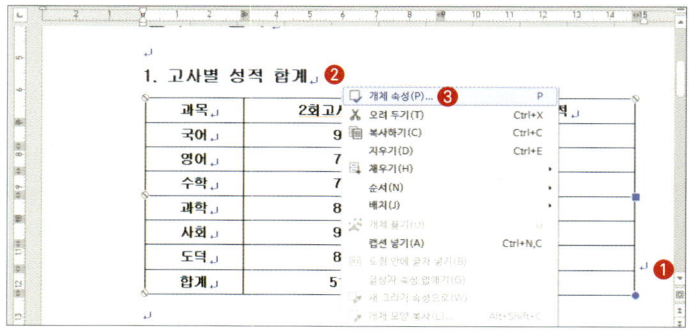

02 ❹ [여백/캡션] 탭 선택 - ❺ [캡션] '아래' 선택 - ❻ [설정] 버튼을 입력합니다.

03 ❼ 실습 문서 1쪽 두 번째 표를 마우스로 선택 - ❽ 마우스 오른쪽 버튼 입력 - ❾ [캡션 넣기]를 선택합니다.

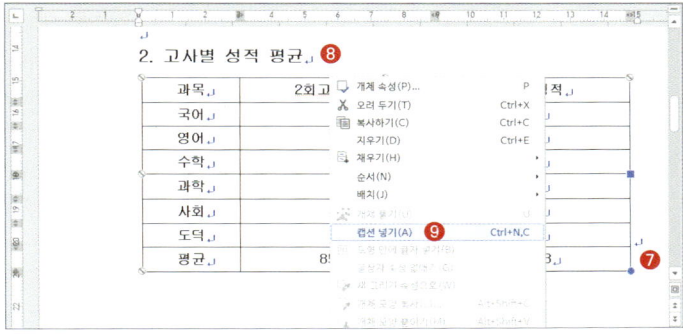

04 ❶ 실습 문서 2쪽의 첫 번째 표를 블록설정 합니다.

05 ❷ Ctrl + N , C 를 입력합니다.

3. 체험학습 학생 간식 비용

항목	단가	수량	계
컵라면	900원	12개	10,800원
음료수	1,200원	12개	14,400원
삼각김밥	800원	24개	19,200원
막대 아이스크림	800원	12개	9,600원
계			54,000원

표 3 ❷

06 ❸ 실습 문서 2쪽의 두 번째 표를 마우스로 선택합니다.

4. 연도별 체험학습 예산 현황

순	연도	예산	비고
1	2025년	2,000,000원	
2	2026년	2,300,000원	
3	2027년	2,500,000원	
4	2028년	2,600,000원	
5	2029년	2,600,000원	
6	2030년	2,800,000원	❸

07 ❹ Ctrl + N , C 를 입력합니다.

4. 연도별 체험학습 예산 현황

순	연도	예산	비고
1	2025년	2,000,000원	
2	2026년	2,300,000원	
3	2027년	2,500,000원	
4	2028년	2,600,000원	
5	2029년	2,600,000원	
6	2030년	2,800,000원	

표 4 ❹

한쌤의 노하우 한컴오피스 문서 작업 중 표를 편집하는 일은 시간이 다소 많이 소요되는 과정입니다. 이때 표와 관련된 단축키를 익히고 적용하면 작업 시간을 단축할 수 있을 것입니다. 한글 표에서 자주 사용하는 단축키를 22가지로 정리해 보았습니다. 아래 표에서 1~8번 단축키는 표의 셀에 블록설정 없이 사용하는 단축키이며, 그 외 9~22번 단축키는 표의 셀에 블록설정 후 사용하는 단축키입니다. 상황에 맞게 단축키를 적절히 활용하면 업무효율을 높일 수 있습니다.

순	단축키	기능	비고
1	Ctrl + N , T	표 만들기	
2	F5 1회 입력	셀 블록설정	방향키로 셀의 블록설정 이동
3	F5 2회 입력	셀 블록설정	방향키로 셀 블록설정 범위 조절
4	F5 3회 입력	표 전체 셀 블록설정	
5	Ctrl + Enter	줄 아래로 추가하기	
6	Ctrl + Backspace	줄 삭제하기	
7	Alt + Insert	줄/칸 추가하기	상, 하, 좌, 우 추가 가능
8	Alt + C	셀 모양 복사하기(붙여넣기)	모양 붙여넣을 경우 셀 블록설정
9	L	셀 테두리/배경	테두리, 배경, 대각선
10	P	표/셀 속성	세로 정렬, 제목셀, 안 여백
11	S	셀 나누기	줄/칸 나누기
12	M	셀 합치기	
13	W	셀 너비 같게 하기	
14	H	셀 높이 같게 하기	
15	Ctrl + 방향키	셀이 속한 줄/칸 크기 조절	표의 전체 크기 변경
16	Alt + 방향키	셀이 속한 줄/칸 크기 조절	표의 전체 크기 일정
17	Shift + 방향키	선택한 셀과 이웃한 셀 크기 조절	표의 전체 크기 일정
18	A	자동채우기	순차적인 숫자 넣기 포함
19	Ctrl + Shift + S	블록 합계	
20	Ctrl + Shift + A	블록 평균	
21	Ctrl + Shift + P	블록 곱	
22	Ctrl + N , C	캡션 넣기	캡션 번호 순차적 입력

2

공문서 기안 스마트 하게 하기

이 장에서는 한글의 주요 기능을 활용하여 공문서 작성을 스마트하게 하는 요령을 알아보겠습니다. 글자모양과 문단모양을 손쉽게 편집할 수 있는 주요 단축키를 숙지하면 문서 작업의 효율성을 높일 수 있습니다. 그리고 메일 머지 기능을 이용하면 학생들에게 제공할 여러 상장을 보다 쉽게 제작할 수 있습니다. 또한 자주 사용하는 글자모양과 문단모양은 스타일에 저장하여 활용하면 업무 진행 시간을 단축시킬 수 있을 것입니다.

1 글자모양 편집하기

선생님께서 문서를 작성할 때 글자색, 글자 크기, 장평/자간 등 글자의 각종 속성을 변경하며 작업해야 하는 경우가 많이 있을 것입니다. 그럴 때마다 마우스로 한글 메뉴를 찾아가며 편집을 하면 시간 소요가 많이 걸릴 수 있습니다. 이때 글자모양을 편집하는데 유용한 단축키를 숙지하여 적용한다면 문서 편집의 효율을 높일 수 있습니다.

손쉽게 글자색 바꾸기

선생님께서 문서 편집 중 글자색을 바꿀 때 마우스보다는 키보드를 사용하여 손쉽게 작업하는 과정을 알아보겠습니다.

실습 파일: 02-1_실습_1.HWP   완성 파일: 02-1_완성_1.HWP

01 실습 문서(02-1_실습_1.HWP) 1쪽 표의 ❶ 두 번째 줄, 두 번째 칸에 있는 셀에 커서를 위치한 후 Ctrl + A 를 누릅니다.

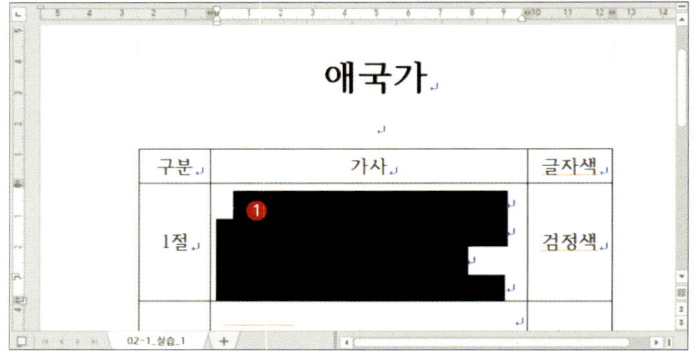

02 ❷ 셀 안의 텍스트가 블록설정된 상태에서 Alt + L 을 입력하고 ❸ 글자색을 검정색으로 변경 ❹ [설정]을 누릅니다.

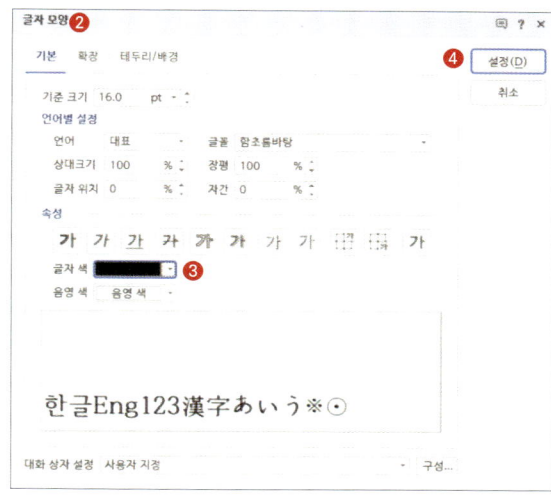

03 실습 문서(02-1_실습_1.HWP) 1쪽 표의 ❶ 세 번째 줄, 두 번째 칸에 있는 셀에 커서를 위치한 후 Ctrl + A 누릅니다.

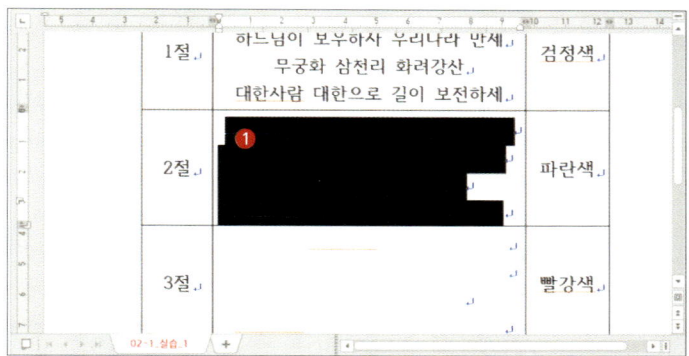

04 ❷ 셀 안의 텍스트가 블록 설정되어 있는 상태에서 Ctrl + M + B 를 차례로 누릅니다.

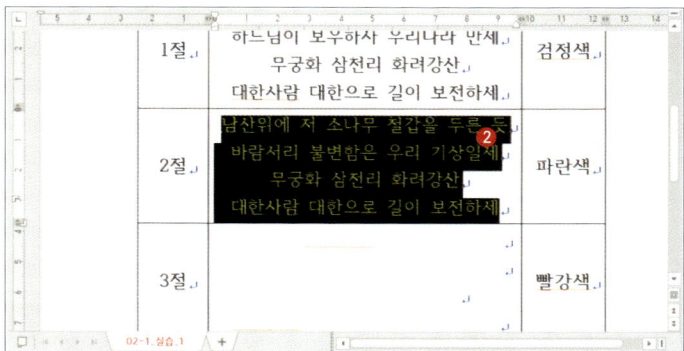

Chapter 2 공문서 기안 스마트하게 하기 **69**

05 실습 문서(02-1_실습_1.HWP) 1쪽 표의 ❸ 세 번째 줄, 세 번째 칸에 있는 셀에 커서를 위치한 후 `Ctrl` + `A` 를 누릅니다. ❹ 셀 안의 텍스트가 블록 설정되어 있는 상태에서 `Ctrl` + `M` + `R` 을 차례로 누릅니다.

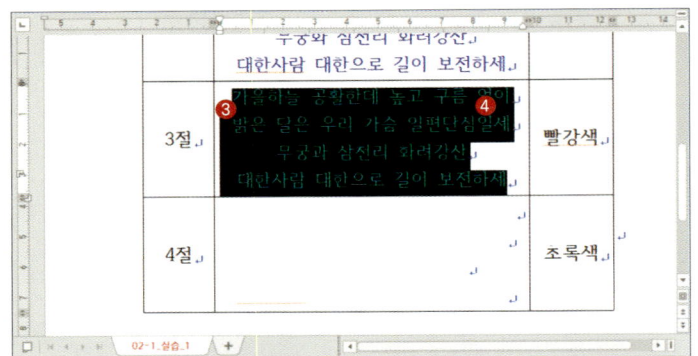

06 실습 문서(02-1_실습_1.HWP) 1쪽 표의 ❺ 세 번째 줄, 세 번째 칸에 있는 셀에 커서를 위치한 후 `Ctrl` + `A` 를 누릅니다. ❻ 셀 안의 텍스트가 블록 설정되어 있는 상태에서 `Ctrl` + `M` + `G` 를 차례로 누릅니다.

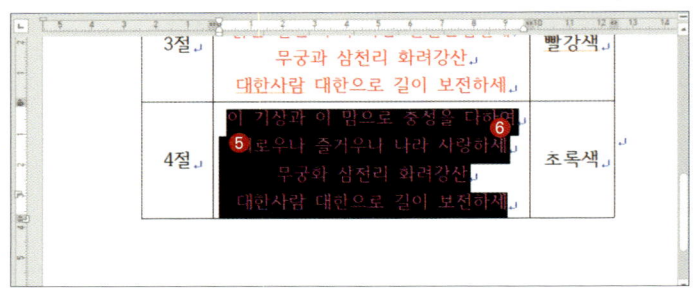

> **한쌤의 TIP** 글자색을 변경하는 단축키는 바꾸고자 하는 부분을 블록설정한 뒤 `Ctrl` + `M` + `색깔` 순으로 입력하면 됩니다. 이때 단축키로 변경할 수 있는 색은 총 8가지이며, 단축키의 [색깔] 부분은 색의 영문자 첫글자나 마지막 글자와 연관이 있습니다. 글자색 변경 단축키는 다음과 같습니다.

글자색 변경 단축키		비고
`Ctrl` + `M` +	W	흰색(WHITE)
	K	검정색(BLACK)
	B	파랑색(BLUE)
	R	빨강색(RED)
	G	초록색(GREEN)
	Y	노랑색(YELLOW)
	D	연보라색(ORCHID)
	C	청록색(CYAN)

간편하게 글자 속성 조정하기

선생님께서 문서 편집 중 글자의 아래 첨자나 위 첨자 등을 입력할 때 손쉽게 작업하는 과정을 알아보겠습니다.

실습 파일: 02-1_실습_2.HWP   **완성 파일:** 02-1_완성_2.HWP

01 실습 문서(02-1_실습_2.HWP) 1쪽 첫 번째 표에서 두 번째 줄, 두 번째 칸의 '2H2'에서 H 뒤에 있는 ❶ '2'에 블록설정 합니다.

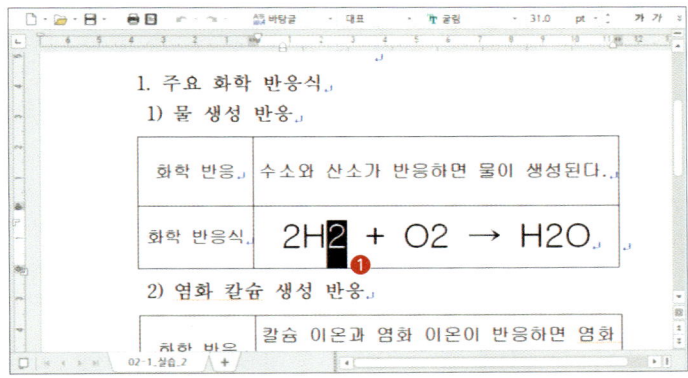

02 ❷ Alt + L 을 누른 후 – ❸ [아래 첨자] 선택 - ❹ [설정]을 입력합니다.

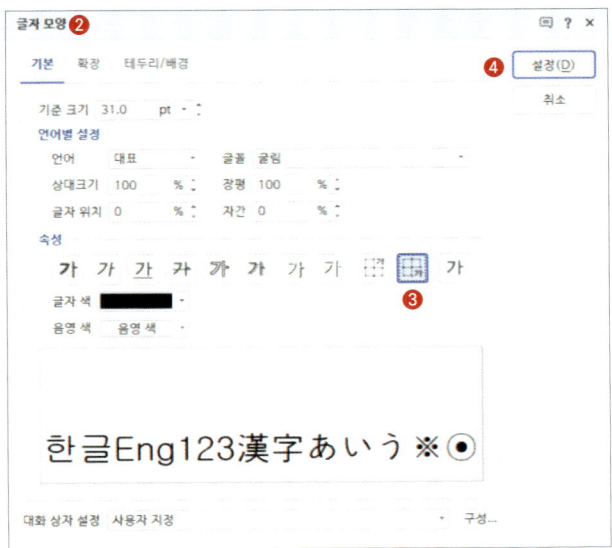

Chapter 2 공문서 기안 스마트하게 하기 71

03 1쪽 첫 번째 표에서 두 번째 줄, 두 번째 칸의 'O2'에서 O 뒤에 있는 ❺ '2'에 블록설정 한 후 ❻ Shift + Alt + S 를 누릅니다.

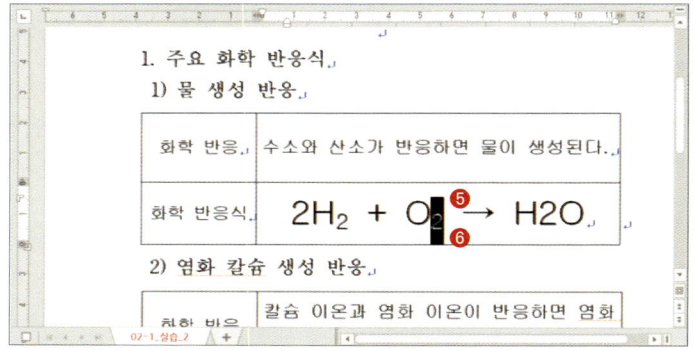

04 1쪽 첫 번째 표에서 두 번째 줄, 두 번째 칸의 'H2O'에서 H 뒤에 있는 ❼ '2'에 블록설정 한 후 ❽ Shift + Alt + S 를 누릅니다.

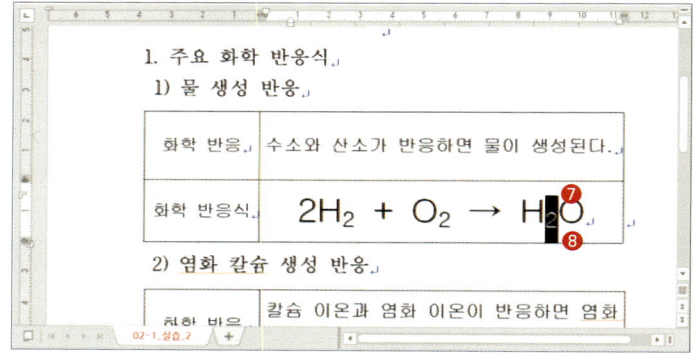

05 실습 문서(02-1_실습_2.HWP) 1쪽 두 번째 표에서 두 번째 줄, 두 번째 칸의 'Ca2+'에서 Ca 뒤에 있는 ❶ '2+'에 블록설정 합니다.

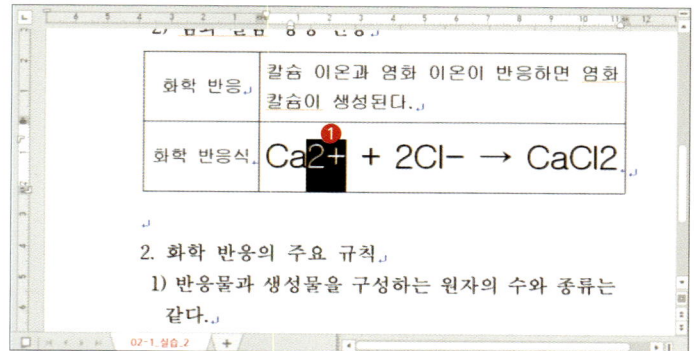

06 ❷ `Alt` + `L` 을 누른 후 - ❸ [위 첨자] 선택 - ❹ [설정]을 입력합니다.

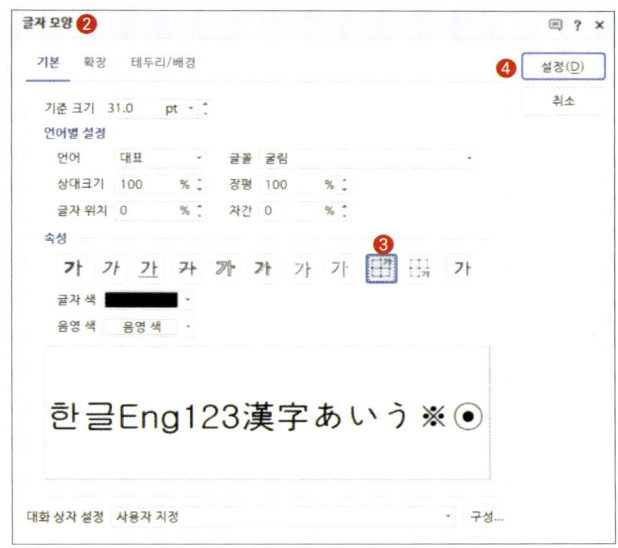

07 1쪽 두 번째 표에서 두 번째 줄, 두 번째 칸의 '2Cl-'에서 Cl 뒤에 있는 ❺ '-'에 블록 설정 한 후 ❻ `Shift` + `Alt` + `P` 를 누릅니다.

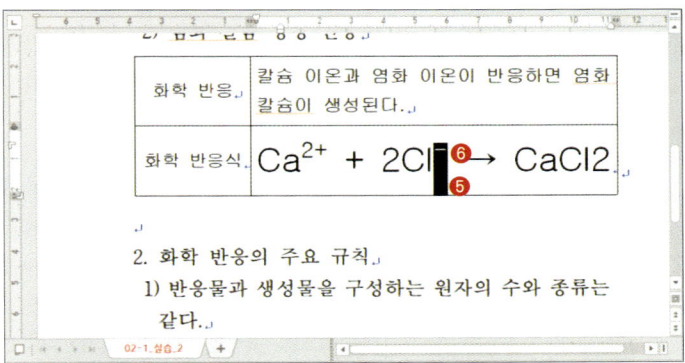

08 1쪽 첫 번째 표에서 두 번째 줄, 두 번째 칸의 'CaCl2'에서 CaCl 뒤에 있는 ❼ '2'에 블록설정 한 후 ❽ Shift + Alt + S 를 누릅니다.

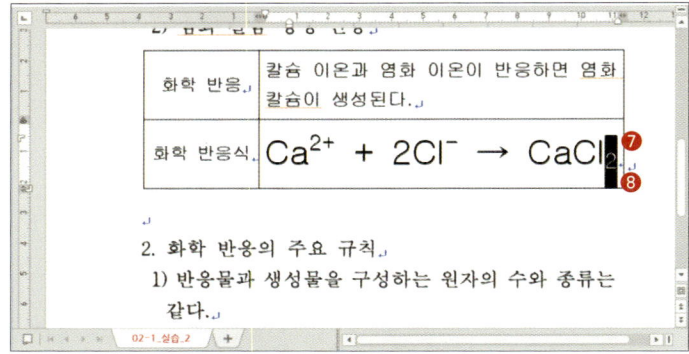

장평/자간 활용하여 공문서 작성하기

문서 편집 중 장평과 자간을 조절하여 문단의 줄을 손쉽게 줄이는 과정을 알아보겠습니다.

실습 파일: 02-1_실습_3.HWP   **완성 파일**: 02-1_완성_3.HWP

01 실습 문서(02-1_실습_3.HWP) 1쪽 '(1) 신체적인 건강을 챙겨주세요' ❶아래 부분에 있는 문단을 블록설정 합니다.

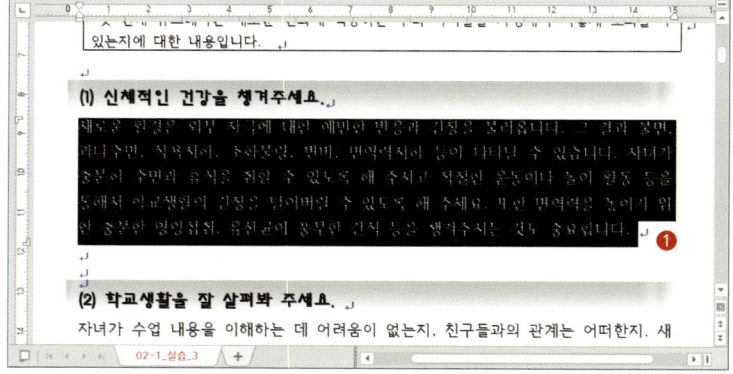

02 ❷ Alt + L 을 누른 후 – ❸ [장평]에 '90' 입력 – ❹ [자간]에 '-10' 입력 – ❺ [설정]을 입력합니다.

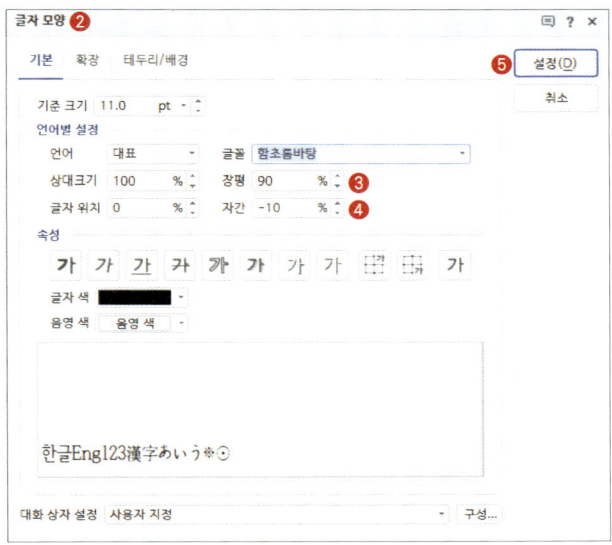

03 '(2) 학교생활을 잘 살펴봐 주세요' ❻아래 부분에 있는 문단을 블록설정한 후 ❼ Shift + Alt 를 누른 상태에서 N 을 9번, J 를 8번 누릅니다.

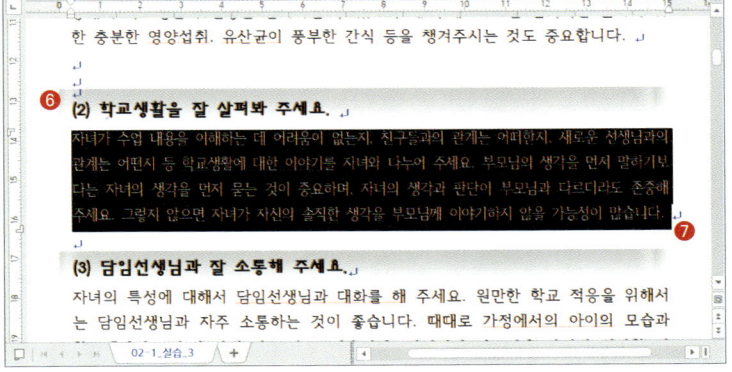

04 '(3) 담임선생님과 잘 소통해 주세요' ❽아래 부분에 있는 문단을 블록설정한 후 ❾ 문단이 4줄에서 3줄로 줄어들때까지 Shift + Alt 를 누른 상태에서 N 과 J 를 번갈아가며 누릅니다.(N 10회/ J 9회)

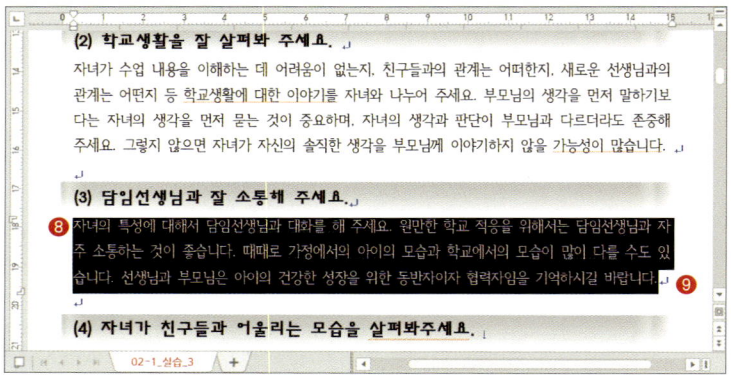

05 '(4) 자녀가 친구들과 어울리는 모습을 살펴봐주세요' ❿ 아래 부분에 있는 문단을 블록설정한 후 ⓫ 문단이 4줄에서 3줄로 줄어들때까지 Shift + Alt 를 누른 상태에서 N 과 J 를 번갈아가며 누릅니다.(N 8회/ J 9회)

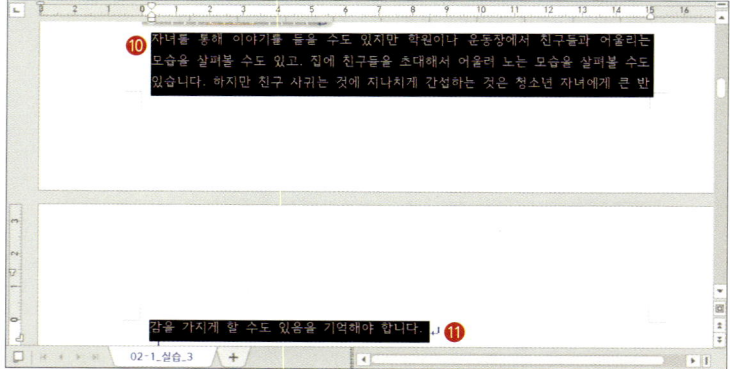

한쌤의 노하우 ▶ 글자모양의 장평과 자간의 조절은 글자의 크기를 그대로 유지한 채 문단의 줄을 줄이거나 늘리는데 효과적으로 활용될 수 있습니다. 장평, 자간, 크기의 주요 특징은 다음과 같습니다.

구분	개념	기본값	변동 가능값
장평	글자 자체의 고유한 너비(폭)	100%	50% ~ 200%
자간	글자와 글자 사이의 간격	0%	-50% ~ 50%
크기	글자 자체의 고유한 높이(키)	10pt	1pt ~ 4096pt

장평과 자간의 크기는 Alt + L 을 입력하면 [글자 모양] 탭에서 조절할 수 있는데, 이를 간편하게 변경할 수 있는 단축키는 다음과 같습니다.

구분	단축키	비고
장평 줄이기	Shift + Alt + J	J 키 누를 때마다 장평 1%씩 감소
장평 늘이기	Shift + Alt + K	K 키 누를 때마다 장평 1%씩 증가
자간 줄이기	Shift + Alt + N	N 키 누를 때마다 자간 1%씩 감소
자간 늘이기	Shift + Alt + W	W 키 누를 때마다 자간 1%씩 증가

글자의 크기를 12pt로 했을 때 장평과 자간에 따라 글자의 모양은 다음과 같이 달라집니다.

자간 0%		장평 100%	
장평 50%	한컴오피스	자간 -50%	한컴오피스
장평 75%	한컴오피스	자간 -30%	한컴오피스
장평 100%	한컴오피스	자간 -15%	한컴오피스
장평 125%	한컴오피스	자간 0%	한컴오피스
장평 150%	한컴오피스	자간 15%	한컴오피스
장평 175%	한컴오피스	자간 30%	한컴오피스
장평 200%	한컴오피스	자간 50%	한 컴 오 피 스

☞ 장평과 자간을 조절하여 문단의 줄을 줄이거나 늘릴 때 자간만 줄이거나 혹은 장평만 줄이기보다는 장평과 자간을 번갈아가며 함께 줄이거나 늘리면 보다 균형감있게 편집할 수 있습니다.

문자표 활용하여 특수문자 입력하기

선생님께서 문서 편집 중 각종 특수문자를 적절하게 입력하여 문서 편집을 완성도 있게 진행하는 과정에 대해 알아보겠습니다.

실습 파일: 02-1_실습_4.HWP   **완성 파일**: 02-1_완성_4.HWP

01 실습 문서(02-1_실습_4.HWP) 1쪽 '진로교육 개요' 앞에 커서를 둔 채 ❶한글 메뉴 [입력] - ❷[문자표]를 선택합니다.

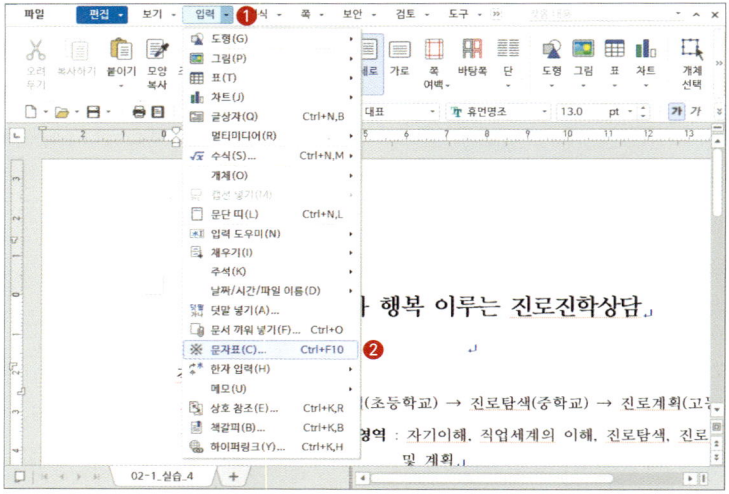

02 ❸[훈글(HNC) 문자표]탭 선택 - ❹ 문자 영역에서 [전각 기호(일반)] 선택 후 - ❺ □ 체크 - ❻[넣기] 버튼을 누릅니다.

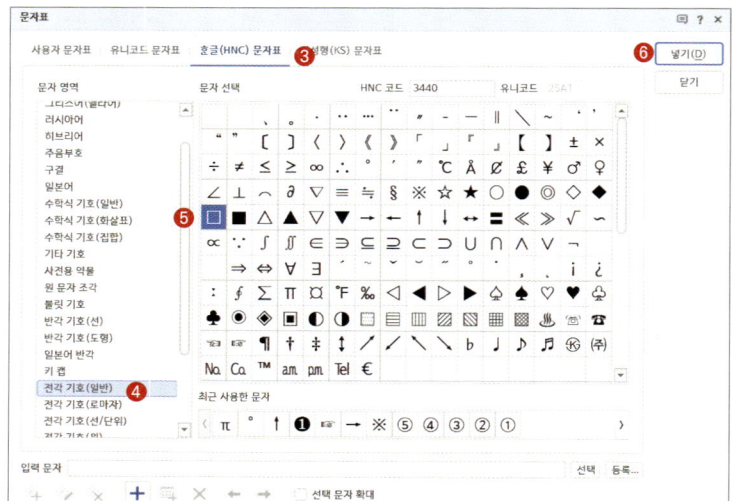

03 ❼ □ 뒤에서 [스페이스바]를 입력합니다.

04 '진로교육 개요' 아래 줄 '진로발달 단계' 앞에 커서를 둔 채 ❶ Ctrl + F10 을 입력하고 ❷ [훈글(HNC) 문자표]탭 선택 – ❸ 문자 영역에서 [전각 기호(일반)] 선택 후 – ❹ ○ 체크 – ❺ [넣기] 버튼을 누릅니다.

05 ❻ ○뒤에서 [스페이스바]를 입력하고 ❼'진로인식(초등학교)→진로탐색(중학교)→진로계획(고등학교)'를 블록설정한 뒤 ❽ 두 줄이 한줄이 될 때까지 Shift + Alt 를 누른 상태에서 N 과 J 를 번갈아가며 누릅니다.(N 2회/ J 1회)

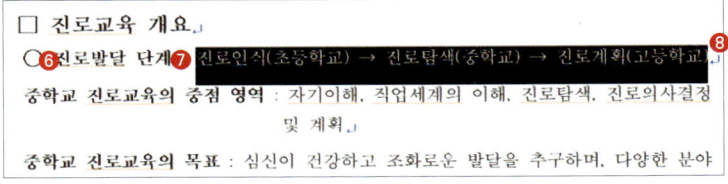

06 ❾ '진로발달 단계'바로앞에서부터 줄 처음 부분까지 블록설정한 후 Ctrl + C 를 입력한 후 ❿ '중학교 진로교육의 중점 영역' 앞에서 Ctrl + V - ⓫ '중학교 진로교육의 목표'앞에서 Ctrl + V 를 입력합니다.

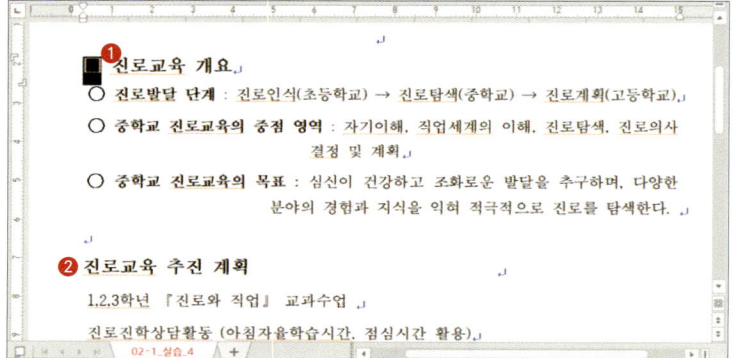

07 ❶ 첫 번째 단락 '□ 진로교육 개요'에서 □를 블록설정한 뒤 Ctrl + C 를 누른 후 ❷ 두 번째 단락 '진로교육 추진 계획'앞에서 Ctrl + V 를 입력합니다.

08 ❸ 첫 번째 단락 '○ 중학교 진로교육의 목표'에서 ○를 블록설정한 뒤 Ctrl + C 를 누른 후 ❹ 두 번째 단락 '1,2,3학년'앞에서 Ctrl + V 입력 - ❺ '진로진학상담활동' 앞에서 Ctrl + V 입력 - ❻ '창의적 체험활동' 앞에서 Ctrl + V 입력 - ❼ '진로아카데미' 앞에서 Ctrl + V 입력 - ❽ '10월 진로의 날 운영' 앞에서 Ctrl + V 입력합니다.

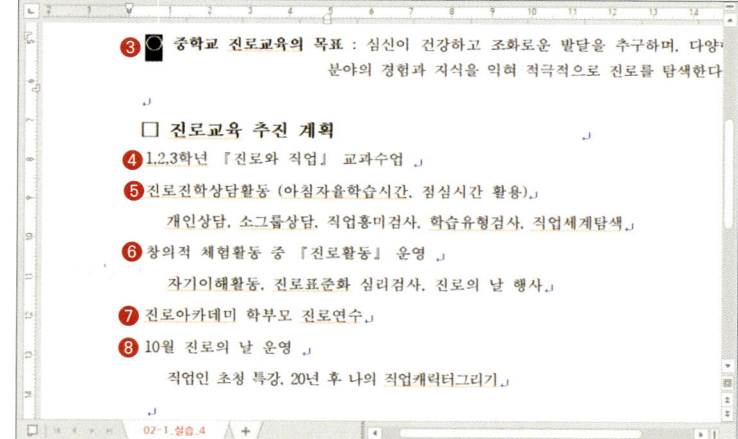

09 ❾'개인상담' 앞에 '-'를 입력 - ❿ '자기이해활동' 앞에 '-' 입력 - ⓫ '직업인 초청 특강' 앞에 '-'입력합니다.

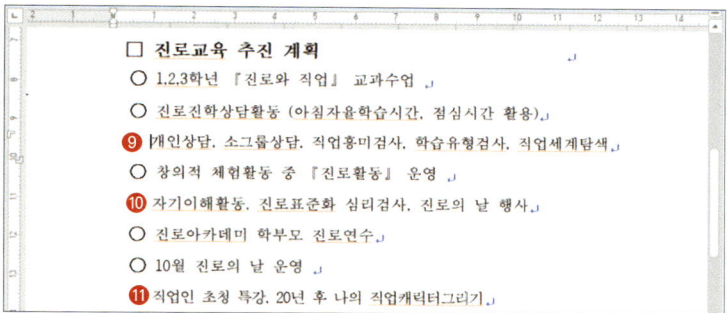

10 세 번째 단락 '참고'앞에 커서를 둔 채 ❶ Ctrl + F10 을 입력하고 ❷ [훈글(HNC) 문자표]탭 선택 - ❸ 문자 영역에서 [전각 기호(일반)] 선택 후 - ❹ ※ 체크 - ❺ [넣기] 버튼을 누릅니다.

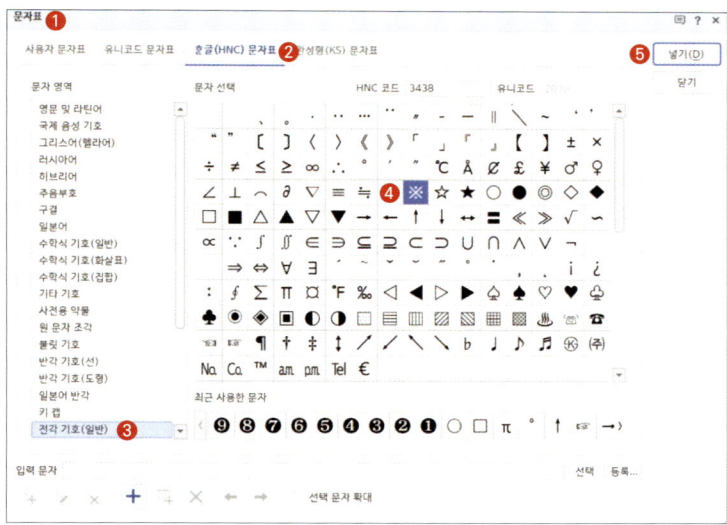

11 마지막 줄 '상담전화'앞에 커서를 둔 채 ❻ Ctrl + F10 을 입력하고 ❼ [훈글(HNC) 문자표]탭 선택 - ❽ 문자 영역에서 [전각 기호(일반)] 선택 후 - ❾ ☎ 체크 - ❿ [넣기] 버튼을 누릅니다.

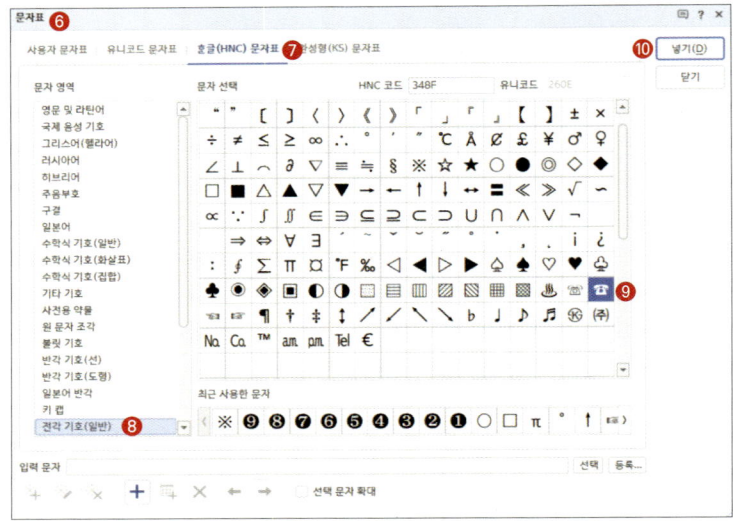

간편하게 글자 크기 바꾸기

선생님께서 문서 편집 중 글자 크기를 간편하게 바꾸는 과정에 대해 알아보겠습니다.

실습 파일: 02-1_실습_5.HWP   **완성 파일:** 02-1_완성_5.HWP

01 실습 문서(02-1_실습_5.HWP) 1쪽 첫 번째 줄 ❶'가정폭력 및 아동학대 예방 교육'을 블록설정합니다.

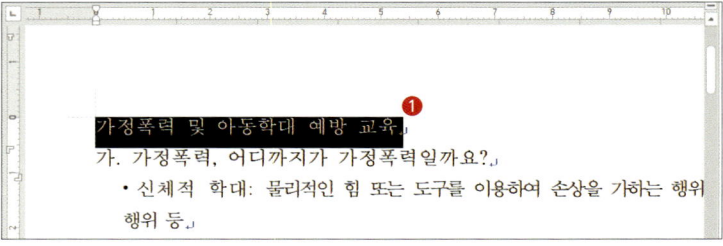

02 ❷ Alt + L 입력 - ❸ [기준 크기] 20pt 입력 - ❹ [설정] 버튼을 누릅니다.

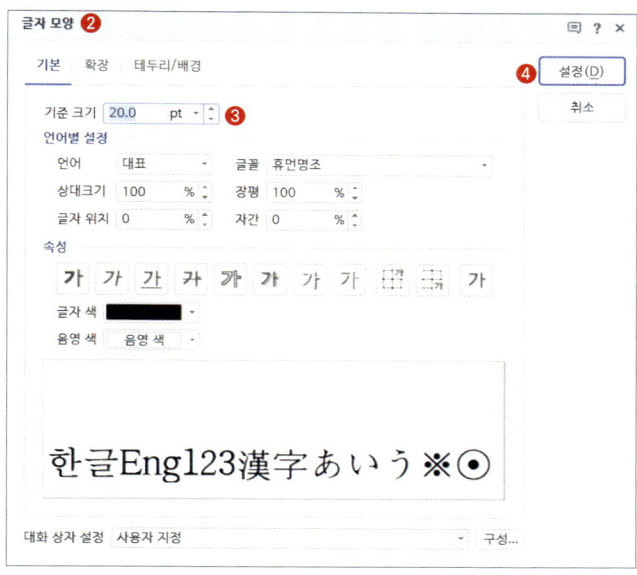

03 커서를 '가정폭력 및 아동학대 예방 교육'에 둔 채 ❺ Alt + T 입력 - ❻ [정렬 방식] 가운데 정렬 선택 - ❼ [설정] 버튼을 누릅니다.

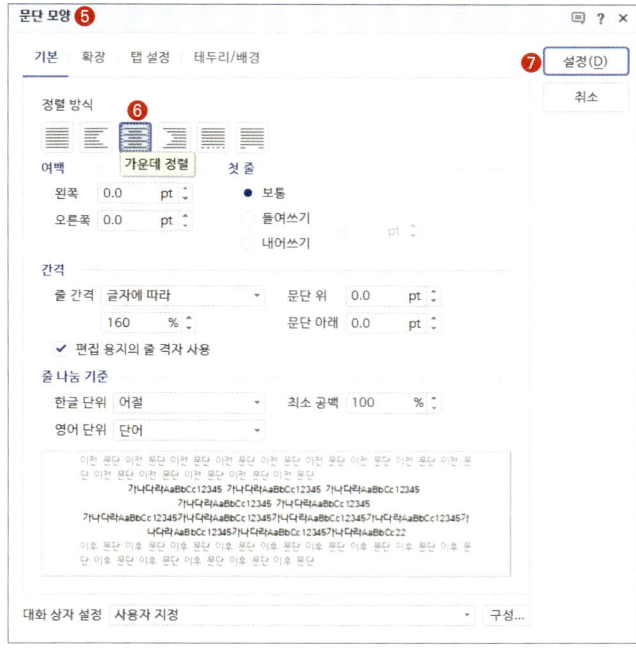

04 ❶'가정폭력 및 아동학대 예방 교육' 끝에서 Enter 키 입력 - ❷'가. 가정폭력, 어디까지가 가정폭력일까요?' 블록설정 - ❸ Shift + Alt 을 누른 채 E 키를 2번 입력합니다.

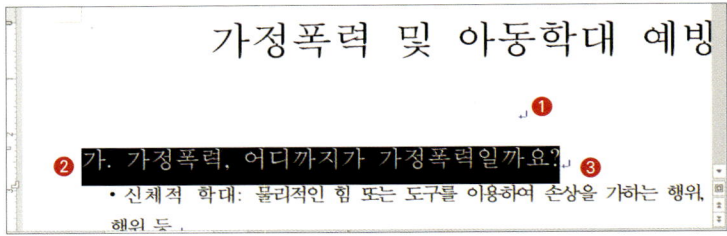

05 ❹'나. 아동학대' 블록설정 후 - ❺ Shift + Alt 을 누른 채 E 키를 2번 입력 - ❻'다. 가정폭력 및 아동학대 피해자들의 징후' 블록설정 후 - ❼ Shift + Alt 을 누른 채 E 키를 2번 입력합니다.

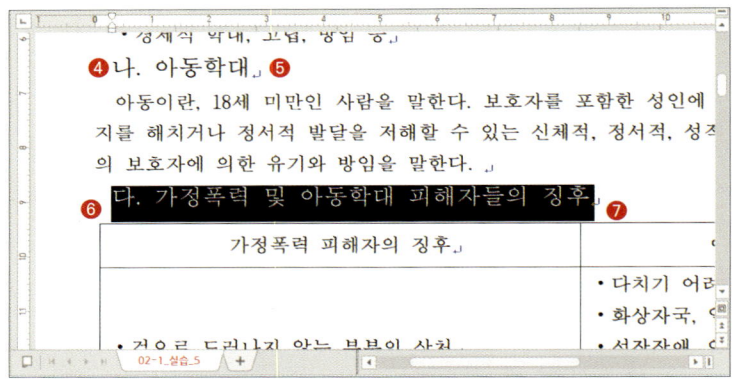

06 ❶'라. 부모님들이 실천할 수 있는 아동학대 예방 및 조기 발견법' 블록설정 후 - ❷ Shift + Alt 을 누른 채 E 키를 2번 입력 - ❸'마. 구조요청 전화 및 상담소 안내' 블록설정 후 - ❹ Shift + Alt 을 누른 채 E 키를 2번 입력합니다.

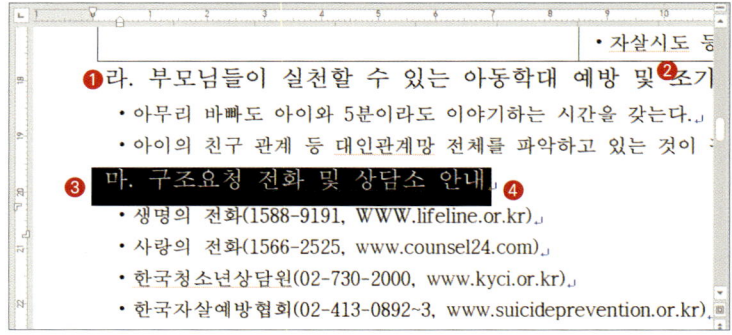

07 ❺ '가정폭력 및 아동학대 예방 교육' 아래 부분 여백에 커서를 둔 후 ❻ Shift + Alt 를 누른 채 전체 페이지가 2쪽에서 1쪽이 될 때까지 R 키를 입력합니다.(4번)

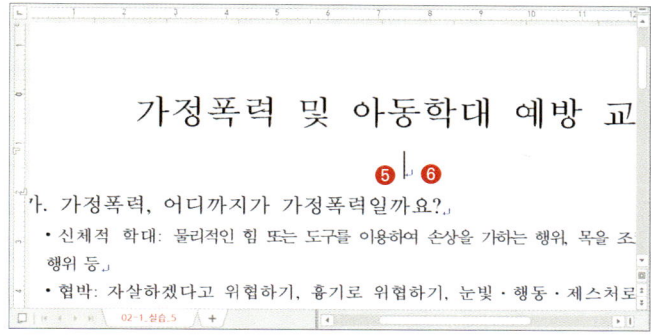

한쌤의 TIP 글자 크기를 변경하는 단축키는 다음 2가지입니다.

글자 크기 확대:
Shift + Alt + E

글자 크기 축소:
Shift + Alt + R

위 단축키는 본문에 있는 글자의 크기를 변경할 때 뿐만아니라 여백이 있는 문단 부호에서 적절하게 사용하면 문단의 페이지 수를 조절하는데 효과적으로 활용될 수 있습니다.

특정 글자 한 번에 찾아 바꾸기

선생님께서 문서 편집 중 특정 글자를 한 번에 찾아서 바꾸는 과정에 대해 알아보겠습니다.

실습 파일: 02-1_실습_6.HWP   **완성 파일:** 02-1_완성_6.HWP

01 실습 문서(02-1_실습_6.HWP)를 연 후 ❶ 한글 메뉴 [편집] - ❷ [찾기] - ❸ [찾아 바꾸기]를 선택합니다.

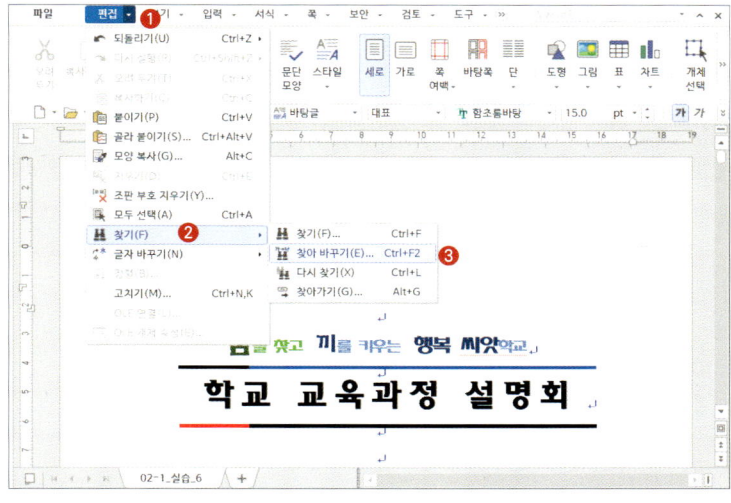

Chapter 2 공문서 기안 스마트하게 하기 **85**

02 찾아 바꾸기 창에서 ❹ [찾을 내용]에 '2025' 입력 - ❺ [바꿀 내용]에 '2030' 입력 - ❻ [찾을 방향]에 '문서 전체' 체크 - ❼ [모두 바꾸기] 버튼 입력 - ❽ [확인] 버튼을 누릅니다.

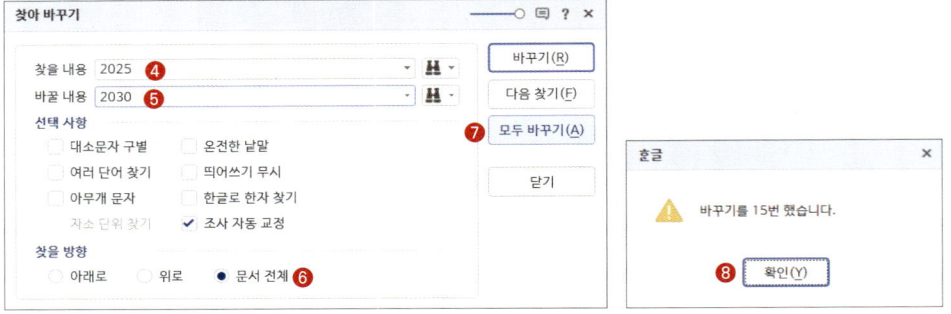

03 실습 문서에서 ❶ Ctrl + F2 를 입력한 후 찾아 바꾸기 창에서 ❷ [찾을 내용]에 '경기' 입력 - ❸ [바꿀 내용]에 '한국' 입력 - ❹ [찾을 방향]에 '문서 전체' 체크 - ❺ [모두 바꾸기] 버튼 입력 - ❻ [확인] 버튼을 누릅니다.

04 실습 문서에서 ❶ Ctrl + F2 를 입력한 후 찾아 바꾸기 창에서 ❷ [찾을 내용]에 '경기' 입력 - ❸ [바꿀 내용]에 '한 국' 입력 - ❹ [찾을 방향]에 '문서 전체' 체크 - ❺ [모두 바꾸기] 버튼 입력 - ❻ [확인] 버튼을 누릅니다.

한쌤의 TIP 문서 내에서 특정 단어(글자)를 일괄적으로 삭제하고 싶을 경우에도 찾아 바꾸기 기능을 활용하면 편리합니다. [찾을 내용]에 삭제하고자 하는 단어를 입력하고, [바꿀 내용]은 공란으로 둡니다. 이어서 [찾을 방향]에 '문서 전체'를 체크하고 [모두 바꾸기]를 선택하면 문서 내에 있는 특정 단어가 일괄적으로 삭제됩니다.

글자 모양 복사하기

선생님께서 문서 편집 중 글자 모양을 복사하여 활용하는 방법을 알아보겠습니다.

실습 파일: 02-1_실습_7.HWP   **완성 파일:** 02-1_완성_7.HWP

01 실습 문서(02-1_실습_7.HWP)의 첫 번째 줄 'Ⅱ. 사제동행 프로그램의 계획'에 커서를 둔 후 ❶ 한글 메뉴 [편집] - ❷[모양 복사]를 선택합니다.

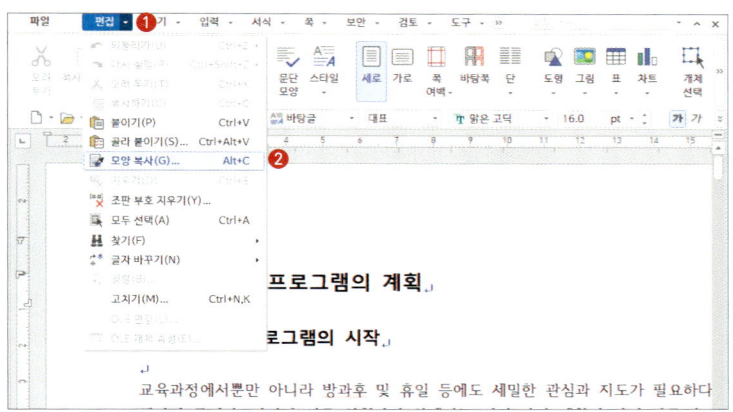

02 모양 복사 창에서 ❸ [글자 모양과 문단 모양 둘 다 복사] 체크 후 ❹ [복사] 버튼을 누릅니다.

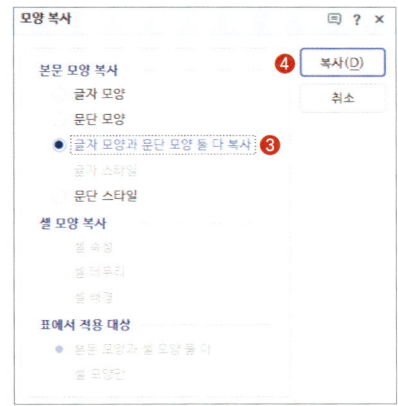

03 ❺ 2쪽 첫 번째 줄 'Ⅲ. 사제동행 프로그램의 실천'을 블록설정 - ❻ 한글 메뉴 [편집] - ❼ [모양 복사]를 선택합니다.

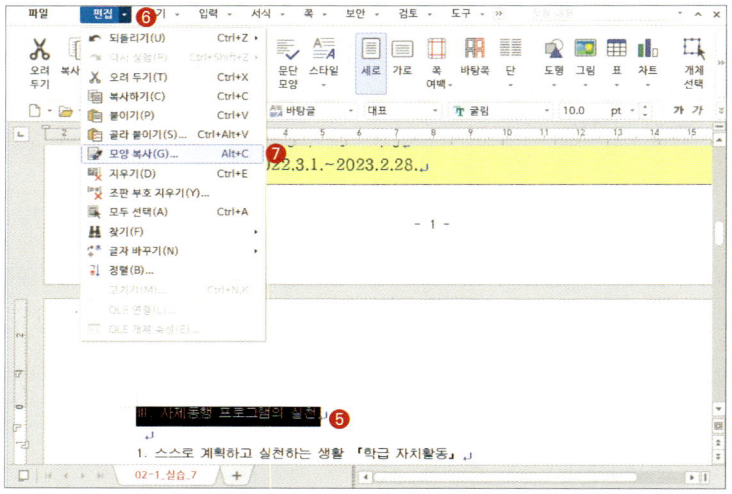

04 실습 문서 1쪽 두 번째 문장 ❶'1. 사제동행 프로그램의 시작'에 커서를 둔 후 ❷ Alt + C 입력 - ❸[본문 모양 복사]에서 '글자 모양과 문단 모양 둘 다 복사' 체크 - ❹ [복사] 버튼을 누릅니다.

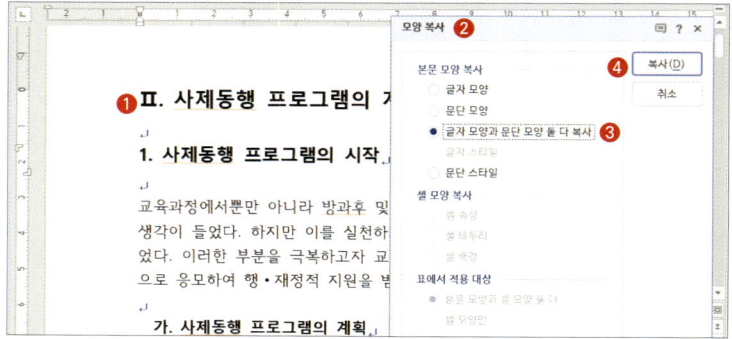

05 ❺ 실습 문서 2쪽 두 번째 문장 '1. 스스로 계획하고 실천하는 생활『학급 자치활동』' 블록설정 후

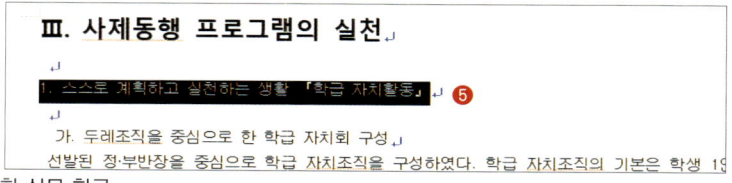

06 ❻ Alt + C 를 입력합니다.

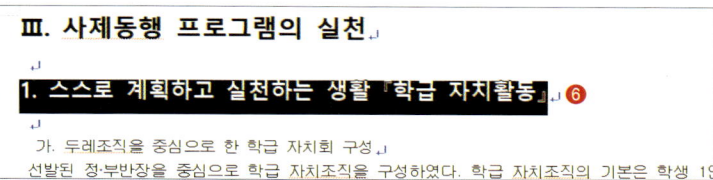

07 ❼ 실습 문서 2쪽 끝에서 세 번째 문장 '2. 사제동행 독서 프로그램『생각꿈틀 북적북적 프로젝트』' 블록설정 후

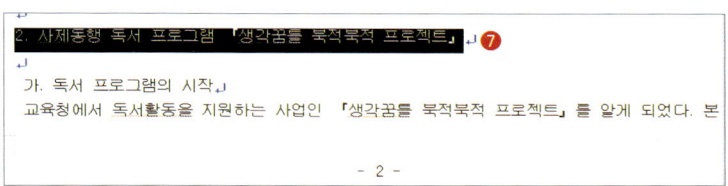

08 ❽ Alt + C 를 입력합니다.

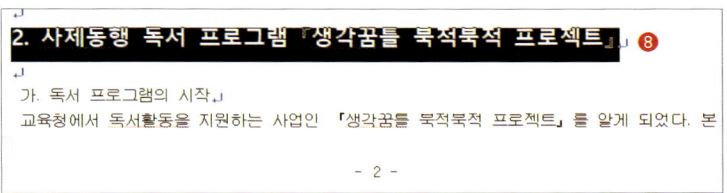

09 ❶ 실습 문서 1쪽 8번째 줄 '가. 사제동행 프로그램의 계획'에 커서를 둔 후 ❷ Alt + C 입력 - ❸ [본문 모양 복사]에서 '글자 모양과 문단 모양 둘 다 복사' 체크 - ❹ [복사] 버튼을 누릅니다.

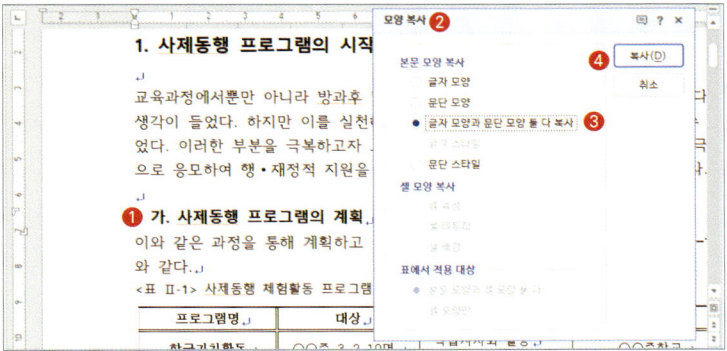

10 ❺ 실습 문서 2쪽 세 번째 문장 '가. 두레조직을 중심으로 한 학급 자치회 구성' 블록 설정 후

11 ❻ Alt + C 를 입력합니다.

12 ❼ 2쪽의 '나. 학급 전용 SNS 개설 및 운영', ❽ 2쪽의 ' 가. 독서 프로그램의 시작', ❾ 3쪽의 ' 나. 우리반 작은 도서관'의 글자 모양과 문단 모양을 ❺~❻과 같은 방법으로 복사합니다.

② 문단모양 편집하기

선생님께서 문서를 작성할 때 문단 정렬 방식, 문단 여백, 들여쓰기, 내어쓰기, 줄간격 등 상황에 맞게 문단모양을 조정하며 작업해야 하는 경우가 많이 있습니다. 이때, 문단모양의 종류별 특징과 사용법을 숙지하고 이를 적용한다면 문서 편집의 효율성을 높일 수 있을 것입니다.

문단모양 설정 활용하여 공문서 작성하기

선생님께서 문서 편집 중 문단모양을 설정하여 문서의 완성도를 높이는 과정을 알아보겠습니다.

> **실습 파일:** 02-2_실습_1.HWP **완성 파일:** 02-2_완성_1.HWP

01 실습 문서(02-2_실습_1.HWP) 1쪽의 ❶ 첫 번째 줄 제목에 커서를 두고 ❷ 한글 메뉴 [서식] - ❸ [문단 모양]을 선택합니다.

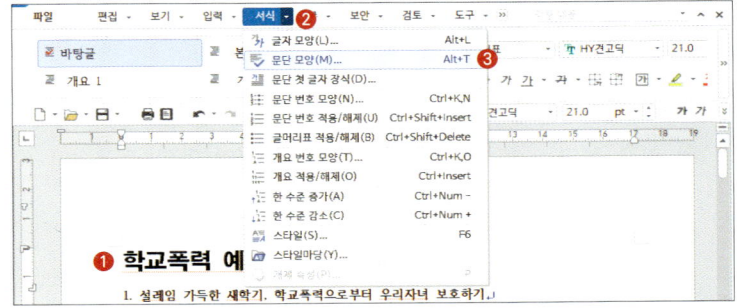

02 문단 모양 창에서 ❹ [정렬 방식] '가운데 정렬' 선택 - ❺ [설정] 버튼을 누릅니다.

03 ❻ 실습 문서 1쪽 중간 부분의 문장 '3월 신학기 학생들은~~' 앞에 커서를 위치시킵니다.

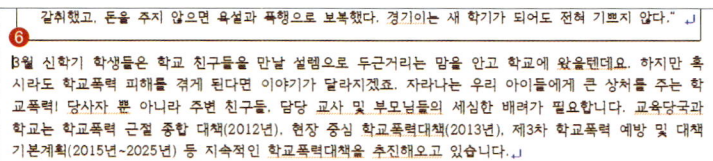

04 ❼ Alt + T 를 입력한 후 ❽ [첫 줄] 들여쓰기 8.0pt 입력 - ❾ [설정] 버튼을 누릅니다.

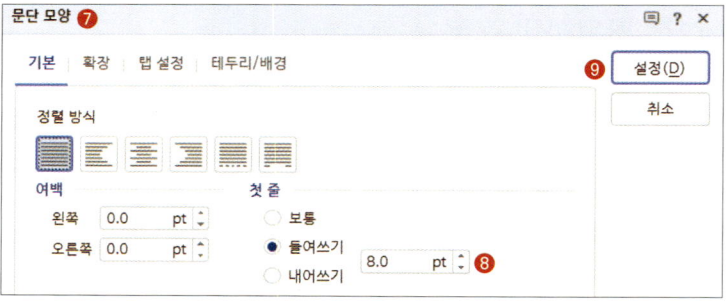

05 실습 문서 1쪽 중간 부분 ❶'가. 학교폭력의 유형'에 커서를 위치시킵니다.

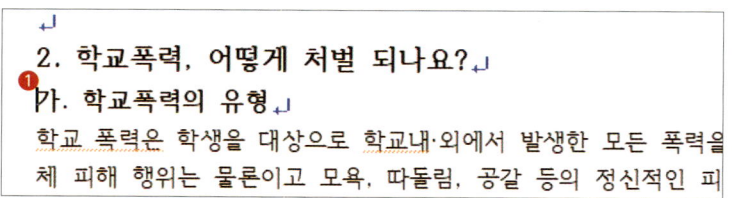

06 ❷ Alt + T 를 입력한 후 ❸ [첫 줄] 들여쓰기 10.0pt 입력 - ❹ [설정] 버튼을 누릅니다.

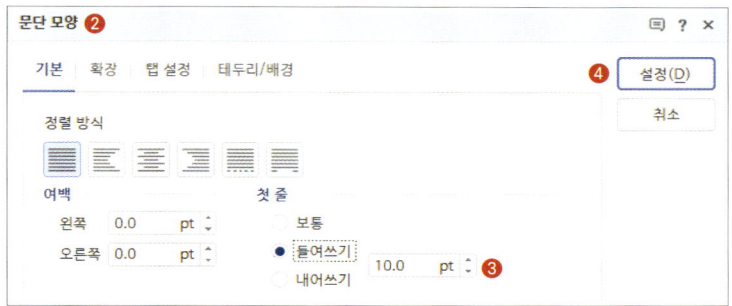

07 실습 문서 1쪽 중간 부분 ❺ '학교 폭력은 학생을 대상으로~~' 문장 앞에 커서를 위치시킵니다.

08 ❻ Alt + T 를 입력한 후 - ❼ [여백] 왼쪽 11pt 입력 - ❽ [첫 줄] 들여쓰기 10.0pt 입력 - ❾ [설정] 버튼을 누릅니다.

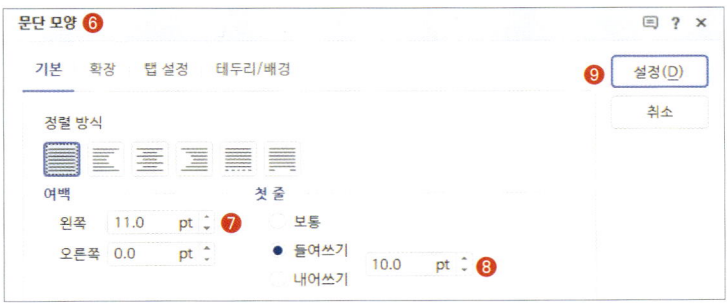

09 실습 문서 안에 커서를 둔 채 ❶ Ctrl + A 를 누릅니다.

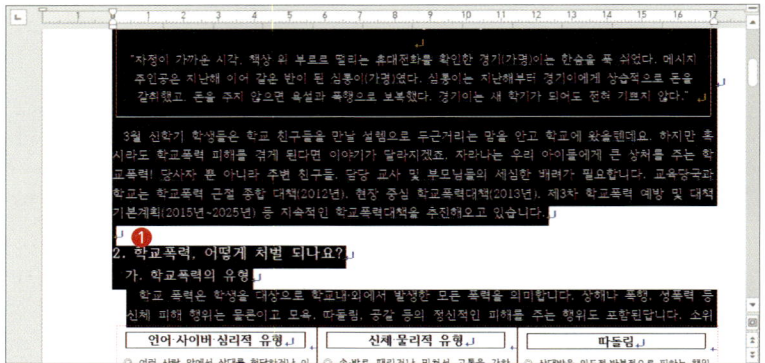

10 ❷ Alt + T 를 입력한 후 - ❸ [줄 나눔 기준] 한글 단위 '어절' 선택 - ❹ [줄 나눔 기준] 최소 공백 '50%' 입력 - ❺ [설정] 버튼을 누릅니다.

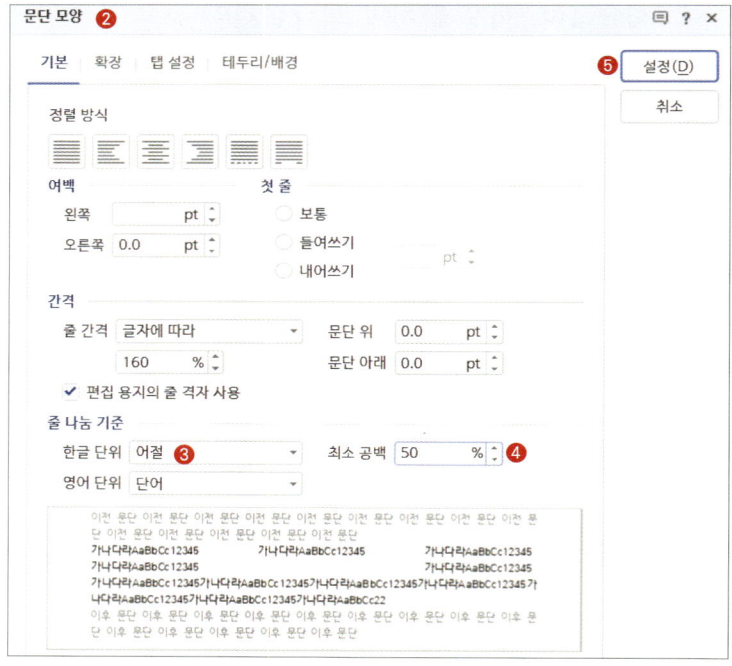

> **한쌤의 TIP** 한글을 시작하면 줄 나눔 기준은 기본적으로 한글 단위 '글자'로 세팅되어 있습니다. 줄 나눔 기준을 '어절'로 설정하면 어절 수준으로 줄 나눔이 되게 할 수 있습니다. 이때 최소 공백이 기본 '100%'로 설정되어 있는데 필요에 따라 이를 '50%' 내외로 설정하여 적용하면 다양한 상황에서 활용할 수 있습니다.

들여쓰기/내어쓰기 설정으로 K-에듀파인 기안하기

선생님께서 문서를 기안할 때 들여쓰기와 내어쓰기를 적절하게 활용하면 보다 효율적으로 작업을 진행할 수 있습니다. 들여쓰기와 내어쓰기 사용법에 대해 알아보겠습니다.

실습 파일: 02-2_실습_2.HWP   **완성 파일:** 02-2_완성_2.HWP

01 실습 문서(02-2_실습_2.HWP) 1쪽의 ❶ 두 번 째 줄 문장에 커서를 둡니다.

```
1. 관련: 0000-1234(00.00.00.)
2. ❶위 관련근거에 의거하여 교내 학생맞춤형 현장체험학습 운영계
다음과 같이 수립하여 추진하고자 합니다.
  가. 일시: 00.00.00.
  나. 장소: 국립중앙박물관 일원
```

02 ❷ Ctrl 을 누른 채 F5 키를 14회 반복하여 누릅니다.

```
1. 관련: 0000-1234(00.00.00.)
2. 위 관련근거에 의거하여 교내 학생맞춤형 현장체험학습 운영계
❷다음과 같이 수립하여 추진하고자 합니다.
  가. 일시: 00.00.00.
  나. 장소: 국립중앙박물관 일원
```

03 ❸ 실습 문서에서 네 번째 줄부터 열 번째 줄까지 블록 설정합니다.

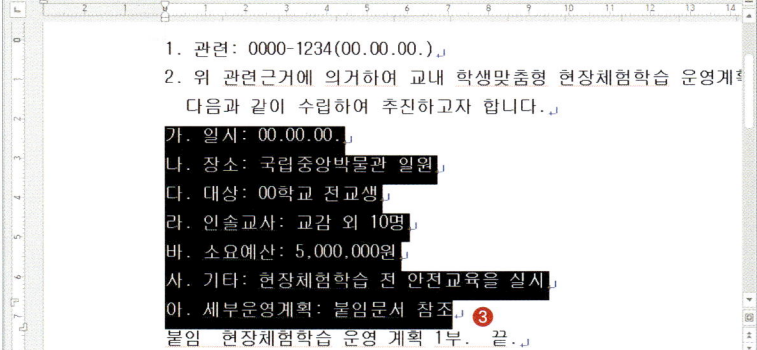

04 블록설정한 상태에서 ❹ Ctrl 을 누른 채 F6 키를 9번 반복하여 누릅니다.

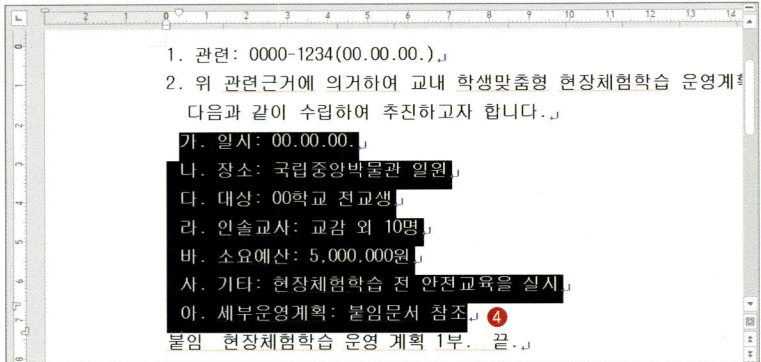

05 ❺ 실습 문서 2쪽의 '가. 목적' 아래 문장 '중'자 뒤에 커서를 위치시킵니다.

1. 목적 및 방침
  가. 목적
  ❺중학교에서 두 학기 동안 지식·경쟁 중심에서 벗어나 학생 참여형
  연계한 현장체험학습을 실시하여 학생의 소질과 적성을 키울 수
  체험 활동을 운영하는 맞춤형 교육과정 실천

06 ❻ Shift + Tab 키를 입력합니다.

1. 목적 및 방침
  가. 목적
  중학교에서 두 학기 동안 지식·경쟁 중심에서 벗어나 학생 참여형
  ❻연계한 현장체험학습을 실시하여 학생의 소질과 적성을 키울 수
  체험 활동을 운영하는 맞춤형 교육과정 실천

07 ❼ '중'자 앞에 커서를 이동시킨 후 [스페이스바]를 3회 누릅니다.

1. 목적 및 방침
  가. 목적
  ❼ 중학교에서 두 학기 동안 지식·경쟁 중심에서 벗어나 학생 참여형
    이와 연계한 현장체험학습을 실시하여 학생의 소질과 적성을 키울
    다양한 체험 활동을 운영하는 맞춤형 교육과정 실천

08 ❽ '나. 방침' 아래의 2개 항을 블록설정 합니다.

> 나. 방침
> 1) 사전 안전교육 철저
> 2) 학생 맞춤형 수요조사 후 실시 ❽

09 블록설정한 상태에서 ❾ `Ctrl` 을 누른 채 `F6` 키를 14번 반복하여 누릅니다.

> 나. 방침
> ❾
> 1) 사전 안전교육 철저
> 2) 학생 맞춤형 수요조사 후 실시

10 ❿ '2. 현장체험학습 개요' 아래의 5개 항을 블록설정한 후 ⓫ `Ctrl` 을 누른 채 `F6` 키를 8번 반복하여 누릅니다.

> 2. 현장체험학습 개요
> ❿ 가. 일시: 00.00.00.
> 나. 장소: 국립중앙박물관
> 다. 대상: 전교생
> 라. 인솔교사: 교감 외 10명
> 바. 소요예산: 5,000,000원 ⓫

한쌤의 노하우 들여쓰기와 내어쓰기는 상황에 따라 적절히 활용하면 문서 편집에 매우 유용합니다. 들여쓰기와 내어쓰기의 주요 특징은 다음과 같습니다.

구분	개념	기본값	변동 가능값
들여쓰기	새로운 문단이 시작되는 것을 표시하기 위해 문단의 처음 왼쪽 글머리에 한 칸을 비워두고 글을 쓰는 것.	0	0pt ~ 33.1pt
내어쓰기	글을 쓸 때 의미를 명확하게 표현하기 위하여 왼쪽 끝에서 일정 간격 왼쪽으로 내어 쓰는 것	0	0pt ~ 78.2pt

들여쓰기와 내어쓰기는 단축키가 있는데, 각각의 단축키는 서로 연동이 됩니다.

구분	단축키	비고
들여쓰기 줄이기	Ctrl + F5	F5 키 누를 때마다 들여쓰기 1pt씩 감소
들여쓰기 늘이기	Ctrl + F6	F5 키 누를 때마다 들여쓰기 1pt씩 증가
내어쓰기 줄이기	Ctrl + F6	F5 키 누를 때마다 내어쓰기 1pt씩 감소
내어쓰기 늘이기	Ctrl + F5	F5 키 누를 때마다 내어쓰기 1pt씩 증가

글자 크기 12pt, 문단 모양 '양쪽 정렬'일 때 들여쓰기와 내어쓰기를 한 결과는 다음 표와 같습니다.

들여쓰기 0pt	한글의 주요 단축키를 숙지하여 적용하면 한컴오피스 업무효율을 높이는데 효과적입니다.
들여쓰기 10pt	한글의 주요 단축키를 숙지하여 적용하면 한컴오피스 업무효율을 높이는데 효과적입니다.
들여쓰기 20pt	한글의 주요 단축키를 숙지하여 적용하면 한컴오피스 업무효율을 높이는데 효과적입니다.
내어쓰기 0pt	1. 한글의 주요 단축키를 숙지하여 적용하면 한컴오피스 업무효율을 높이는데 효과적입니다.
내어쓰기 10pt	1. 한글의 주요 단축키를 숙지하여 적용하면 한컴오피스 업무효율을 높이는데 효과적입니다.
내어쓰기 20pt	1. 한글의 주요 단축키를 숙지하여 적용하면 한컴오피스 업무효율을 높이는데 효과적입니다.

※단축키 Shift + Tab 은 내어쓰기를 한 번에 설정해주는 단축키입니다. 단축키를 입력하면 커서가 있는 지점을 기준으로 해당 문단의 내어쓰기가 적용됩니다.

손쉽게 문단 정렬 편집하기

문단 정렬은 문서 편집에서 많이 사용되는 기능 중 하나입니다. 문단 정렬을 손쉽게 설정하는 방법을 숙지하고 적절하게 활용하면 문서의 작업 효율을 높일 수 있을 것입니다.

실습 파일: 02-2_실습_3.HWP   **완성 파일**: 02-2_완성_3.HWP

01 실습 문서(02-2_실습_3.HWP) 1쪽 표의 ❶ 첫 번 째 줄을 모두 블록설정 한 후 ❷ 한글 메뉴 [서식] - ❸ [문단 모양]을 선택합니다.

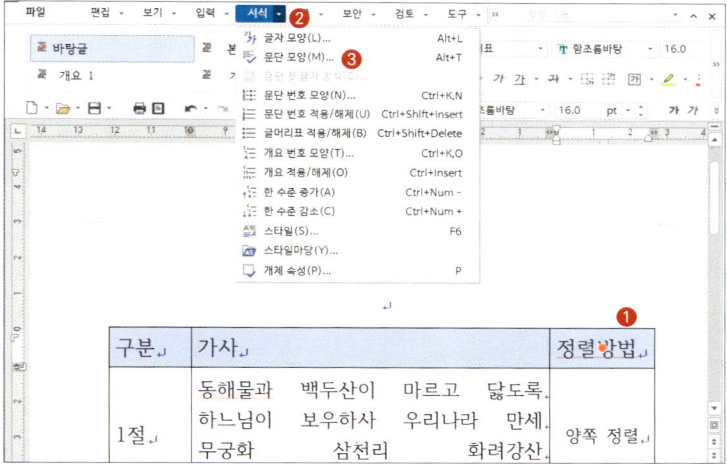

02 ❹ [정렬 방식] '가운데 정렬' 체크 후 ❺ [설정] 버튼을 누릅니다.

03 ❻ 표의 왼쪽칸을 모두 블록설정 합니다.

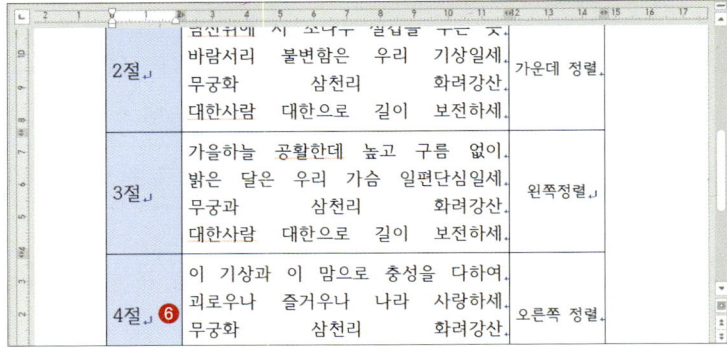

04 ❼ Alt + T 입력 - ❽ [정렬 방식] '가운데 정렬' 체크 - ❾ [설정] 버튼을 누릅니다.

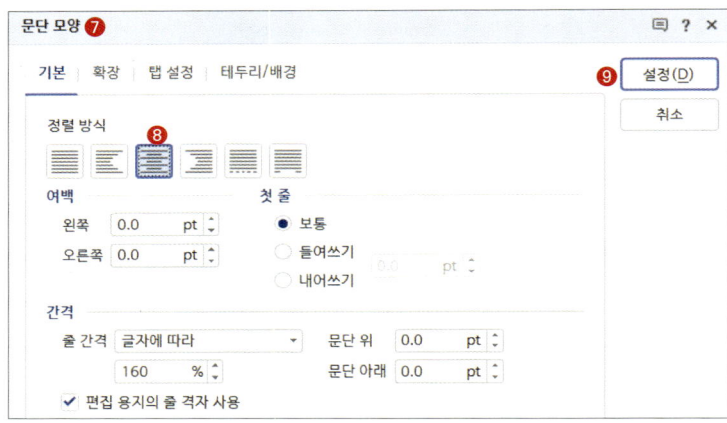

05 ❶ 실습 문서 표의 두 번 째 줄 두 번 째 칸을 블록설정합니다.

06 ❷ `Shift` + `Ctrl` + `M` 을 입력합니다.

구분	가사	정렬방법
1절	동해물과 백두산이 마르고 닳도록 하느님이 보우하사 우리나라 만세 무궁화 삼천리 화려강산 ❷ 대한사람 대한으로 길이 보전하세	양쪽 정렬

07 ❸ 실습 문서 표의 세 번 째 줄 두 번 째 칸을 블록설정합니다.

| 2절 | 남산위에 저 소나무 철갑을 두른 듯
바람서리 불변함은 우리 기상일세
무궁화   삼천리 ❸ 화려강산
대한사람 대한으로 길이   보전하세 | 가운데 정렬 |

08 ❹ `Shift` + `Ctrl` + `C` 를 입력합니다.

| 2절 | 남산위에 저 소나무 철갑을 두른 듯
바람서리 불변함은 우리 기상일세
무궁화 삼천리 화려강산 ❹
대한사람 대한으로 길이 보전하세 | 가운데 정렬 |

09 ❺ 실습 문서 표의 네 번 째 줄 두 번 째 칸을 블록설정합니다.

| 3절 | 가을하늘 공활한데 높고 구름 없이
밝은 달은 우리 가슴 일편단심일세
무궁과   삼천리 ❺ 화려강산
대한사람 대한으로 길이   보전하세 | 왼쪽정렬 |

10 ❻ `Shift` + `Ctrl` + `L` 을 입력합니다.

| 3절 | 가을하늘 공활한데 높고 구름 없이
밝은 달은 우리 가슴 일편단심일세
무궁과 삼천리 화려강산 ❻
대한사람 대한으로 길이 보전하세 | 왼쪽정렬 |

11 ❼ 실습 문서 표의 다섯 번 째 줄 두 번 째 칸을 블록설정합니다.

| 4절 | 이 기상과 이 맘으로 충성을 다하여
괴로우나 즐거우나 나라 사랑하세
무궁화   삼천리   ❼ 화려강산
대한사람 대한으로 길이 보전하세 | 오른쪽 정렬 |

12 ❽ Shift + Ctrl + R 을 입력합니다.

| 4절 | 이 기상과 이 맘으로 충성을 다하여
괴로우나 즐거우나 나라 사랑하세
무궁화 삼천리 ❽화려강산
대한사람 대한으로 길이 보전하세 | 오른쪽 정렬 |

13 ❾ 실습 문서 표의 여섯 번 째 줄 두 번 째 칸을 블록설정합니다.

| 후렴 | 무궁화   삼천리   화려강산
대한사람 대한으로 길이 ❾ 보전하세 | 배분 정렬 |

14 ❿ Shift + Ctrl + T 을 입력합니다.

| 후렴 | 무 궁 화   삼 천 리   화 려 강 산
대한사람 대 한 으 로 길 이 보 전 하 세 | 배분 정렬 |

한쌤의 TIP 문단 정렬은 한글 작업 중 많이 사용하는 기능 중 하나입니다. 문단 정렬 단축키를 정리하면 다음 표와 같습니다.
문단 정렬 단축키는 Shift + Ctrl 이 중복됩니다. 따라서 끝에 정렬 방식에 따른 영문자를 연상하면 쉽게 숙지할 수 있습니다.

구분	단축키		
양쪽 정렬	Shift	+ Ctrl	M
왼쪽 정렬	Shift	+ Ctrl	L
가운데 정렬	Shift	+ Ctrl	C
오른쪽 정렬	Shift	+ Ctrl	R
배분 정렬	Shift	+ Ctrl	T

간편하게 줄간격 조절하기

문서의 줄간격 조절은 문단의 양이 쪽을 넘기거나 부족할 경우 유용하게 사용할 수 있는 기능입니다. 줄간격 조절을 간편하게 할 수 있는 방법을 숙지하고 적용하면 문서 작업의 효율을 높일 수 있을 것입니다.

실습 파일: 02-2_실습_4.HWP   **완성 파일**: 02-2_완성_4.HWP

01 실습 문서(02-2_실습_4.HWP)의 ❶ '1. 자유학년제의 개념'과 그 아래 문단을 모두 블록설정 한 후 ❷ 한글 메뉴 [서식] - ❸ [문단 모양]을 선택합니다.

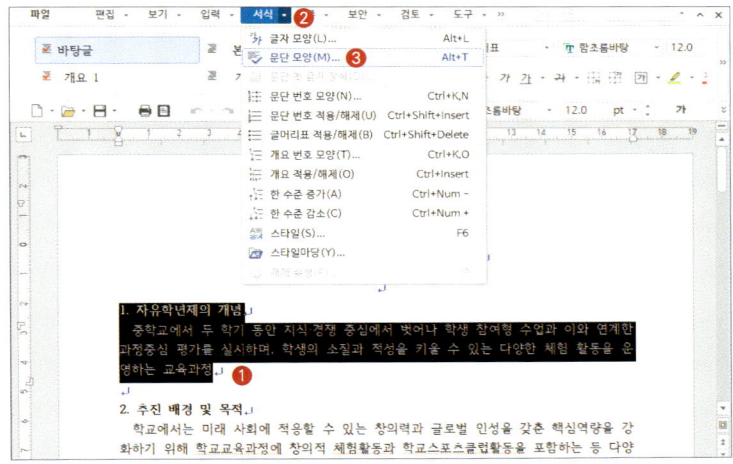

02 ❹ [줄 간격] 140% 입력 - ❺ [설정] 버튼을 누릅니다.

03 ❻ '2. 추진 배경 및 목적'과 그 아래 2개의 문단을 모두 블록설정 합니다.

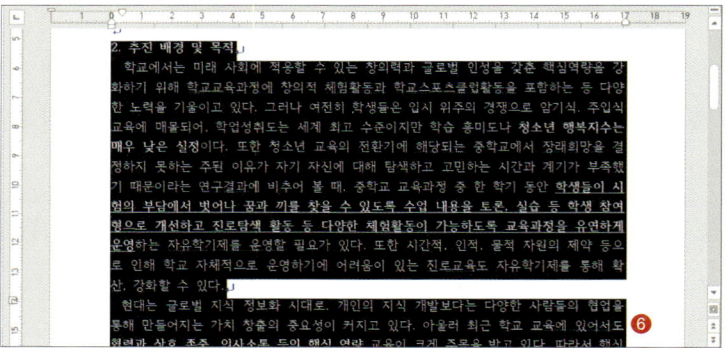

04 ❼ Alt + T 를 입력한 후 - ❽ [줄 간격] 140% 입력 - ❾ [설정] 버튼을 누릅니다.

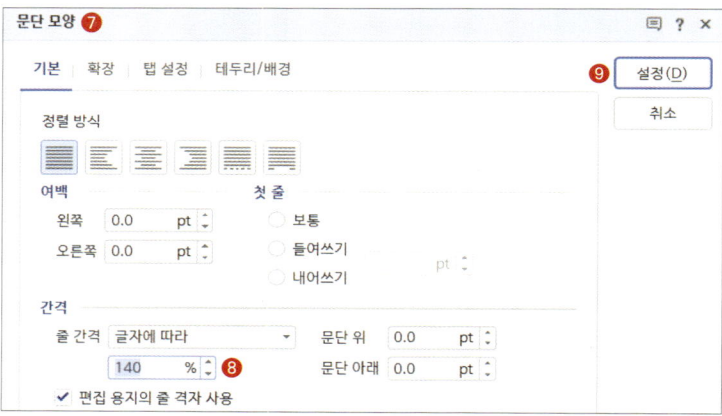

05 ❶ '4. 학생 참여 및 활동 중심의 교수·학습 방법 개선 계획'과 그에 속한 문단 모두를 모두 블록설정 한 후 ❷ Shift + Alt 를 누른 채 A 키를 두 번 누릅니다.

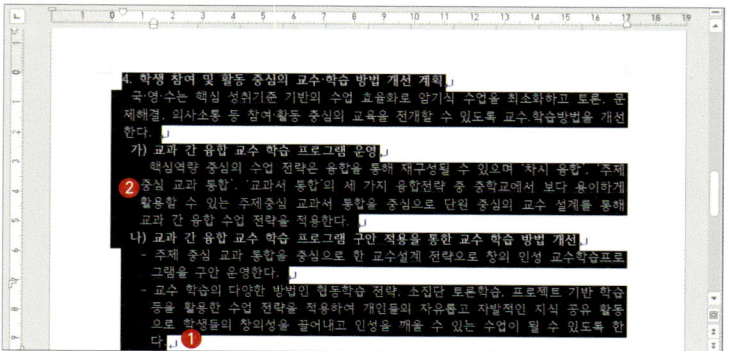

06 ❸ '5. 과정 중심의 평가 실시'와 그에 속한 문단 모두를 모두 블록설정 한 후 ❹ Shift + Alt 를 누른 채 Z 키를 세 번 누릅니다.

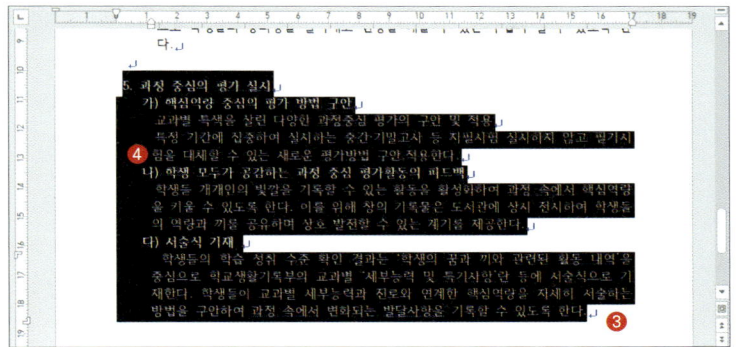

한쌤의 TIP 줄간격을 조정하는 단축키를 정리하면 다음 표와 같습니다.
키보드 자판에서 [A]와 [Z]는 위아래 위치해 있기 때문에 두 단축키를 연계하면 보다 쉽게 숙지할 수 있습니다.

구분	단축키	
줄간격 줄임	Shift + Ctrl + A	줄 간격 10% 씩 감소
줄간격 늘임	Shift + Ctrl + Z	줄 간격 10% 씩 증소

특정 문단 모양 한 번에 찾아 바꾸기

문서의 편집 작업을 진행할 때 특정 문단 모양을 찾아서 변경해야 할 경우가 있습니다. 이때 문단모양을 한 번에 찾아서 바꾸는 방법을 숙지하여 적용하면 작업의 효율을 높일 수 있습니다.

실습 파일: 02-2_실습_5.HWP   **완성 파일**: 02-2_완성_5.HWP

01 실습 문서(02-2_실습_5.HWP)를 열고 ❶ 한글 메뉴 [편집] - ❷ [찾기] - ❸ [찾아 바꾸기]를 선택합니다.

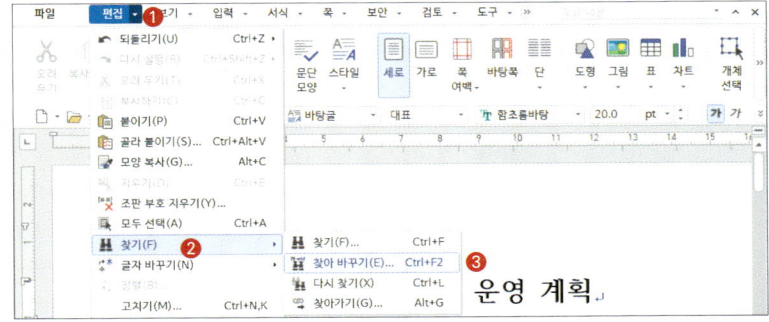

02 ❹ 찾아 바꾸기 창에서 [찾을 내용] 끝의 망원경 그림을 누르고 ❺ [찾을 문단 모양]을 선택합니다.

03 ❻ [여백]에 왼쪽 5pt 입력 후 ❼ [설정] 버튼을 누릅니다.

04 ❽ 찾아 바꾸기 창에서 [바꿀 내용] 끝의 망원경 그림을 누르고 ❾ [바꿀 문단 모양]을 선택합니다.

05 ❿ [여백]에 왼쪽 0pt 입력 후 ⓫ [설정] 버튼을 누릅니다.

06 ⓬ [찾을 방향] 항목에서 '문서 전체' 체크한 후 ⓭ [모두 바꾸기] 버튼을 누릅니다.

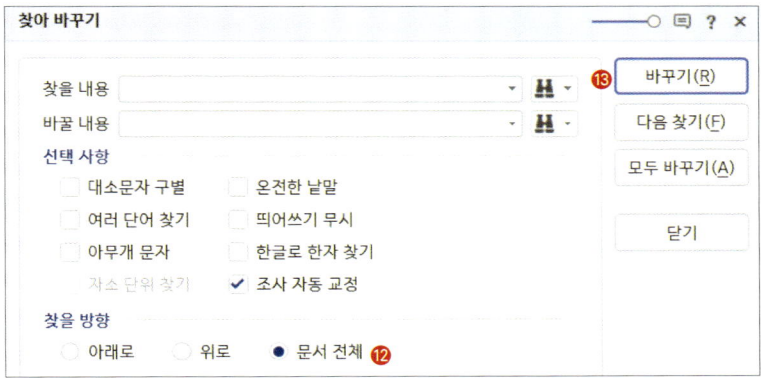

07 ⓮ [확인] 버튼을 누릅니다.

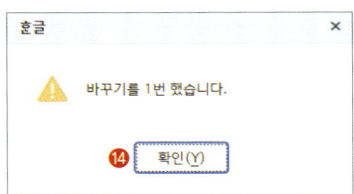

08 ❶ 실습 문서에서 Ctrl + F2 를 입력합니다. ❷ 찾아 바꾸기 창에서 [찾을 내용] 끝의 망원경 그림을 누르고 ❸ [찾을 문단 모양]을 선택합니다.

09 ❹ [첫 줄] 들여쓰기에 10pt 입력 후 ❺ [설정] 버튼을 누릅니다.

10 ❻ 찾아 바꾸기 창에서 [바꿀 내용] 끝의 망원경 그림을 누르고 ❼ [바꿀 문단 모양]을 선택합니다.

11 ❽ [첫 줄] 들여쓰기에 0pt 입력 후 ❾ [설정] 버튼을 누릅니다.

12 ❿ [찾을 방향] 항목에서 '문서 전체' 체크한 후 ⓫ [모두 바꾸기] 버튼을 누릅니다.

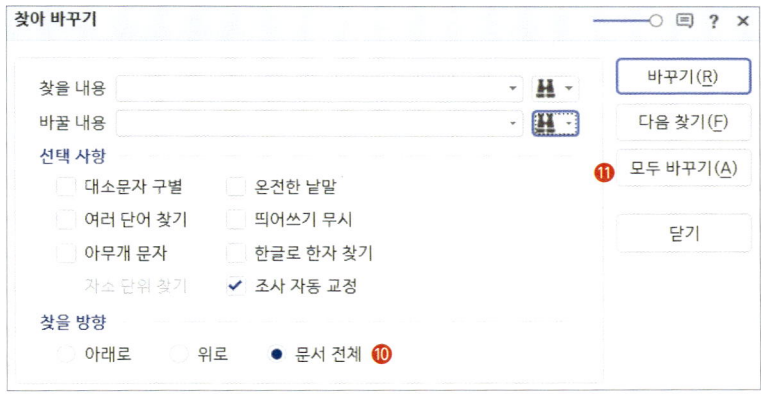

13 ⓬ [확인] 버튼을 누릅니다.

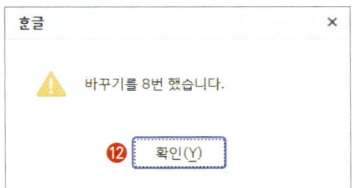

14 ❶ 실습 문서에서 Ctrl + F2 를 입력합니다. ❷찾아 바꾸기 창에서 [찾을 내용] 끝의 망원경 그림을 누르고 ❸ [찾을 문단 모양]을 선택합니다.

15 ❹ [간격] 줄 간격 '글자에 따라' 선택한 다음 ❺ 130% 입력 후 ❻ [설정] 버튼을 누릅니다.

16 ❼ 찾아 바꾸기 창에서 [바꿀 내용] 끝의 망원경 그림을 누르고 ❽ [바꿀 문단 모양]을 선택합니다.

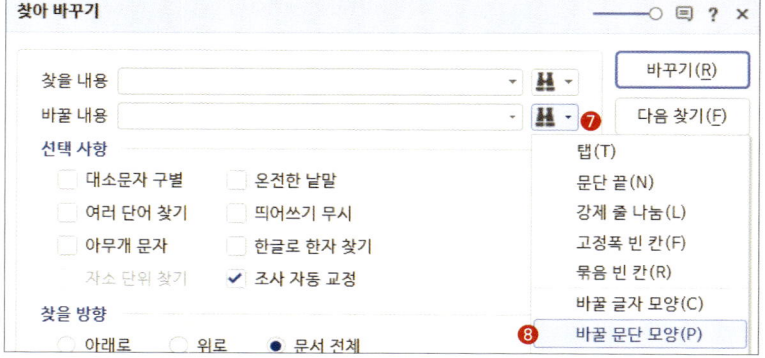

17 ❾ [간격] 줄 간격 '글자에 따라' 선택한 다음 ❿ 160% 입력 후 ⓫ [설정] 버튼을 누릅니다.

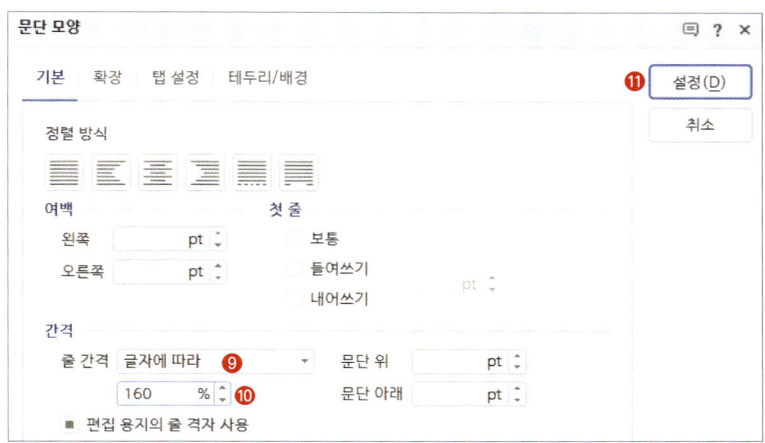

18 ⓬ [찾을 방향] 항목에서 '문서 전체' 체크한 후 ⓭ [모두 바꾸기] 버튼을 누릅니다.

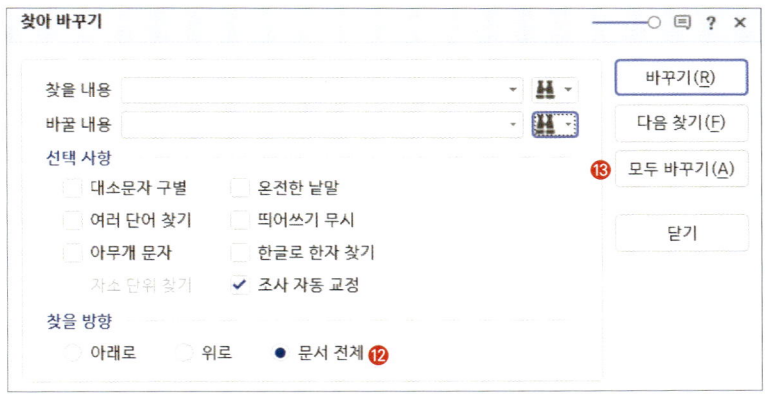

19 ⓮ [확인] 버튼을 누릅니다.

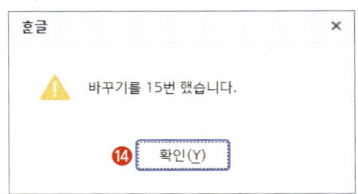

한쌤의 TIP 찾아 바꾸기를 여러 번 사용할 경우, 기존에 입력된 내용이 저장되어 있습니다. 따라서 기존에 저장되어 있는 부분을 체크 해제한 후 다시 입력해야 해당 기능을 정상적으로 이용할 수 있습니다.

문단 모양 복사하기

문서의 작성을 수행할 때 먼저 설정한 문단 모양을 지속적으로 사용해야 할 경우가 있습니다. 이때 문단 모양을 복사하고 붙여 넣는 방법을 숙지하여 적용하면 작업의 효율을 높일 수 있습니다.

실습 파일: 02-2_실습_6.HWP   완성 파일: 02-2_완성_6.HWP

01 실습 문서(02-2_실습_6.HWP)의 1쪽 중간 부분 ❶'가. 학교폭력의 유형'에 커서를 위치한 후 ❷ 한글 메뉴 [편집] - ❸ [모양 복사]를 선택합니다.

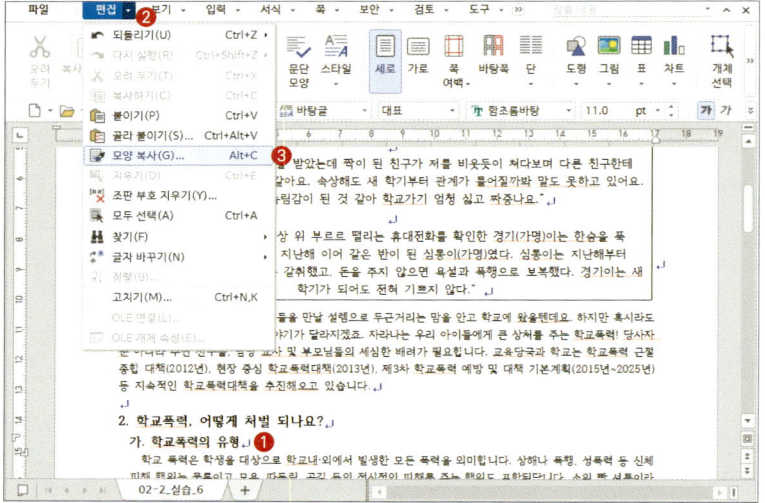

02 모양 복사 창의 ❹ [본문 모양 복사] 항목에서 '문단 모양'을 선택한 후 ❺ [복사] 버튼을 누릅니다.

03 ❻ 실습 문서 1쪽 중간부분 '나. 학교폭력의 조치'를 블록설정한 후 ❼ 한글 메뉴 [편집] - ❽ [모양 복사]를 선택합니다.

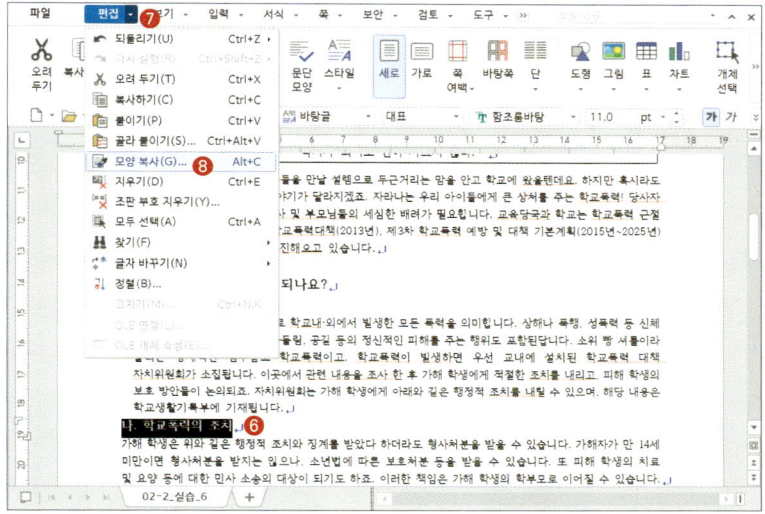

04 ❾ 실습 문서 2쪽의 '가. 자녀가 피해 학생일 경우'를 블록설정한 후 ❼~❽의 과정을 반복합니다.

> 차이가 있지만 자녀의 관점에서 사안을 이해해야 한다는
> **가. 자녀가 피해 학생일 경우** ❾
> 먼저 자녀가 피해 학생일 경우에는 어떻게 해야 할까요?

05 ❿ 실습 문서 2쪽의 '나. 자녀가 가해 학생일 경우'를 블록설정한 후 ❼~❽의 과정을 반복합니다.

> 위한 진술서, 사진, 녹취 자료, 휴대전화 자료 등의 증거
> **나. 자녀가 가해 학생일 경우** ❿
> 자녀가 가해 학생일 때는 냉정하게 상황을 판단하는 것이

06 ⓫ 실습 문서 2쪽의 '가. 위 프로젝트의 유형'을 블록설정한 후 ❼~❽의 과정을 반복합니다.

> 대인관계, 학업, 진로 등 전반적인 고민을 가진 친구
> **가. 위 프로젝트의 유형** ⓫
> Wee 프로젝트는 크게 Wee 클래스, Wee 센터, Wee

07 ⑫ 실습 문서 2쪽의 '나. 위 스쿨의 활용'을 블록설정한 후 ❼~❽의 과정을 반복합니다.

08 ❶ 실습 문서 1쪽의 '가. 학교폭력의 유형' 아래 부분의 문단에 커서를 위치시키고 ❷ Alt + C 를 입력합니다. ❸ 모양 복사 창의 [본문 모양 복사]에서 '문단 모양'을 선택한 후 ❹ [복사] 버튼을 누릅니다.

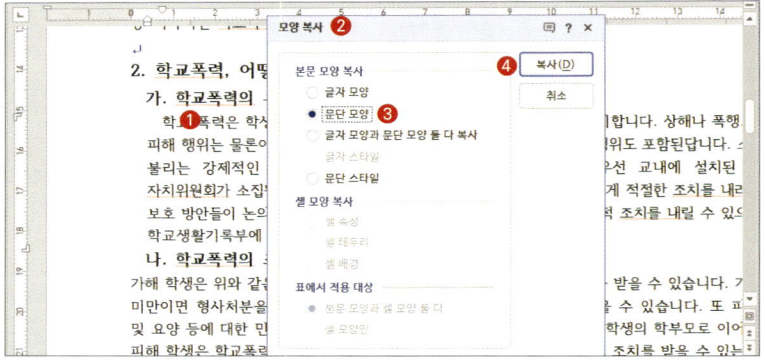

09 ❺ 실습 문서 1쪽의 '나. 학교폭력의 조치' 아래 문단을 블록설정한 후 ❻ Alt + C 를 입력합니다.

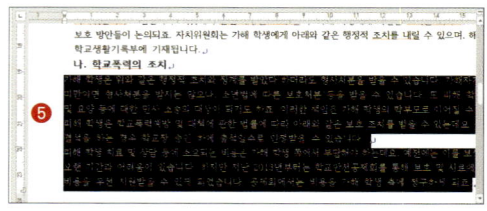 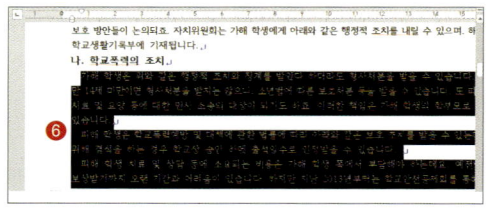

10 ❼ 실습 문서 2쪽의 '가. 자녀가 피해 학생일 경우' 아래 부분의 문단을 블록설정한 후 ❽ Alt + C 를 입력합니다.

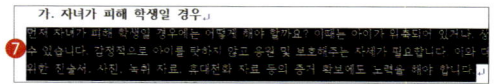 

11 ❾ 실습 문서 2쪽의 '나. 자녀가 가해 학생일 경우' 아래 부분의 문단을 블록설정한 후 ❿ Alt + C 를 입력합니다.

12 ⓫ 실습 문서 2쪽의 '가. 위 프로젝트의 유형' 아래 부분의 문단을 블록설정한 후 ⓬ Alt + C 를 입력합니다.

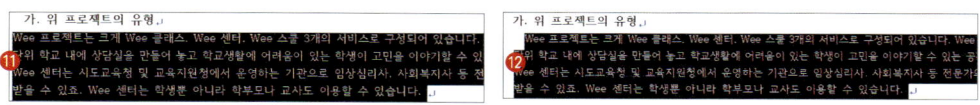

13 ⓭ 실습 문서 2쪽의 '나. 위 스쿨의 활용' 아래 부분의 문단을 블록설정한 후 ⓮ Alt + C 를 입력합니다.

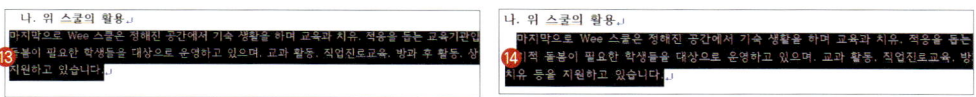

③ 메일 머지로 상장 만들기

보통 학생 상장의 경우 대부분의 문구는 동일하고, 상장번호와 학년, 번호, 성명 등의 정보만 다른 경우가 많습니다. 이때 한글의 메일 머지 기능을 활용하면 한쪽의 상장 양식으로 여러 장의 상장을 한 번에 만들어낼 수 있습니다.

메일 머지 상장 양식 만들기

메일 머지 기능을 활용하여 여러 장의 상장을 제작해야 할 경우 가장 첫 번째로 해야 할 일은 바로 메일 머지 표시가 입력된 상장 양식을 만드는 것입니다. 상장 양식에 메일 머지 표시를 입력하는 과정을 알아보겠습니다.

실습 파일: 02-3_실습_1.HWP   **완성 파일**: 02-3_완성_1.HWP

01 실습 문서(02-3_실습_1.HWP) ❶ 첫 번째 줄의 '제2030-' 다음에 커서를 위치시킨 다음 ❷ 한글 메뉴 [도구] - ❸ [메일 머지] - ❹ [메일 머지 표시 달기]를 선택합니다.

02 ❺ [필드 만들기] 탭 선택 – ❻ 필드 번호 '1' 입력 – ❼ [넣기]를 누릅니다.

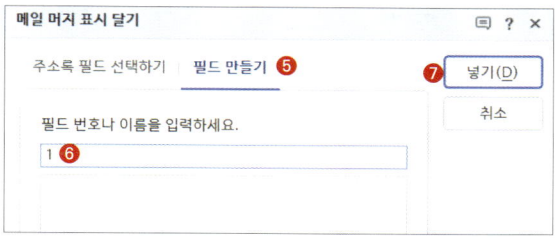

03 ❶ 실습 문서의 '학년' 앞에 커서를 위치시킨 뒤 ❷ Ctrl + K + M 입력 – ❸ [필드 만들기] 탭 선택 – ❹ 필드 번호 '2' 입력 – ❺ [넣기]를 선택합니다.

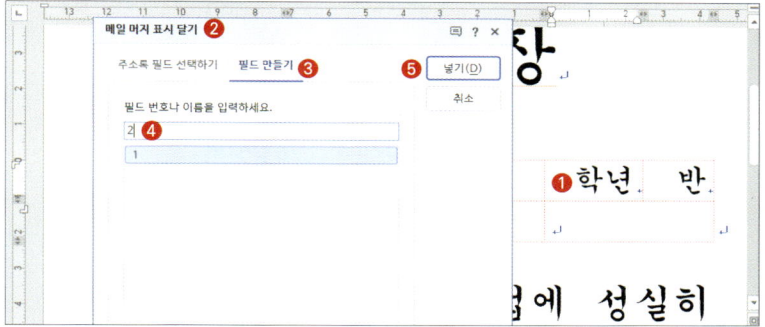

04 ❻ 실습 문서의 '반' 앞에 커서를 위치시킨 뒤 ❼ Ctrl + K + M 입력 – ❽ [필드 만들기] 탭 선택 – ❾ 필드 번호 '3' 입력 – ❿ [넣기]를 선택합니다.

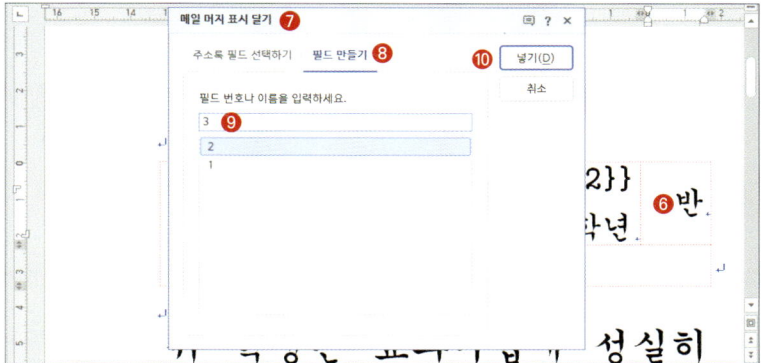

05 ❶ 실습 문서의 '학년 반' 아래 칸에 커서를 위치시킨 뒤 ❷ Ctrl + K + M 입력 - ❸ [필드 만들기] 탭 선택 - ❹ 필드 번호 '4' 입력 - ❺ [넣기]를 선택합니다.

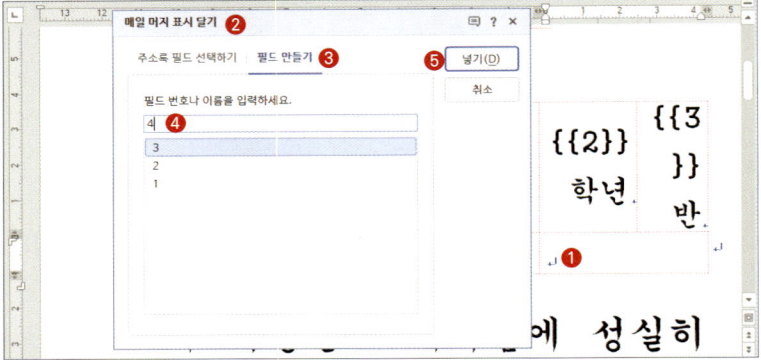

06 ❻ 실습 문서의 '상' 앞에 커서를 위치시킨 뒤 ❼ Ctrl + K + M 입력 - ❽ [필드 만들기] 탭 선택 - ❾ 필드 번호 '5' 입력 - ❿ [넣기]를 선택합니다.

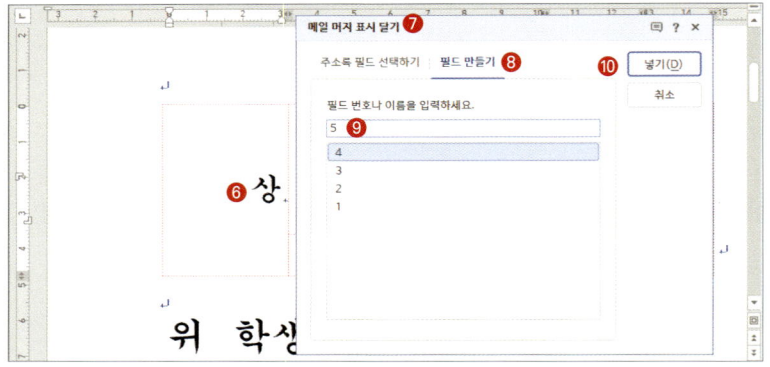

메일 머지 데이터 파일 만들기

메일 머지 표시가 입력된 상장 양식을 만들었다면 다음 차례는 메일 머지 표시에 들어갈 데이터 파일을 제작하는 것입니다. 엑셀을 이용하여 메일 머지 데이터 파일을 만드는 과정을 알아보겠습니다.

실습 파일: 02-3_실습_2.HWP   완성 파일: 02-3_완성_2.HWP

01 실습 문서(02-3_실습_2.HWP) ❶ 표의 두 번째 줄부터 끝까지 블록설정한 뒤 ❷ Ctrl + C 를 누릅니다.

02 엑셀 프로그램을 실행시킨 뒤 ❸ 첫 번째 줄 첫 번째 칸에 1부터 시작하여 오른쪽칸에 2, 3, 4, 5를 순차적으로 입력합니다.

03 ❹ A2칸에 커서를 위치시킨 뒤 ❺ Ctrl + V 를 입력합니다.

Chapter 2 공문서 기안 스마트하게 하기 **119**

04 ❻ 해당 엑셀문서를 파일 이름 '02-3_완성_2'로 저장합니다.

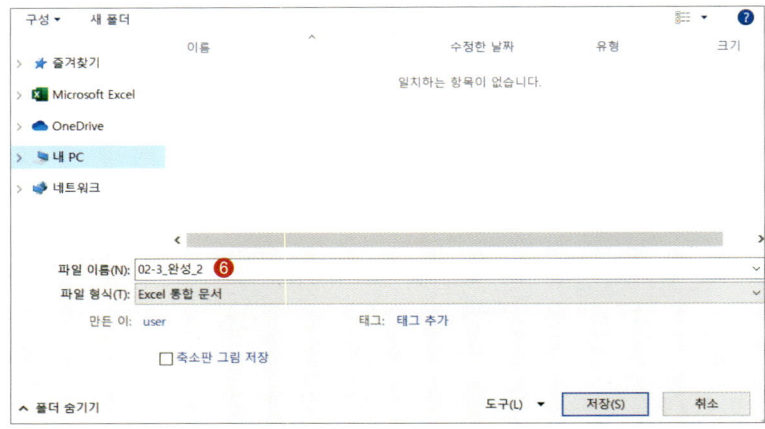

메일 머지 상장 출력하기

메일 머지 표시가 입력된 상장 양식과 메일 머지 데이터 파일이 완성되었다면 데이터 파일에 있는 정보를 상장에 입력하여 여러 장의 상장을 만들 수 있습니다. 메일 머지 상장을 출력하는 과정을 알아보겠습니다.

> **실습 파일:** 02-3_실습_3.HWP / 02-3_실습_3.xlsx

01 실습 문서(02-3_실습_3.HWP)을 연 다음 ❶ 한글 메뉴 [도구] - ❷ [메일 머지] - ❸ [메일 머지 만들기]를 선택합니다.

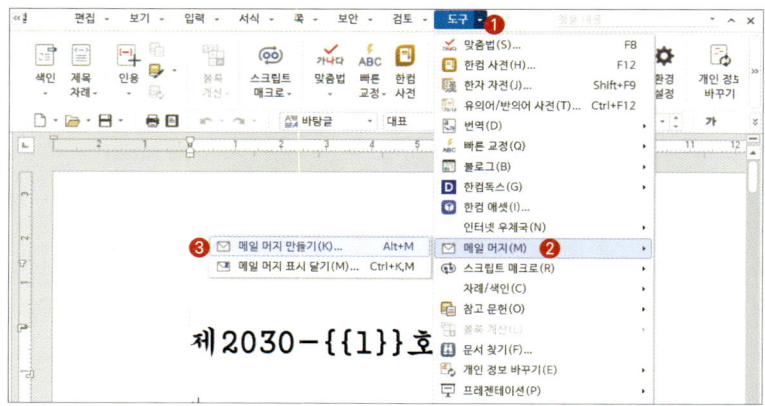

02 ❹ [자료 종류] '훈셀/엑셀 파일' 선택 – ❺[출력 방향] '화면' 선택 – ❻ 폴더 이미지를 누릅니다.

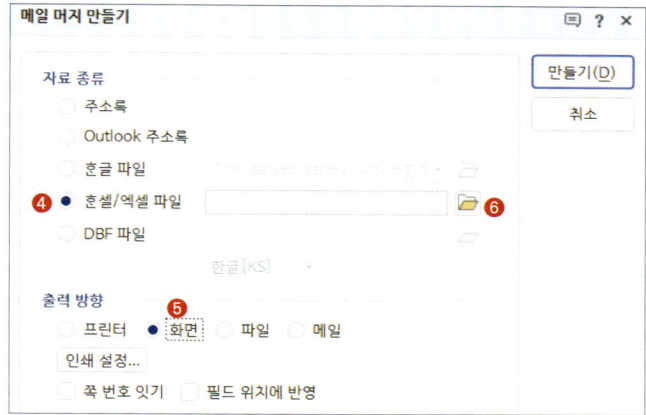

03 ❼ PC에서 '02-3_실습_3.xlsx' 파일을 찾고 ❽ [열기] 버튼을 누릅니다.

04 ❾ [메일 머지 만들기] 창에서 [만들기] 버튼 선택 – ❿ [시트 선택] 창에서 [선택] 버튼을 누릅니다.

05 ⓫ [주소록 레코드 선택] 창에서 [선택] 버튼을 누릅니다.

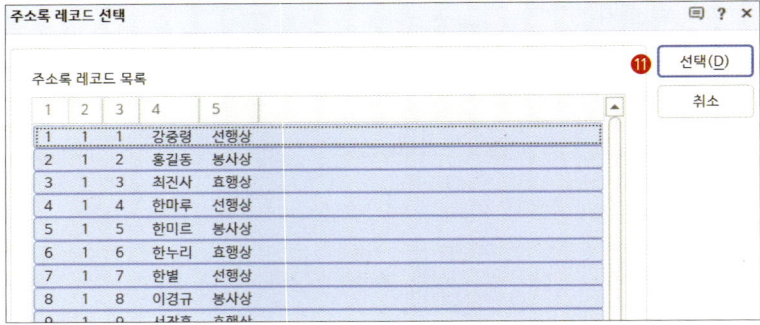

06 상장 양식에 데이터 파일의 정보가 올바르게 들어갔는지 확인한 후 ⓬ [인쇄] 버튼을 누릅니다.

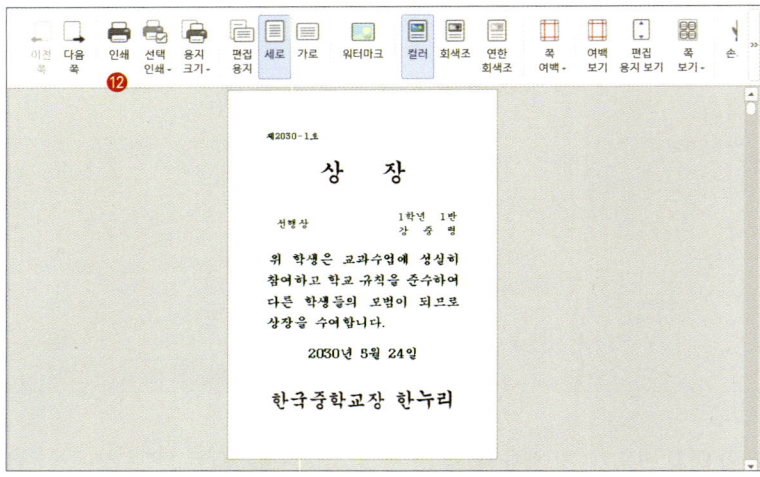

메일 머지로 여러 상장 한 번에 만들기

메일 머지 표시가 입력된 상장 양식과 메일 머지 데이터 파일이 완성되었다면 데이터 파일에 있는 정보를 상장에 입력하여 여러 장의 상장을 만들 수 있습니다. 1쪽의 상장 양식에 데이터 파일의 정보가 입력된 30쪽의 상장 문서를 만들어보겠습니다.

실습 파일: 02-3_실습_4.HWP/ 02-3_실습_4.xlsx   **완성 파일:** 02-3_완성_4.HWP

01 실습 문서(02-3_실습_3.HWP)을 연 다음 ❶ 한글 메뉴 [도구] - ❷ [메일 머지] - ❸ [메일 머지 만들기]를 선택합니다.

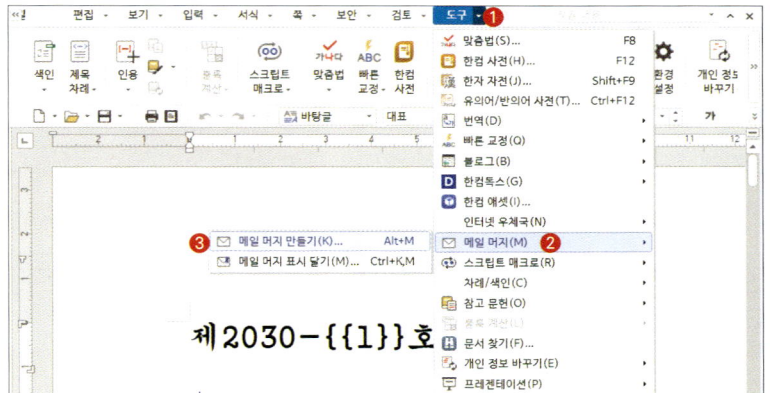

02 ❹ [자료 종류] '훈셀/엑셀 파일' 선택 후 ❺ [폴더 이미지]를 누릅니다.

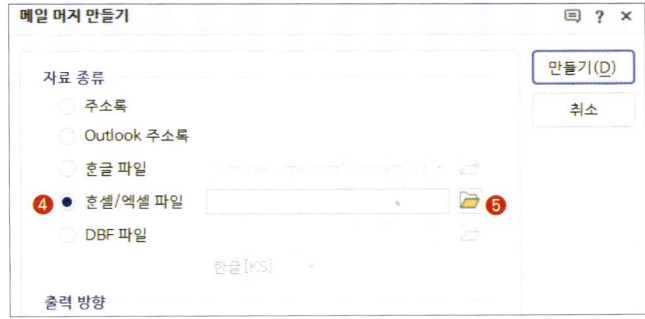

03 ❻ PC에서 '02-3_실습_4.xlsx' 파일을 찾고 ❼ [열기] 버튼을 누릅니다.

Chapter 2 공문서 기안 스마트하게 하기 **123**

04 ❽ [선택] 버튼을 누릅니다.

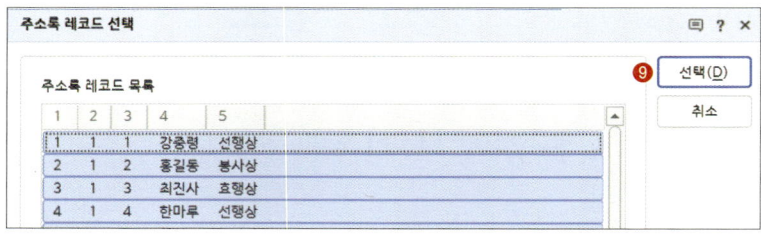

05 [주소록 레코드 선택] 창에서 ❾ [선택] 버튼을 누릅니다.

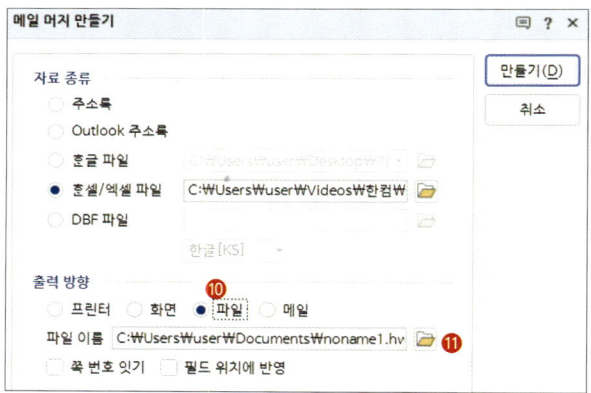

06 ❿ [출력 방향]에서 파일 선택 후 ⓫ 폴더 이미지를 누릅니다.

07 ⓬ 파일 이름을 '02-3_완성_4'으로 입력 - ⓭ [저장] 버튼 선택 - ⓮ [메일 머지 만들기] 창에서 [만들기] 버튼을 누릅니다.

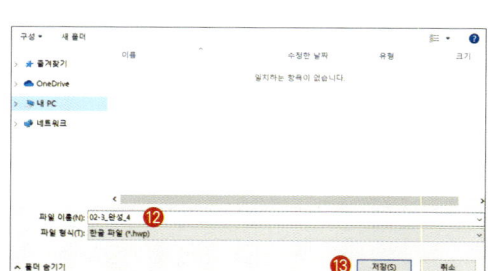
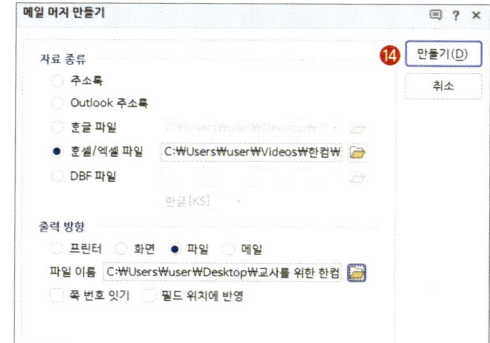

4 문서 작업 효율적으로 하기

문서 작업 중 특정 글자 모양이나 문단 모양을 반복적으로 사용해야 할 경우가 있습니다. 이때 스타일 기능은 글자 모양과 문단 모양을 손쉽게 입력하며 편집하는데 효과적으로 활용될 수 있습니다. 또한 자주 사용하는 표는 매크로 기능을 활용하면 간편하게 문서에 삽입할 수 있습니다. 그리고 작업을 완료한 문서는 맞춤법 검사를 통해 완성도를 높일 수 있습니다.

스타일 설정하고 활용하기

스타일은 문서 양식의 단계별 글자 모양과 문단 모양을 지정하여 손쉽게 입력하는데 유용한 기능입니다. 스타일 기능을 활용하여 문서 편집하는 방법과 스타일 파일을 저장하고 활용하는 과정을 알아보겠습니다.

실습 파일: 02-4_실습_1.HWP/스타일.sty   **완성 파일:** 02-4_완성_1.HWP

01 실습 문서(02-4_실습_1.HWP)을 열고 ❶ 한글 메뉴 [서식] - ❷ [스타일]을 선택합니다.

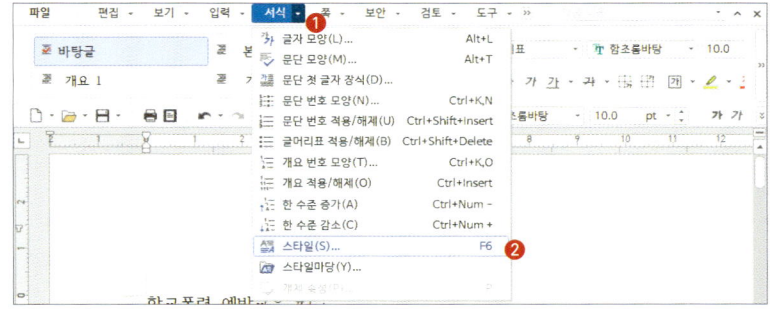

02 ❸ [스타일 목록] '본문' 선택 – ❹ [문단 모양 정보]의 [설정] 버튼을 누릅니다.

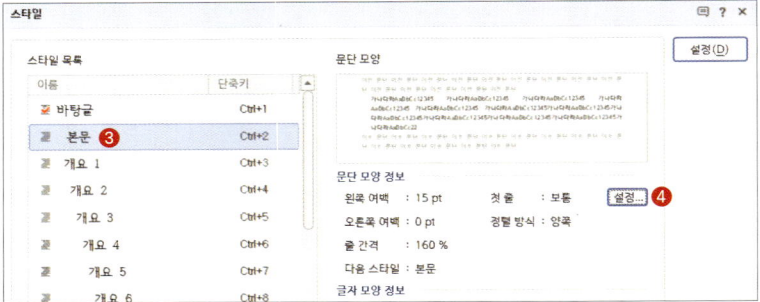

03 ❺ [첫 줄] 들여쓰기 '7pt' 입력 – ❻ [설정] 버튼을 누릅니다.

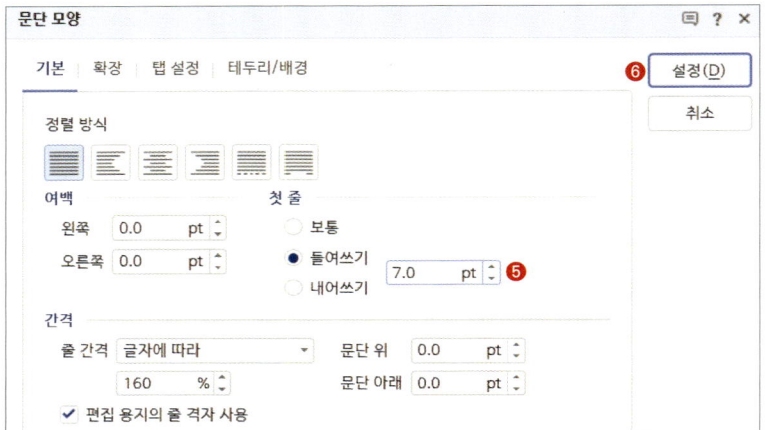

04 ❼ [글자 모양 정보]의 [설정] 버튼을 누릅니다.

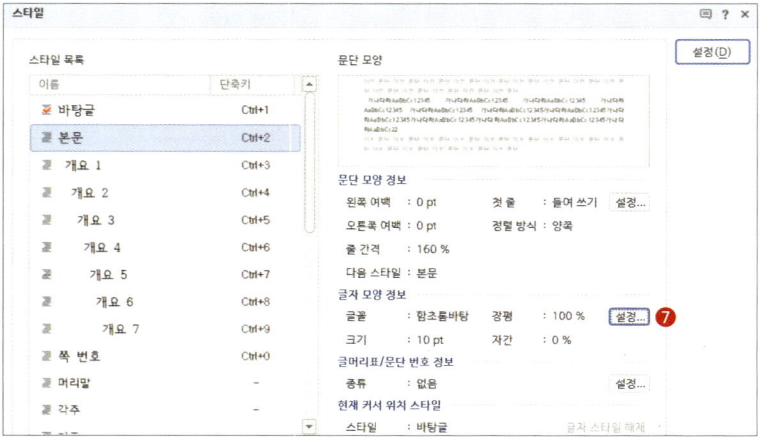

05 ❽ 기준 크기 '12pt' 입력 - ❾ 글꼴 '휴먼명조' 입력 - ❿ [설정] 버튼을 누릅니다.

06 ⓫ [설정] 버튼을 누릅니다.

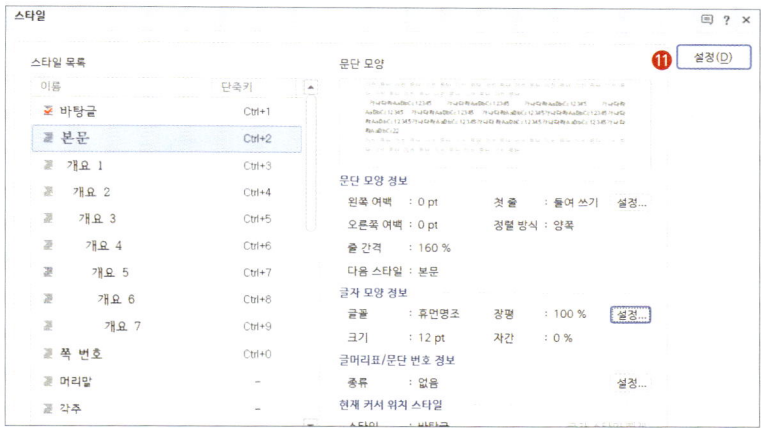

07 실습 문서에서 ❶ F6 키를 입력 - ❷ [스타일 목록] '개요 1' 선택 - ❸ [문단 모양 정보]의 [설정] 버튼을 누릅니다.

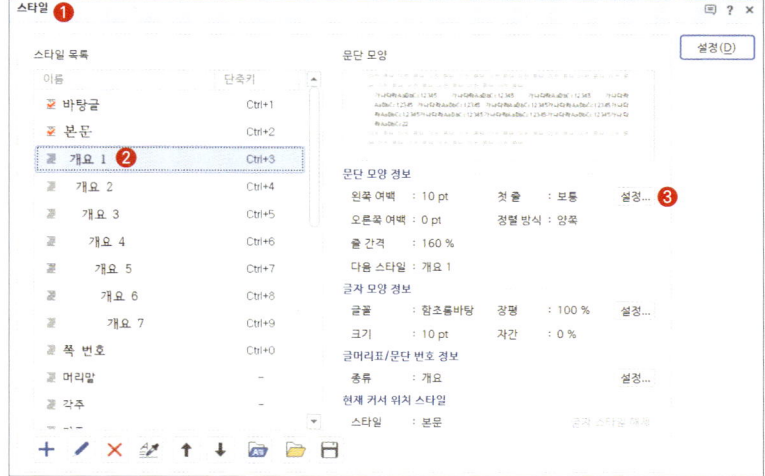

Chapter 2 공문서 기안 스마트하게 하기   127

08 ④ [여백] 왼쪽 '0pt' 입력 - ⑤ [설정] 버튼을 누릅니다.

09 ⑥ [글자 모양 정보]의 [설정] 버튼을 누릅니다.

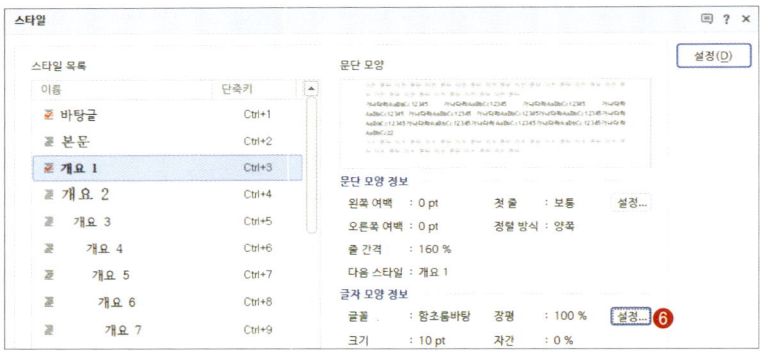

10 ⑦ 기준 크기 '14pt' 선택 - ⑧ 글꼴 '맑은 고딕' 입력 - ⑨ [설정] 버튼을 누릅니다.

11 ❶ [스타일 목록] '개요 2' 선택 – ❷ [문단 모양 정보]의 [설정] 버튼을 누릅니다.

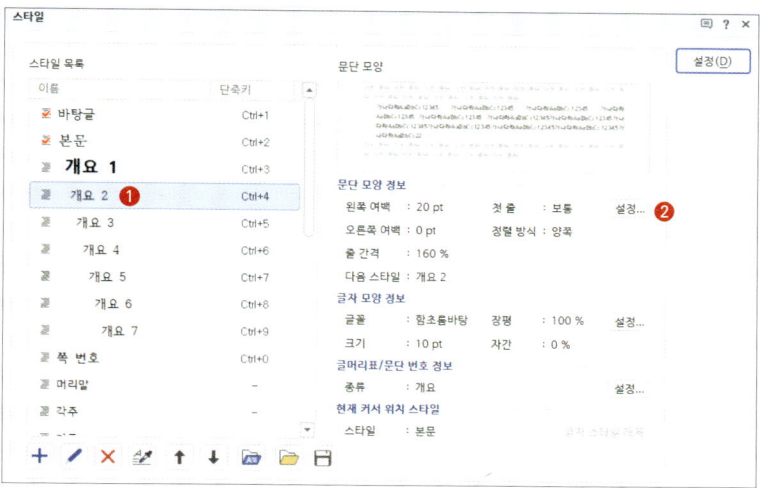

12 ❸ [여백] 왼쪽 '0pt' 입력 – ❹ [첫 줄] 들여쓰기 '10pt' 입력 – ❺ [설정] 버튼을 누릅니다.

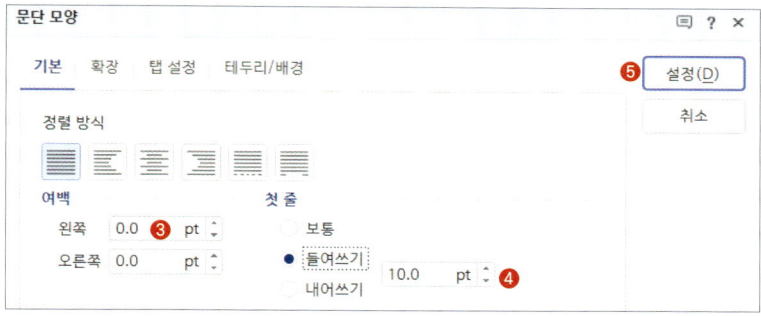

13 ❻ [글자 모양 정보]의 [설정] 버튼을 누릅니다.

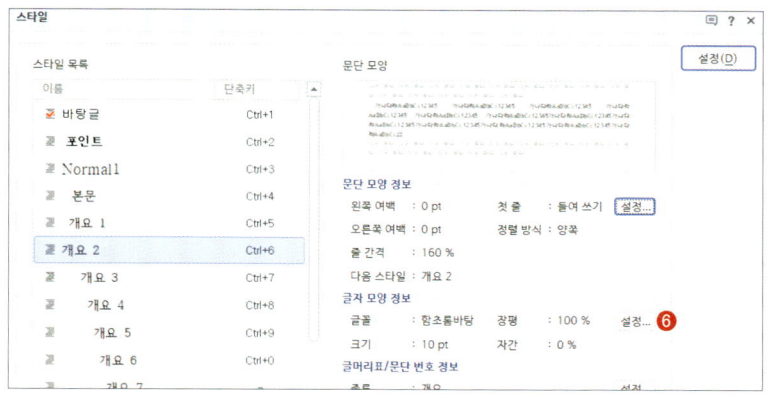

14 ❼ 기준 크기 '13pt' 선택 – ❽ 글꼴 '휴먼명조' 입력 – ❾ [설정] 버튼을 누릅니다.

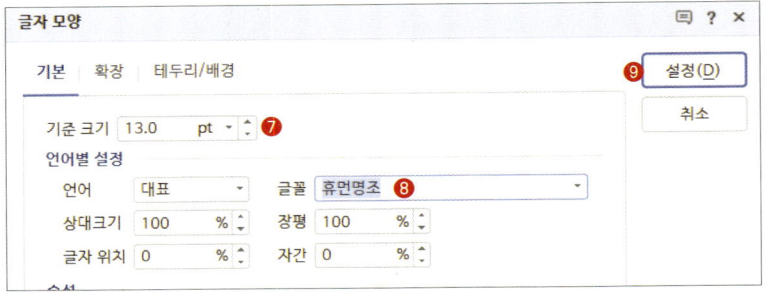

15 ❶ [스타일 목록] '개요 3' 선택 – ❷ [문단 모양 정보]의 [설정] 버튼을 누릅니다.

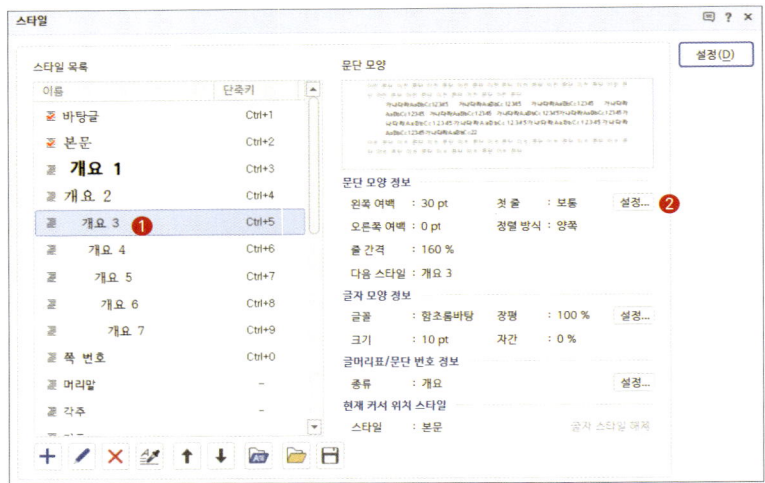

16 ❸ [여백] 왼쪽 '20pt' 입력 – ❹ [첫 줄] 내어쓰기 '10pt' 입력 – ❺ [설정] 버튼을 누릅니다.

17 ❻ [글자 모양 정보]의 [설정] 버튼을 누릅니다.

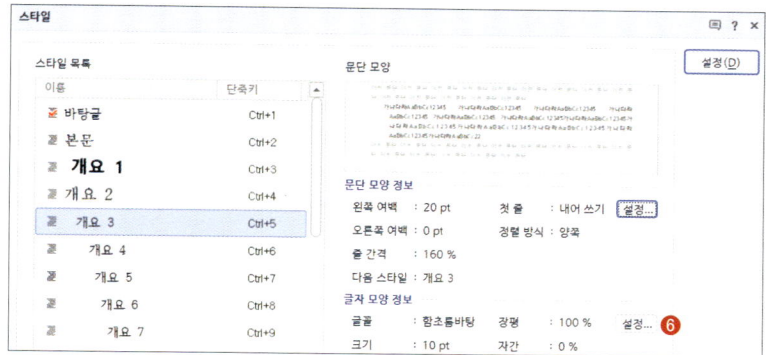

18 ❼ 기준 크기 '12pt' 선택 – ❽ 글꼴 '휴먼명조' 입력 – ❾ [설정] 버튼을 누릅니다.

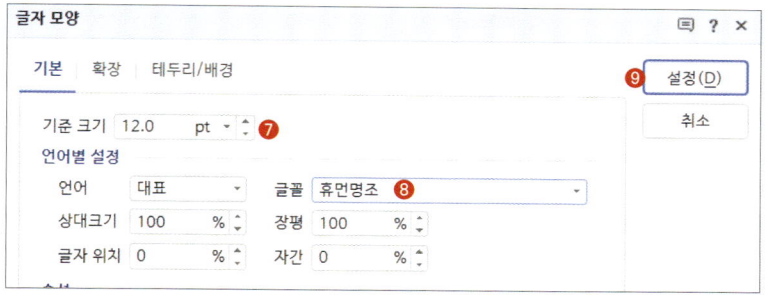

19 ❶ [스타일 목록] '대제목' 선택 – ❷ [문단 모양 정보]의 [설정] 버튼을 누릅니다.

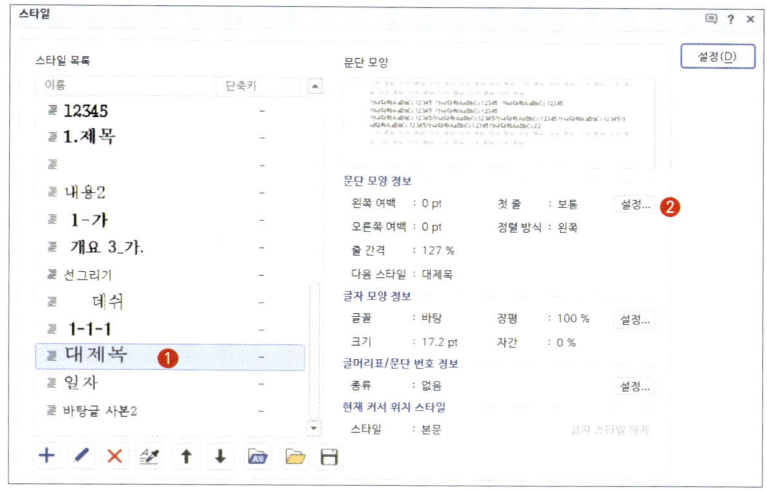

Chapter 2 공문서 기안 스마트하게 하기 **131**

20 ❸ [정렬 방식] '가운데 정렬' 선택 – ❹ [여백] 왼쪽 '0pt' 입력 – ❺ [설정] 버튼을 누릅니다.

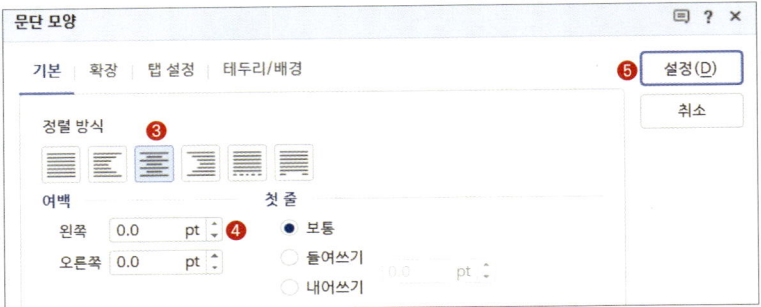

21 ❻ [글자 모양 정보]의 [설정] 버튼을 누릅니다.

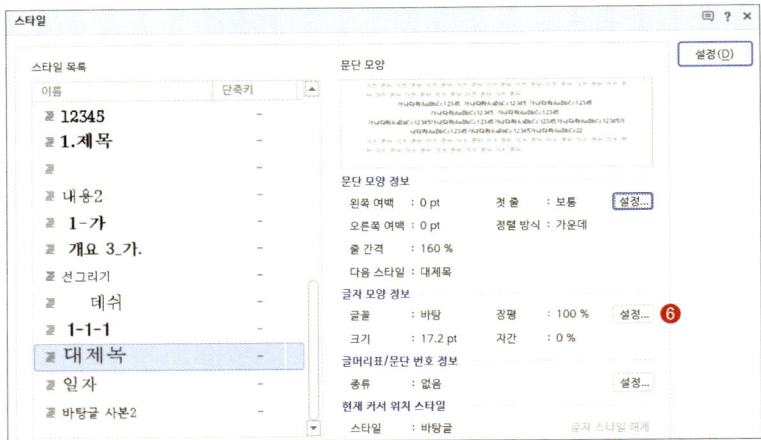

22 ❼ 기준 크기 '20pt' 선택 – ❽ 글꼴 'HY견고딕' 입력 – ❾ [설정] 버튼을 누릅니다.

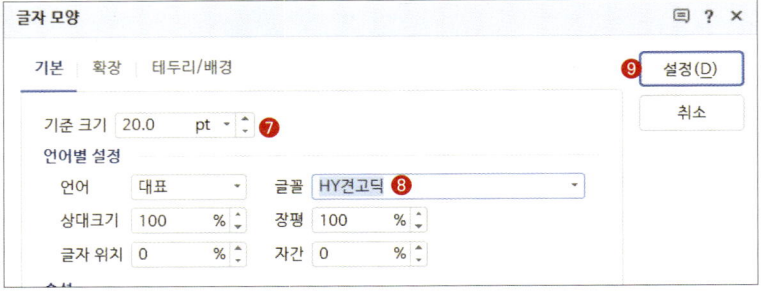

23 ❿ × 버튼을 누릅니다.

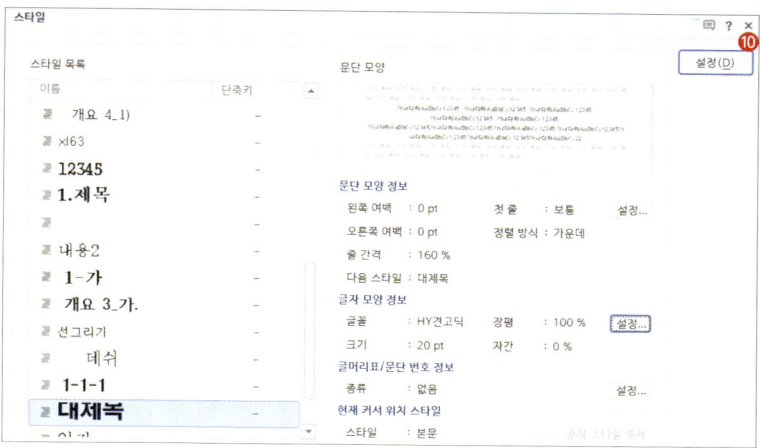

24 실습 문서(02-4_실습_1.HWP)의 ❶ 1쪽 첫 문장에 커서를 위치한 후 ❷ 스타일 메뉴 - ❸ [대제목]을 선택합니다.

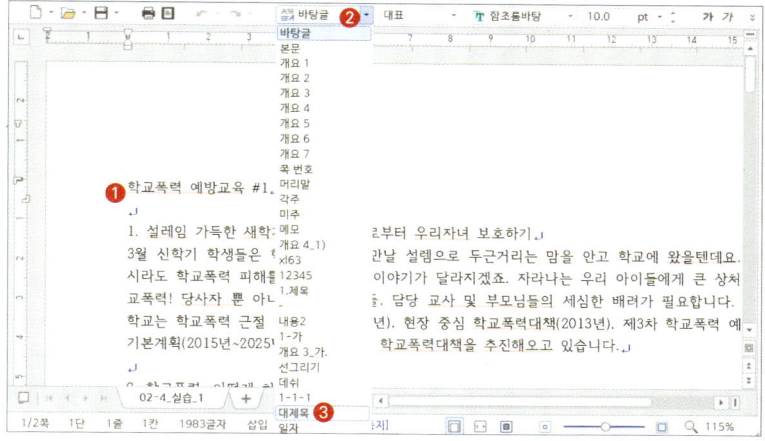

25 ❹실습 문서 1쪽 두 번째 문장에 커서를 위치시킨 후 ❺ Ctrl + 3 을 입력합니다.

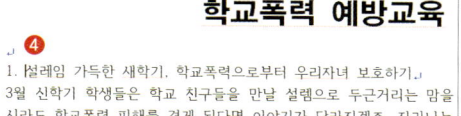

Chapter 2 공문서 기안 스마트하게 하기 133

26 ⑥ 실습 문서 1쪽의 셋 째 줄 '3월' 뒤에 커서를 위치시킨 후 ⑦ Ctrl + 2 를 입력합니다.

1. 설레임 가득한 새학기, 학교폭력으로
⑥ 3월 신학기 학생들은 학교 친구들을 만날 설렘으로 두근 시라도 학교폭력 피해를 겪게 된다면 이야기가 달라진다 교폭력! 당사자 뿐 아니라 주변 친구들, 담당 교사 및 학교는 학교폭력 근절 종합 대책(2012년), 현장 중심 학

1. 설레임 가득한 새학기, 학교폭력으로
⑦ 3월 신학기 학생들은 학교 친구들을 만날 설 을텐데요. 하지만 혹시라도 학교폭력 피해를 는 우리 아이들에게 큰 상처를 주는 학교폭력

27 ❶ 실습 문서 1쪽의 '2. 학교폭력, 어떻게 처벌 되나요?' 문장에 커서를 위치시킨 후 ❷ Ctrl + 3 을 입력합니다.

❶
2. 학교폭력, 어떻게 처벌 되나요?
가. 학교폭력의 유형
1) 상해

❷
2. 학교폭력, 어떻게 처벌 되나요?
가. 학교폭력의 유형
1) 상해

28 ❸ 실습 문서 1쪽의 '가. 학교폭력의 유형' 문장에 커서를 위치시킨 후 ❹ Ctrl + 4 를 입력합니다.

2. 학교폭력, 어떻게 처벌 되나요?
❸ 가. 학교폭력의 유형
1) 상해
2) 따돌림

2. 학교폭력, 어떻게 처벌 되나요?
❹ 가. 학교폭력의 유형
1) 상해
2) 따돌림

29 ❺ 실습 문서 1쪽의 '가. 학교폭력의 유형' 아래 3줄을 블록설정한 다음 ❻ Ctrl + 5 를 입력합니다.

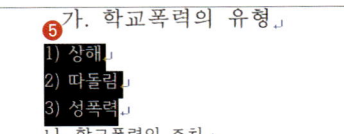
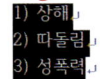

30 ❼ 실습 문서 1쪽의 '나. 학교폭력의 조치' 문장에 커서를 위치시킨 후 ❽ Ctrl + 4 를 입력합니다.

❼ 3) 성폭력
나. 학교폭력의 조치
1) 형사처분(만 14세 이상)
2) 소년법에 따른 보호처분(만 14세 미만)

❽ 3) 성폭력
나. 학교폭력의 조치
1) 형사처분(만 14세 이상)
2) 소년법에 따른 보호처분(만 14세 미만)

31. ❾ 실습 문서 1쪽의 '나. 학교폭력의 조치' 아래 두 줄을 블록설정한 다음 ❿ Ctrl + 5 를 입력합니다.

32. ❶ 실습 문서 1쪽의 '3. 우리 아이가 학교폭력의'에 커서를 위치시킨 다음 ❷ Ctrl + 3 을 입력합니다.

33. ❸ 실습 문서 1쪽의 '3. 우리 아이가 학교폭력의 당사자?' 아래 문단에 커서를 위치시킨 다음 ❹ Ctrl + 2 를 입력합니다.

34. ❺ 실습 문서 1쪽의 '가. 자녀가 피해 학생일 경우'에 커서를 위치시킨 다음 ❻ Ctrl + 4 를 입력합니다.

35. ❼ 실습 문서 1쪽의 '가. 자녀가 피해 학생일 경우' 아래 4줄을 블록설정한 다음 ❽ Ctrl + 5 를 입력합니다.

36 ❾실습 문서 1쪽의 '나. 자녀가 가해 학생일 경우'에 커서를 위치시킨 다음 ❿ `Ctrl` + `4` 를 입력합니다.

❾한 진술서, 사진, 녹취 자료, 휴대전화 자료 등
나. 자녀가 가해 학생일 경우.
1) 자녀가 가해 학생일 때는 냉정하게 상황을 판단하
2) 학생이 잘못을 인지하지 못하는 경우도 있으므로

❿한 진술서, 사진, 녹취 자료, 휴대전화 자료 등
나. 자녀가 가해 학생일 경우.
1) 자녀가 가해 학생일 때는 냉정하게 상황을 판단하
2) 학생이 잘못을 인지하지 못하는 경우도 있으므로

37 ⓫ 실습 문서 1쪽 '나. 자녀가 가해 학생일 경우' 아래 4줄을 블록설정한 다음 ⓬ `Ctrl` + `5` 를 입력합니다.

나. 자녀가 가해 학생일 경우.
1) 자녀가 가해 학생일 때는 냉정하게 상황을 판단하는 것이 중요합니다.
2) 학생이 잘못을 인지하지 못하는 경우도 있으므로 이를 인식시켜주는 것이 게 된 원인을 파악하고 선도, 상담 등의 지도를 해야 합니다. 피해 학생과 학
수는 없죠. ⓫

나. 자녀가 가해 학생일 경우.
1) 자녀가 가해 학생일 때는 냉정하게 상황을 판단하는 것이 중요합니다.
2) 학생이 잘못을 인지하지 못하는 경우도 있으므로 이를 인식시켜주는 것 하게 된 원인을 파악하고 선도, 상담 등의 지도를 해야 합니다. 피해 학생
놓을 수는 없죠. ⓬

38 ⓭ 지금까지 실습한 과정을 바탕으로 실습 문서 2쪽의 내용에 스타일을 적용해보세요.

※ 편집 완성본은 완성 파일(02-4_완성_1.HWP)을 확인해보세요.

> **한쌤의 TIP** 스타일은 기본적으로 바탕글~개요7에 단축키가 설정됩니다. 스타일의 단축키는 `F6` 를 입력하면 확인할 수 있습니다. 이때 단축키는 단축키는 '`Ctrl` +[숫자]' 형태입니다. 스타일 창 아래 부분의 목록의 화살표(↑ ↓)를 활용하면 단축키를 변경할 수 있습니다.
>
> 많은 분량의 문서를 작성할 경우 사전에 스타일을 지정한 후 단축키를 익히고 적용하면 문서의 작업 효율을 높일 수 있을 것입니다.

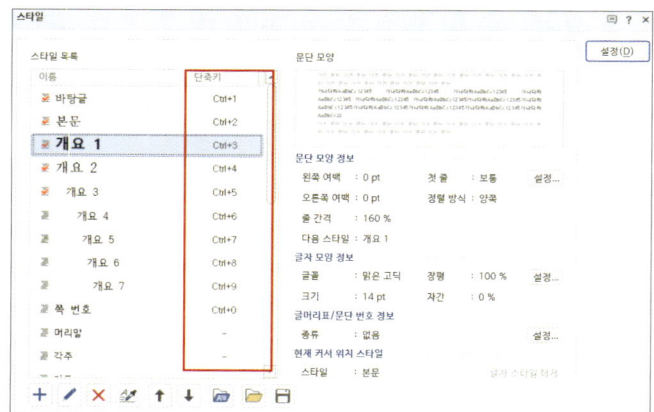

39 ❶ 완성문서(02-4_완성_1.HWP)를 열고 F6 키를 입력 – ❷스타일 창의 아래쪽 가장 오른쪽 그림 '스타일 내보내기'를 누릅니다.

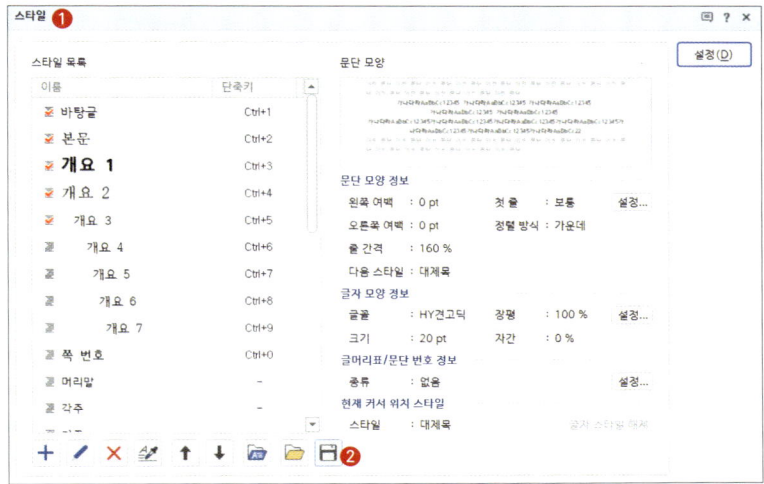

40 ❸ 제목에 '스타일1' 입력 – ❹ 파일이름 목록의 오른쪽 파일 이미지를 누릅니다.

41 ❺ 파일 이름을 '스타일1'으로 입력 후 ❻ [저장] 버튼을 누릅니다.

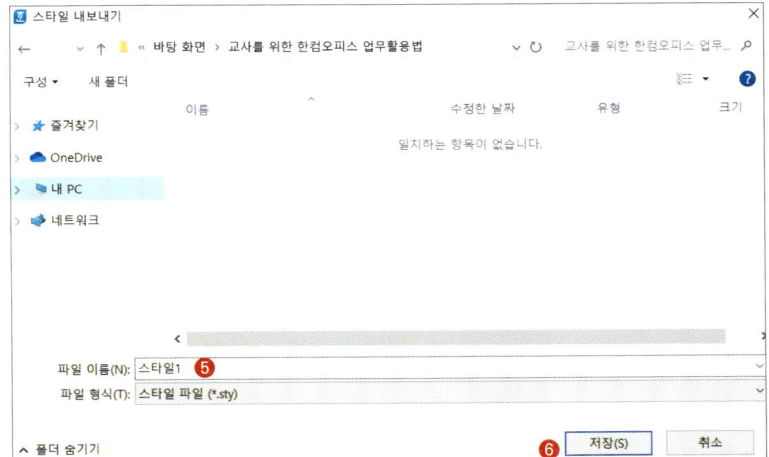

Chapter 2 공문서 기안 스마트하게 하기 **137**

42 ❼ [추가] 버튼을 누릅니다.

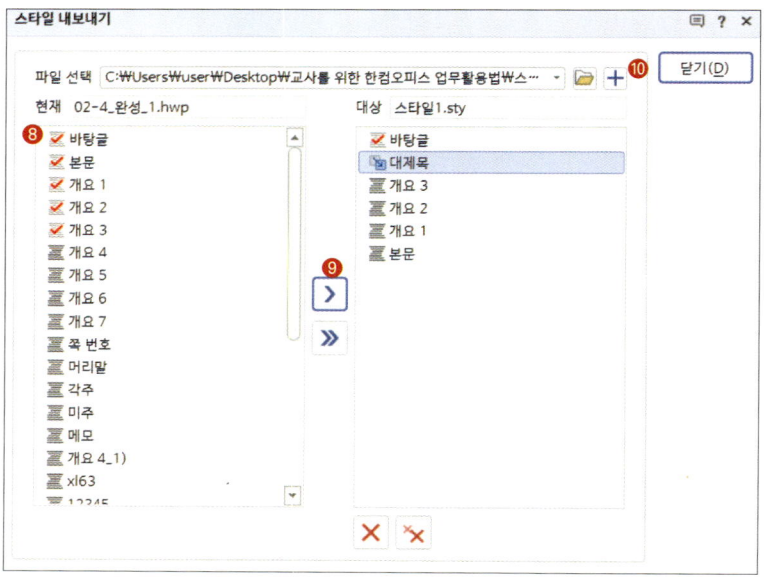

43 ❽ 현재 목록에서 '바탕글', ' 본문','개요 1','개요 2','개요 3','대제목'을 선택 - ❾ 가운데 화살표선택 - ❿ [닫기] 버튼을 누릅니다.

44 ⓫ [저장] 버튼을 누릅니다.

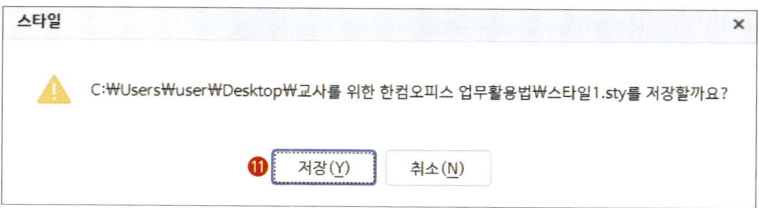

45 ❶한글의 새 문서를 열고 F6 입력 - ❷ 스타일 창 아래쪽 끝에서 두 번째 그림인 폴더 이미지 '스타일 가져오기'를 누릅니다.

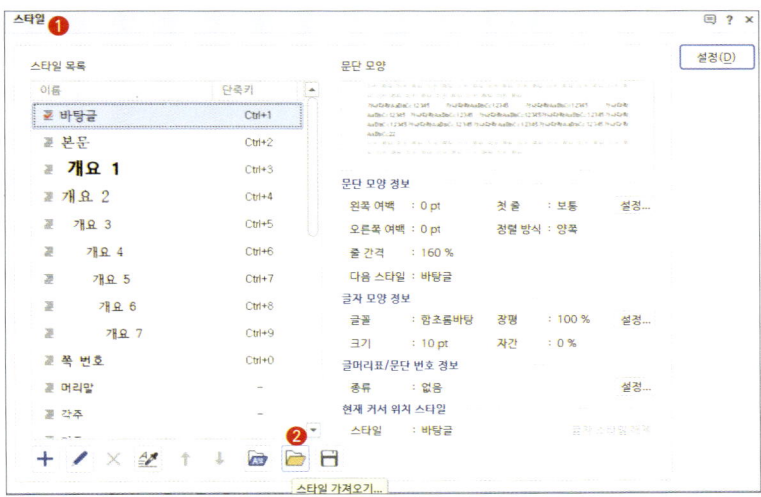

46 ❸ 파일 선택 목록 오른쪽 끝부분의 폴더 이미지를 선택합니다.

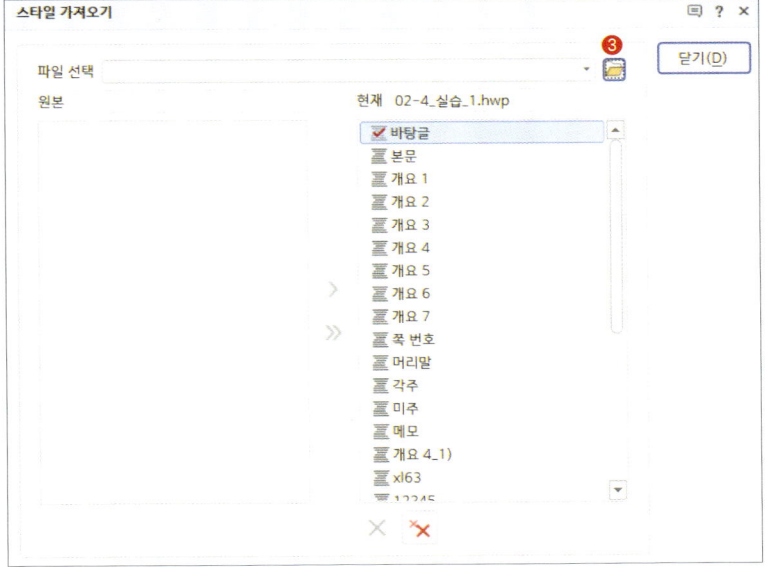

47 ❹ PC에 저장된 '스타일1' 파일을 찾은 후 ❺ [열기] 버튼을 누릅니다.

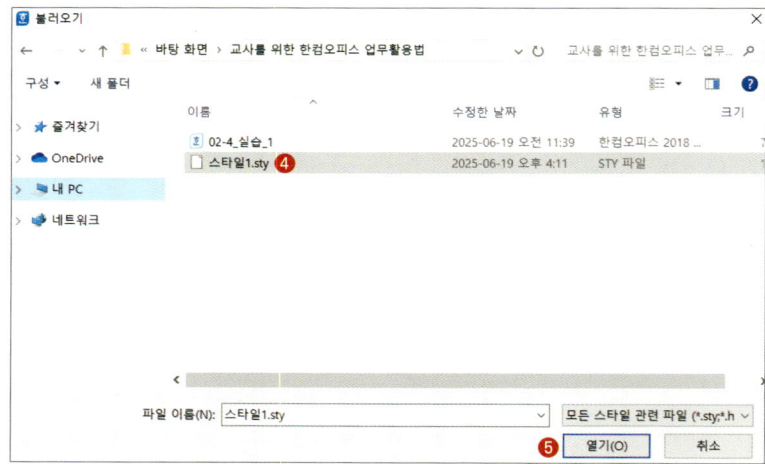

48 ❻ 스타일 가져오기 창의 가운데 부분 '〉〉'를 선택 후 - ❼ [닫기] 버튼을 누릅니다.

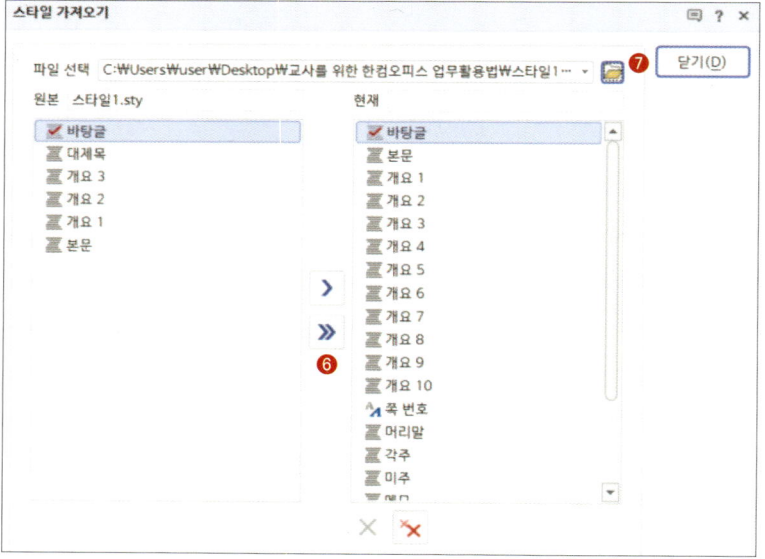

49 ❽ [복사] 버튼을 누릅니다.

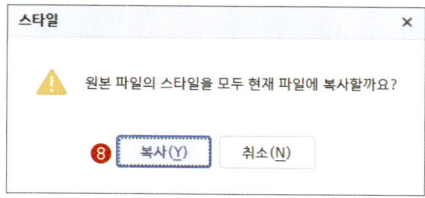

50 ❾ [전체 복사] 버튼을 누릅니다.

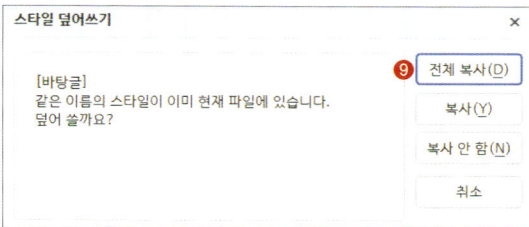

51 ❿ [닫기] 버튼을 누릅니다.

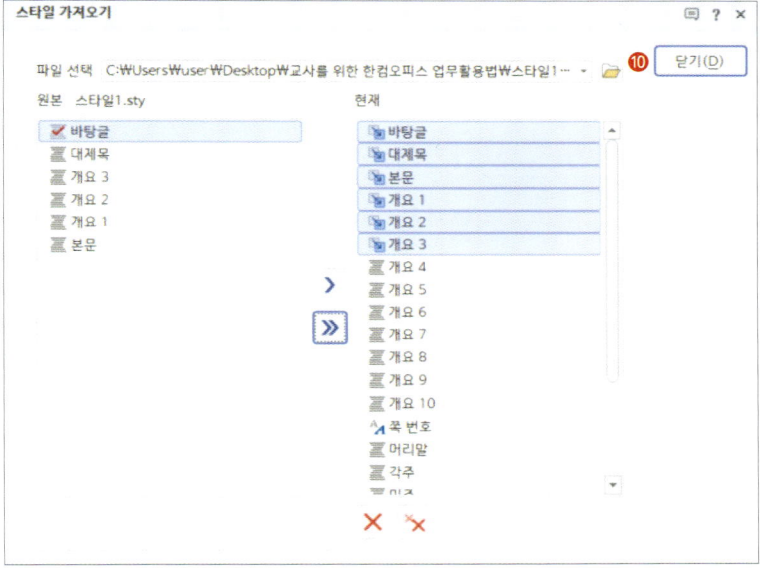

한글 매크로 활용하여 표 만들기

표 만들기와 같은 문서 작업을 한글 매크로의 단축키로 저장하여 쉽게 입력할 수 있습니다. 한글 매크로에 표 만드는 과정을 저장하고 활용하는 방법을 알아보겠습니다.

실습 파일: 02-4_실습_2.HWP   **완성 파일:** 02-4_완성_1.HWP

01 실습 문서(02-4_실습_2.HWP)를 열고 ❶ 한글 메뉴 [도구] - ❷ [스트립트 매크로] - ❸ [매크로 정의]를 선택합니다.

02 ❹ 단축키 Alt + 5 가 포함된 항목을 선택 후 ❺ [정의] 버튼을 누릅니다.

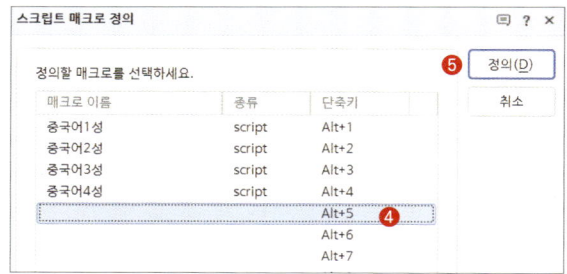

03 ❻ 한글 메뉴 [입력] - ❼ [표] - ❽ 마우스로 5줄×5칸을 드래그합니다.

04 ❾ 만든 표의 셀을 모두 블록설정합니다.

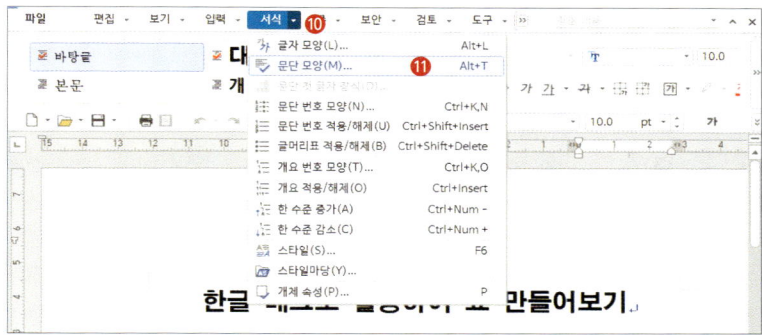

05 ❿ 한글 메뉴 [서식] - ⓫ [문단 모양]을 선택합니다.

06 ⓬ [정렬 방식] '가운데 정렬' 선택 후 ⓭ [설정] 버튼을 누릅니다.

Chapter 2 공문서 기안 스마트하게 하기 **143**

07 ⓮ 한글 메뉴 [도구] - ⓯ [스크립트 매크로] - ⓰ [매크로 중지]를 선택합니다.

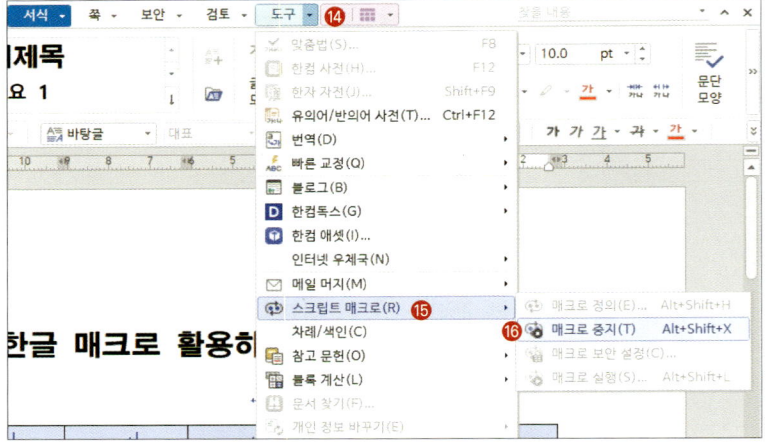

08 ❶ 실습 문서(02-4_실습_2.HWP)를 열고 Alt + 5 를 입력한 후 ❷ 스크립트 패크로 보안 경고 창에서 [설정] 버튼을 누릅니다.

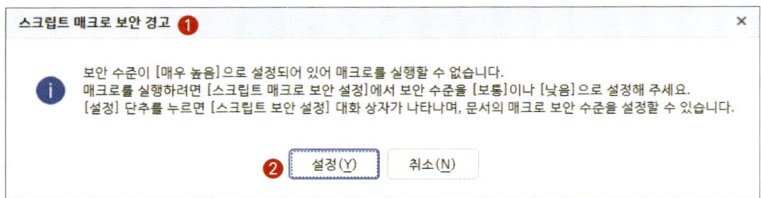

09 ❸ 스크립트 매크로 보안 설정 창에서 [낮음(권장하지 않음)]을 선택한 후 ❹ [설정] 버튼을 누릅니다.

10 ❺ Alt + 5 를 입력하면 5×5 표가 생성되는 것을 확인할 수 있습니다.

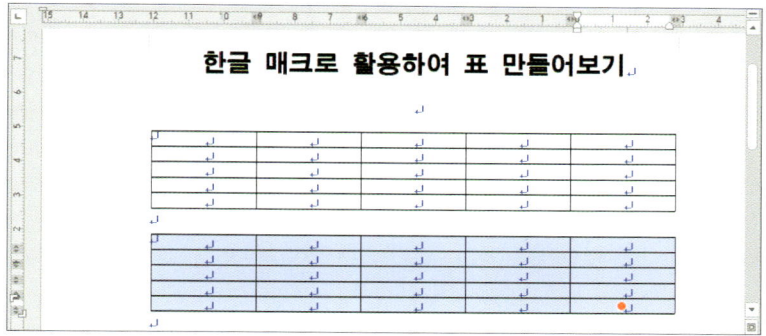

완성한 문서 맞춤법 검토하기

완성한 한글 문서의 경우 맞춤법 검사/교정 기능을 통해 단어 사용 오류 및 띄어쓰기 등을 검토할 수 있습니다. 한글 문서에서 맞춤법 검토하는 방법을 알아보겠습니다.

> 실습 파일: 02-4_실습_3.HWP   완성 파일: 02-4_완성_3.HWP

01 실습 문서(02-4_실습_3.HWP)를 열고 문서 시작 부분에 커서를 둔 채 ❶ 한글 메뉴 [도구] - ❷ [맞춤법]을 선택합니다.

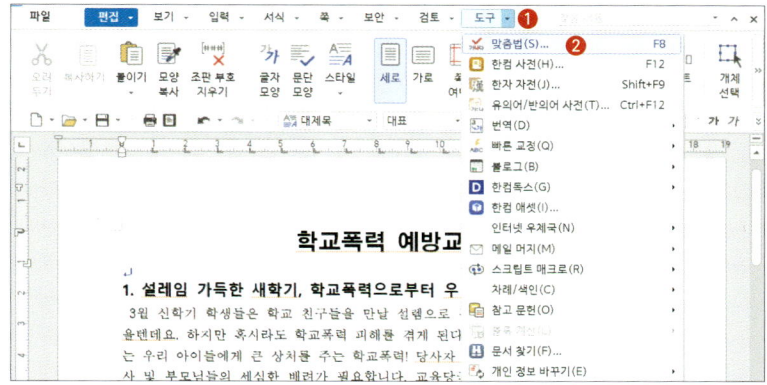

Chapter 2 공문서 기안 스마트하게 하기 **145**

02 ❸ [바꾸기] 버튼 입력 - ❹ [바꾸기] 버튼을 입력합니다.

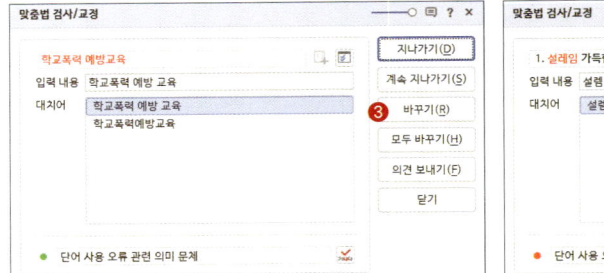 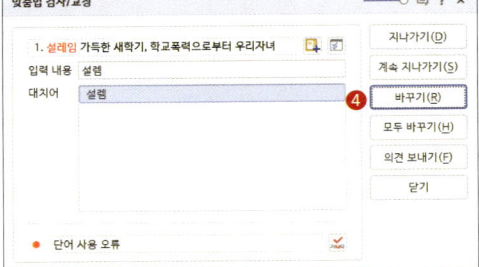

03 ❺ [바꾸기] 버튼 입력 - ❻ [지나가기] 버튼 입력 - ❼ [바꾸기] 버튼을 입력합니다.

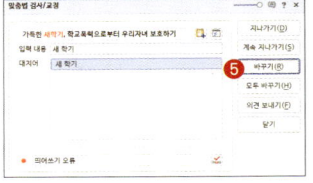 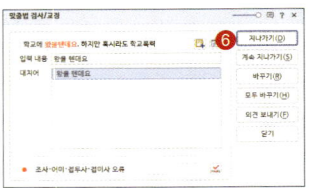 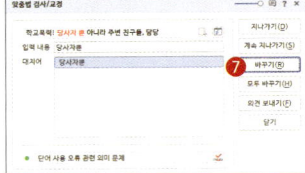

04 ❽ [바꾸기] 버튼 입력 - ❾ [바꾸기] 버튼 입력 - ❿ [바꾸기] 버튼을 입력합니다.

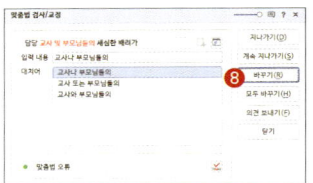  

05 ⓫ [바꾸기] 버튼 입력 - ⓬ [바꾸기] 버튼 입력 - ⓭ [바꾸기] 버튼을 입력합니다.

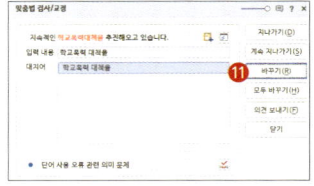  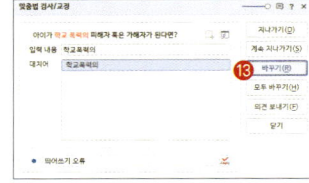

06 ⓮ [바꾸기] 버튼 입력 - ⓯ [바꾸기] 버튼 입력 - ⓰ [바꾸기] 버튼을 입력합니다.

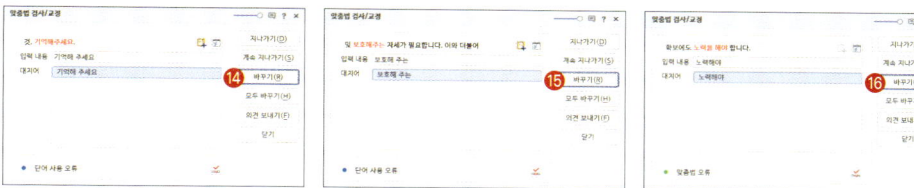

07 ⓱ [지나가기] 버튼 입력 - ⓲ [바꾸기] 버튼 입력 - ⓳ [취소] 버튼을 누릅니다.

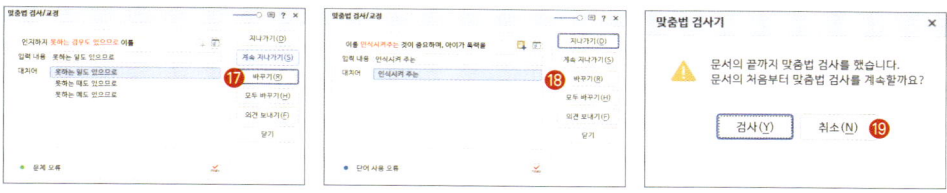

3

학습자료 쉽게 편집하기

이 장에서는 한글의 기능을 활용하여 학습자료를 쉽게 편집하는 방법을 살펴보겠습니다. 선생님은 한글의 상용구 기능을 활용하여 자주 사용하는 특수문자, 반복되는 문장, 영문 단어, 이미지 등을 손쉽게 입력할 수 있습니다. 그리고 편집용지 설정, 쪽번호 넣기, 머리말/꼬리말 입력하기, 다단 나누기 등을 활용하여 학습지 편집을 효과적으로 수행할 수 있습니다. 또한 제작한 학습지의 정답을 제외하고 인쇄하는 기능을 통해 수업에 유용하게 활용할 수 있습니다.

1 상용구로 학습지 편집효율 높이기

　선생님께서 교육활동에 활용할 학습지를 제작할 때, 혹은 업무로 인해 문서를 작성할 때 '①, ②, ③'과 같은 겹침 문자를 사용하거나 혹은 '※, ·, ℃'와 같은 특수 문자를 입력해야 하는 경우가 많이 있을 것입니다. 그때마다 단축키 Ctrl + F10 을 사용하여 문자표에서 필요한 부분을 찾아서 활용하곤 합니다. 하지만 자주 사용하는 특수문자 등은 한글의 '상용구[1]' 기능을 활용하면 보다 손쉽게 입력할 수 있습니다. 또한 학습지를 제작할 때 반복적으로 사용하는 문구나 영문자, 그리고 이미지 등도 상용구를 적절하게 활용하면 문서의 편집 효율을 높일 수 있습니다.

상용구 입력하기

01 ❶ 메뉴에서 [입력]을 선택한 후 ❷ [입력도우미] - ❸ [상용구] - ❹ [상용구 내용]을 클릭하거나 단축키 Ctrl + F3 을 누르면 상용구를 등록할 수 있는 글상자가 나타납니다.

---

[1] 자주 사용하는 문장 등을 입력해 놓았다가 필요할 때에 간단한 키 입력으로 불러내어 쓰는 것

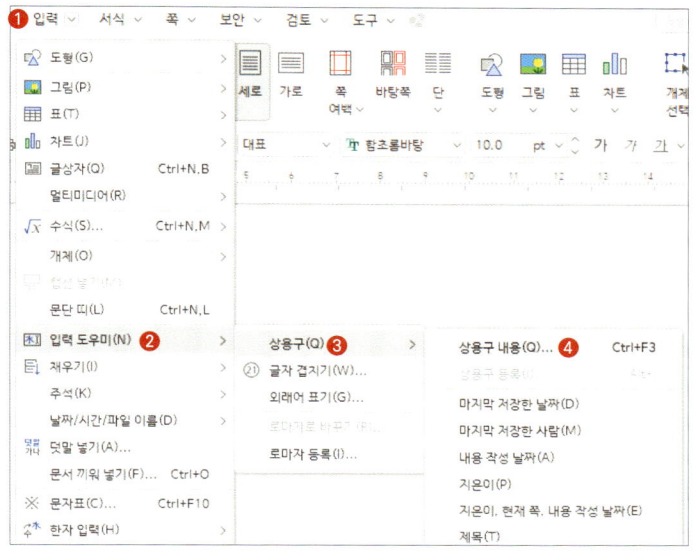

02 자주 사용하는 특수 문자를 상용구에 입력하여 보겠습니다. ❶ 단축키 Ctrl + F3 을 누른 후 글상자가 나타나면 ❷ 글상자 아래 부분의 [+] 버튼을 누릅니다. ❸ 이때 준말에는 '1'을 입력하고, ❹ 본말에는 '①'을 입력한 후 ❺ 설정을 누르면 상용구가 등록됩니다.

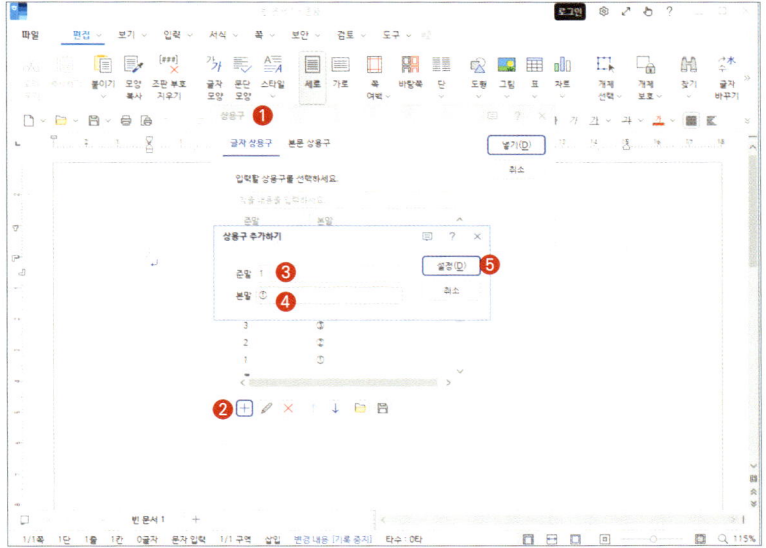

Chapter 3 학습자료 쉽게 편집하기 151

03 상용구 등록을 마친 후에는 준말을 이용하여 상용구를 입력할 수 있습니다. 예를 들어 준말을 '1'로 설정하고, 본말을 '①'로 등록한 상용구가 있을 경우 이를 사용하기 위해서는 ❶ 준말 '1'을 입력한 다음 ❷ 커서를 다른 곳으로 옮기지 않은 채 단축키 Alt + I 를 누릅니다. 그러면 ①이 입력되는 것을 볼 수 있습니다.

한쌤의 노하우 — 효과적인 상용구 등록 예시

선생님들이 학교의 교육활동이나 업무 등에 자주 사용하는 특수문자는 보통 비슷한 경우가 많습니다. 상용구를 등록할 때 준말은 간단하게 설정하되, 본말을 직관적으로 유추할 수 있는 문자를 사용하면 보다 효과적으로 상용구를 활용할 수 있을 것입니다. 다음 표는 학교에서 자주 사용하는 특수문자를 상용구로 입력한 예시자료입니다. 예시자료를 참고하시어 본인이 쉽게 적용할 수 있는 상용구를 등록하여 활용하면 업무 효율을 높일 수 있을 것입니다.

준말	본말	준말	본말
1	①	쓰	Ⅲ
2	②	포	Ⅳ
3	③	파	Ⅴ
4	④	ㄱ	㉠
5	⑤	ㄴ	㉡
당	※	물	~
네	□	곱	×
동	○	도	℃
점	·	손	☞
화	→	키	kg
원			별	★
투	∥	예	☑

※ 준말은 사용자가 편리한 문자로 변경하여 등록할 수 있습니다.

상용구 활용하여 평가문항 만들기

이번에는 상용구를 활용하여 평가문항을 만들어보도록 하겠습니다.

실습 파일: 03-1_실습_1.HWP   **완성 파일:** 03-1_완성_1.HWP

01 ❶ 단축키 Ctrl + F3 을 이용하여 상용구 등록창을 불러옵니다. ❷ [+] 버튼을 누릅니다. ❸ 상용구 등록창의 준말에는 '보'를, ❹ 본말에는 평가 문항에서 자주 사용하는 문장 '〈보기〉에서 모두 고른 것은?'을 입력합니다.

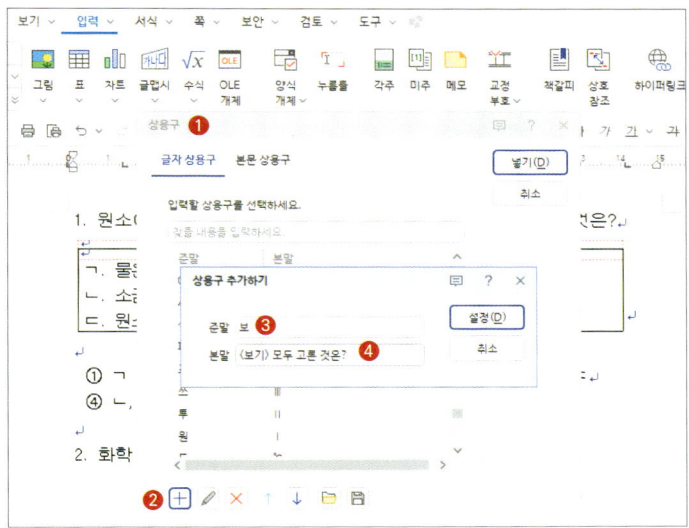

02 이후 평가문항 제작 시 '〈보기〉에서 모두 고른 것은?'이라는 문구가 필요할 때 ❺ '보'를 작성한 후 상용구 단축키 Alt + I 를 입력하면 본말이 반영된 것을 확인할 수 있습니다.

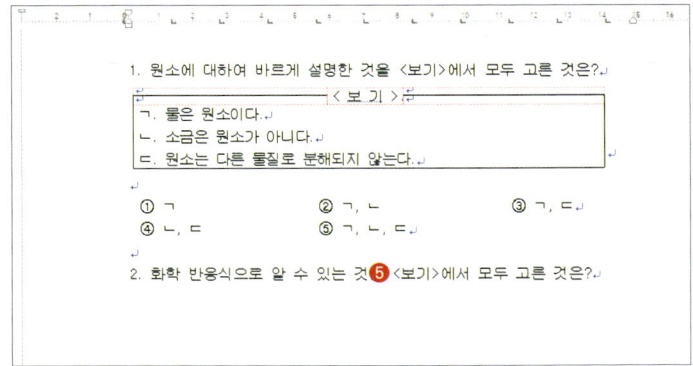

03 ❶ 실습 파일 '03-1_실습_1'의 1번 문항에 있는 표를 복사하여 붙인 후 ❷ 표 안의 내용을 삭제합니다.

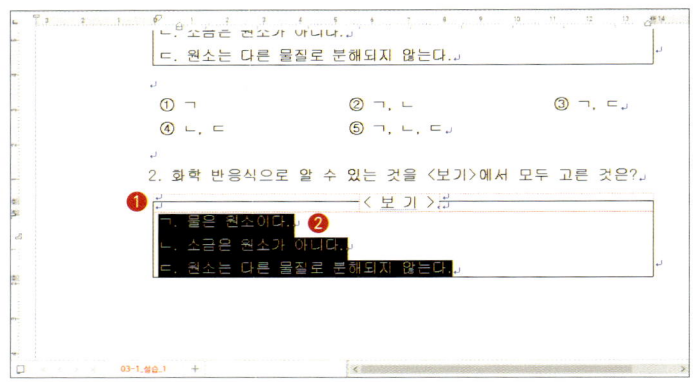

04 ❸ 마우스로 표를 선택합니다 ❹ 표가 선택된 상태에서 상용구 단축키 Alt + I 를 입력하면 본문 상용구 등록 창이 나타납니다. 본문 상용구 등록 창의 ❺ 준말에는 '표'를, ❻ 설명에는 '평가문항 표 입니다'를 입력합니다.

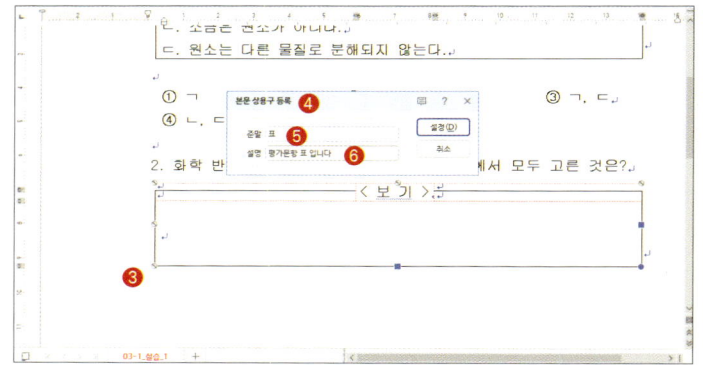

05 이후 평가문항을 제작하는 과정 중에 상용구에 등록한 표가 필요한 경우 ❼'표'를 입력한 후 단축키 Alt + I 를 누르면 ❽ 상용구에 등록된 표가 만들어지는 것을 확인할 수 있습니다.

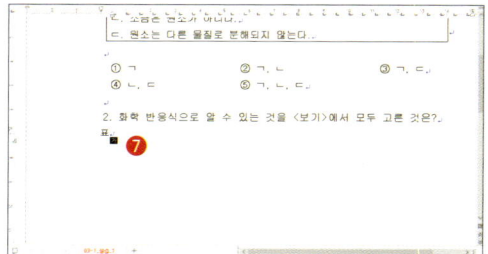 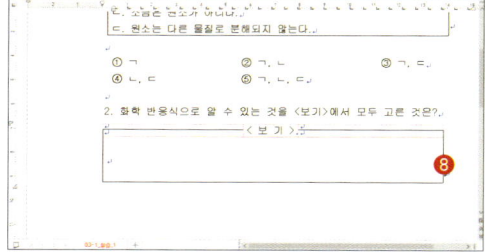

06 ❶ 표 안에 보기로 제시할 내용을 순서대로 입력합니다.

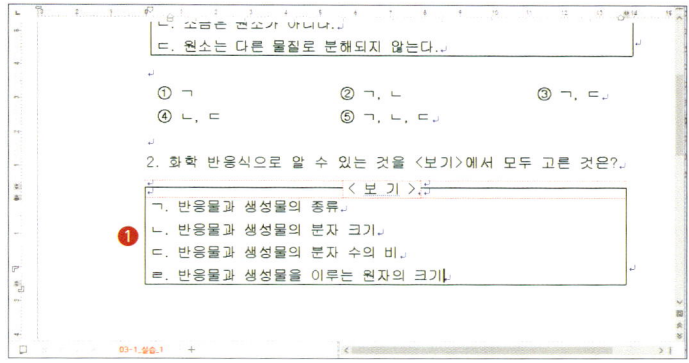

07 표 안에 필요한 내용 작성을 진행한 후에는 ❷ 순서대로 선택 번호 ① ~ ⑤를 입력합니다. 선택 번호를 입력할 때에는 준말 1, 2, 3, 4, 5를 각각 작성한 후 상용구 입력 단축키 Alt + I 를 사용합니다. 선택 번호 입력 후 문항 보기를 작성하며 문항 제작을 완료합니다.

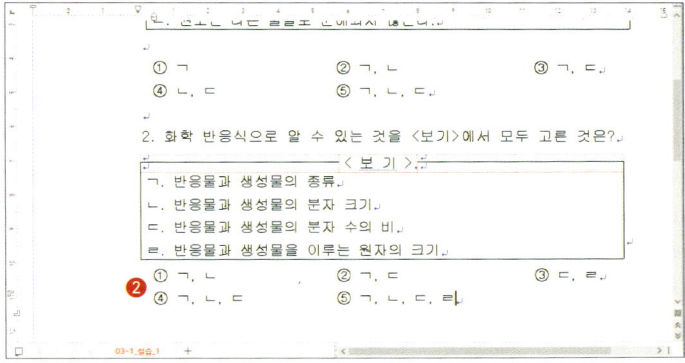

이미지 상용구 활용하기

선생님께서는 자주 사용하는 특수문자, 문장, 표 이외에 동일한 이미지를 자주 사용하는 경우에도 상용구로 등록하여 활용할 수 있습니다. 지금부터 이미지 상용구를 활용하는 과정을 알아보겠습니다.

실습 파일: 03-1_실습_2.HWP   완성 파일: 03-1_완성_2.HWP

01 ❶ 한글 메뉴에서 [입력]을 선택한 후 ❷ [그림] - ❸ [그리기마당]을 누릅니다.

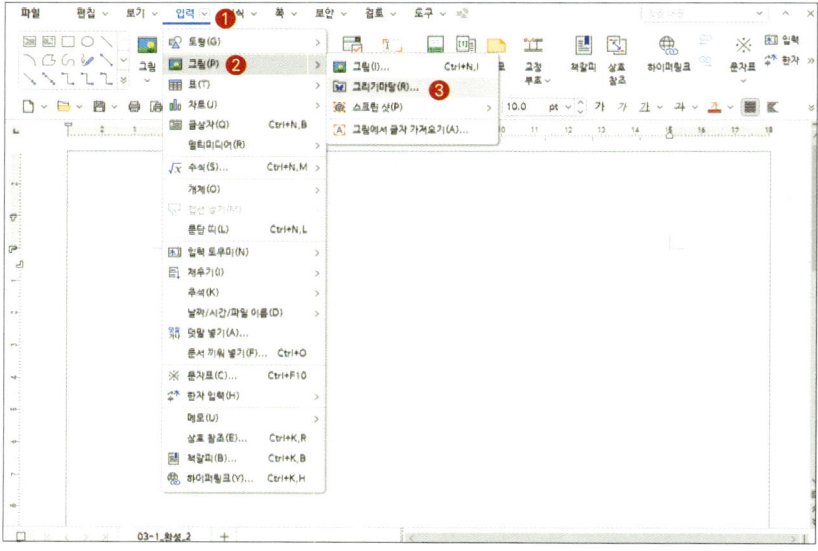

02 그리기마당 창에서 ❹ 클립아트 다운로드를 선택합니다.

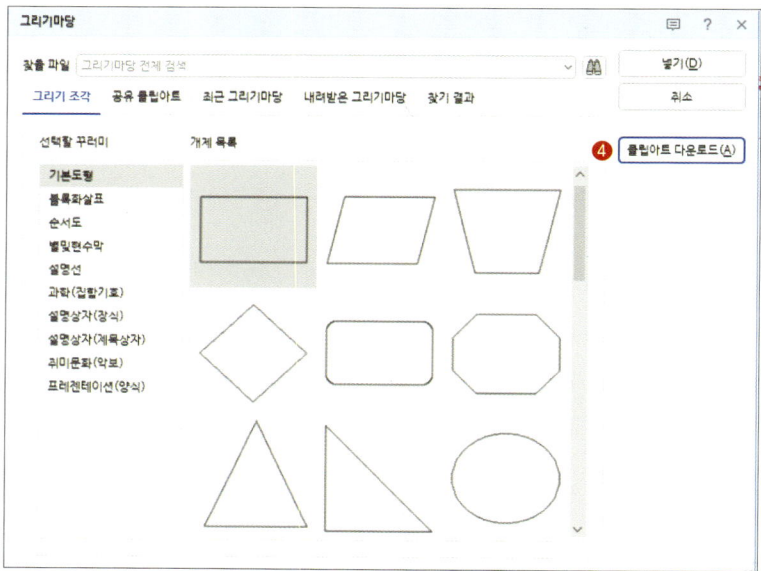

03 클립아트 선택창에서 ❺ 지도를 입력하여 검색한 후 ❻ 하늘색 대한민국지도를 선택한 다음 [저장] 버튼을 누릅니다.

04 ❼ 그리기마당 창의 네 번째 탭 내려받은 그리기마당을 누르고 ❽ 원하는 지도를 선택한 후 ❾ [넣기]를 누르면 지도 이미지가 입력되는 것을 확인할 수 있습니다.

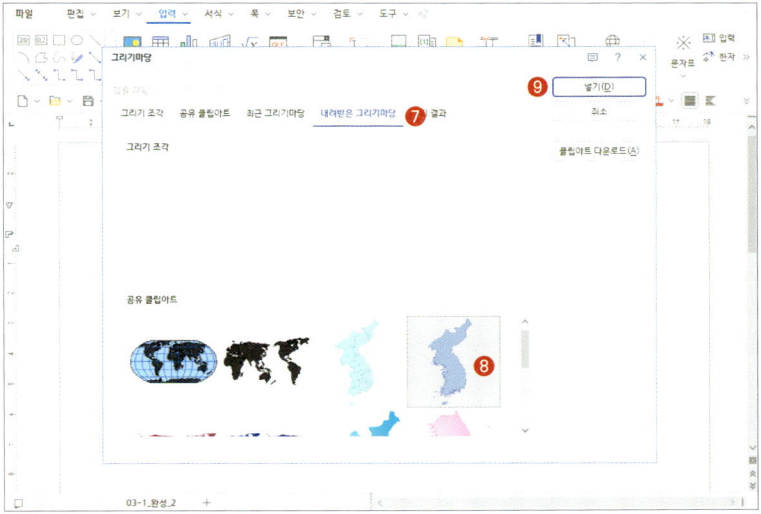

05 ❶ 그리기마당에서 등록한 지도 이미지를 마우스로 선택합니다. 이지미를 선택한 상태에서 ❷ 단축키 Alt + I 를 누르면 본문 상용구 등록창이 생성됩니다. 생성된 본문 상용구 등록창의 ❸ 준말에는 '지도'를 입력하고, ❹ 설명에는 '대한민국 지도'라고 입력한 후 ❺ [설정] 버튼을 누릅니다.

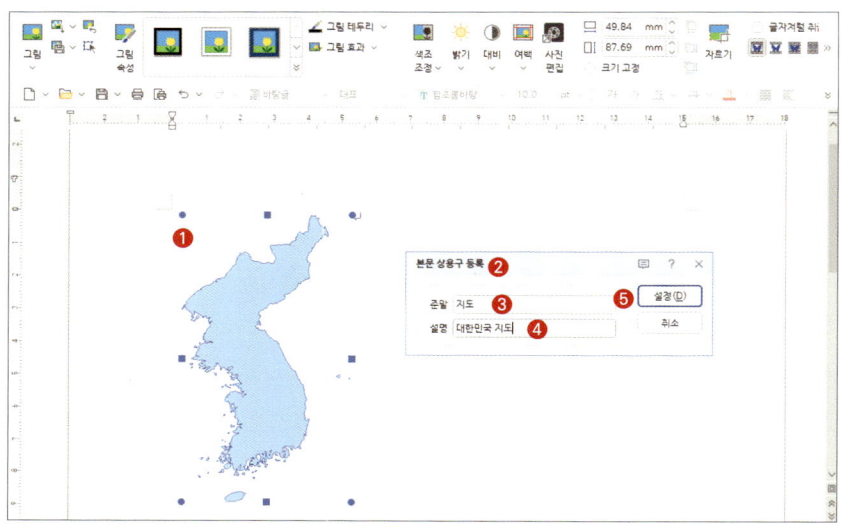

06 ❻ '지도'를 입력한 후 ❼ Alt + I 를 누르면 지도 이미지가 생성되는 것을 확인할 수 있습니다.

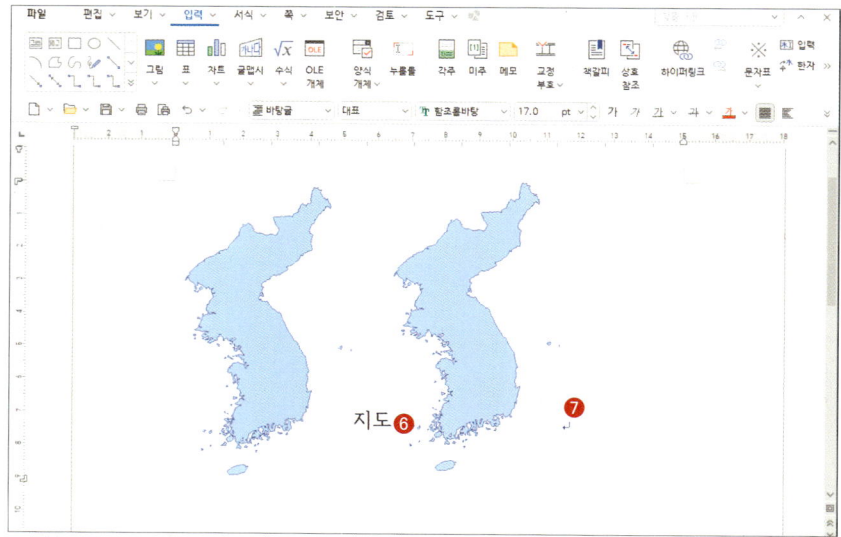

겹침 문자 상용구 활용하기

선생님께서는 한글 문서 작업 중 글자 겹치기 기능을 사용해야 할 때가 있습니다. 글자 겹치기는 문자표에서 찾기 어려운 겹침 문자를 입력해야 할 때 유용하게 활용할 수 있습니다. 지금부터 글자 겹치기 후 이를 상용구로 등록하여 활용하는 과정을 알아보겠습니다.

실습 파일: 03-1_실습_3.HWP   **완성 파일**: 03-1_완성_3.HWP

01 ❶ 한글 메뉴에서 [입력]을 선택한 후 ❷ [입력 도우미] - ❸ [글자 겹치기]를 누릅니다.

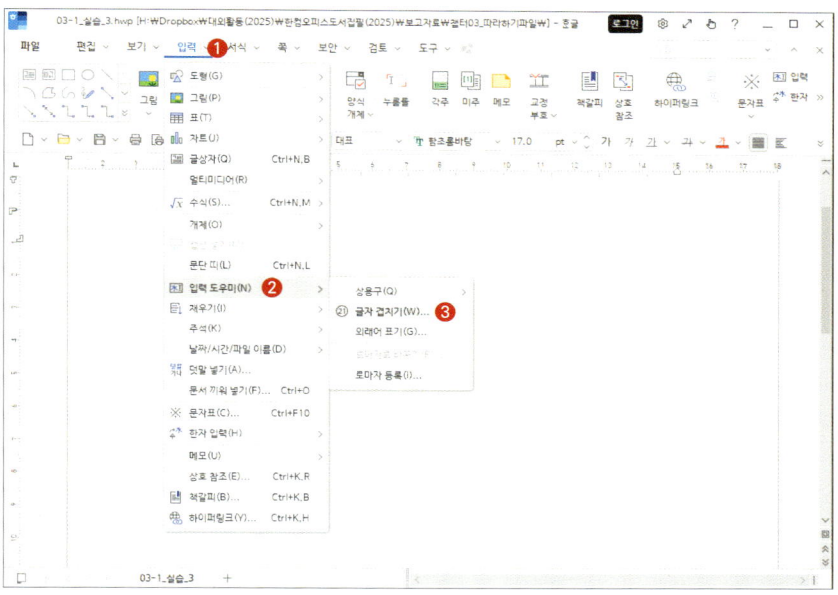

02 ❹ 겹쳐쓸 글자에 25를 입력하고, ❺ 겹치기 종류에는 ①을 선택한 다음 ❻ [넣기] 버튼을 누르면 ㉕가 입력되는 것을 확인할 수 있습니다.

03 ❶ 상용구로 등록하고자 하는 문자를 블록 설정합니다. 문자를 블록 설정한 상태에서 ❷ 단축키 Alt + I 를 누르면 본문 상용구 등록창이 생성됩니다. 생성된 본문 상용구 등록창의 ❸ 준말에는 '25'를 입력하고, ❹ 설명에는 '원문자 25'이라고 입력한 후 ❺ [설정] 버튼을 누릅니다.

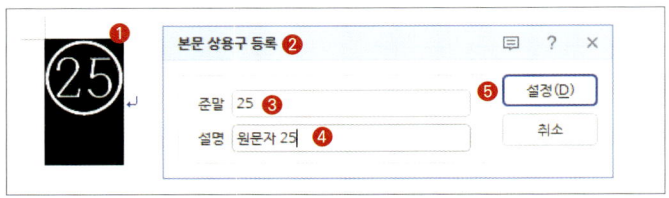

04 문서 작업 중 겹침문자 가 필요한 경우 ❻ '25'를 입력한 후 ❼ Alt + I 를 누르면 ㉕가 생성되는 것을 확인할 수 있습니다.

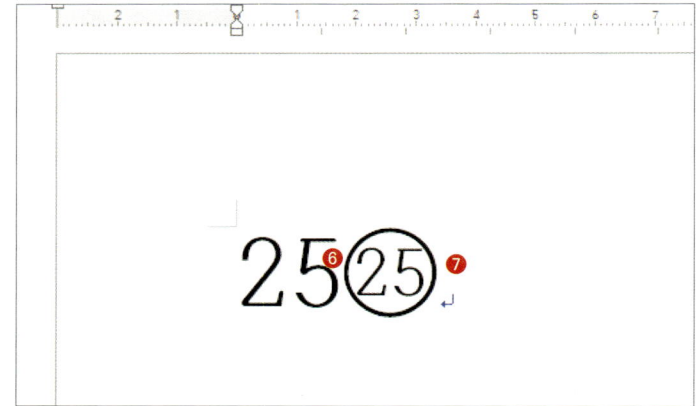

나만의 상용구 파일 활용하기

선생님께서는 현재 사용하는 PC에 교육활동이나 업무에 자주 사용하는 특수문자, 문장, 표 등을 상용구로 등록하였습니다. 그런데 만약 지금 사용하는 PC가 아닌 다른 PC에서 문서 작업을 해야하는 경우에는 해당 PC에 상용구를 처음부터 새롭게 등록해야 상용구를 활용할 수 있습니다. 이때 상용구 파일을 저장하여 활용하면 이러한 번거로움을 손쉽게 해결

할 수 있습니다. 지금부터 상용구 파일을 저장하는 방법과 다른 PC에 등록하는 과정을 실습하겠습니다.

> **상용구 파일**: 03-1_상용구.udf

01 한글 메뉴에서 ❶ [도구] - ❷ [환경 설정] 메뉴를 누릅니다.

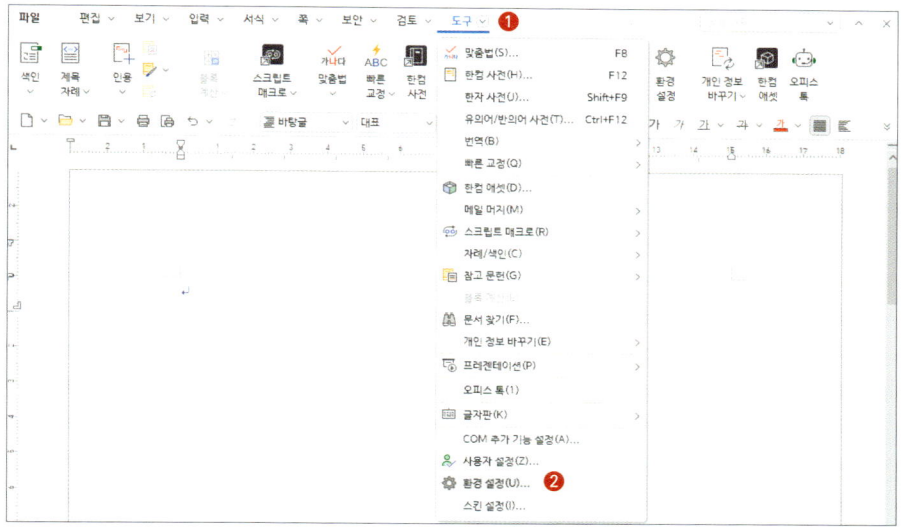

02 환경 설정 창에서 ❸ [파일] - ❹ [사용자 정의 데이터 저장하기]를 누릅니다.

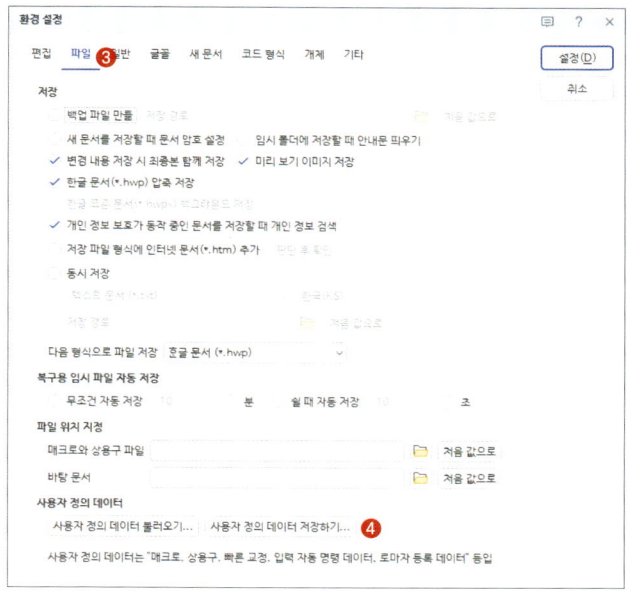

03 ❺ 상용구 데이터 파일을 저장할 폴더 바탕화면을 선택한 다음 ❻ 저장할 파일명 '한글상용구'를 작성한 후 ❼ [저장] 버튼을 선택하면 확장자 '*.udf'인 데이터 파일이 생성된 것을 확인할 수 있습니다.

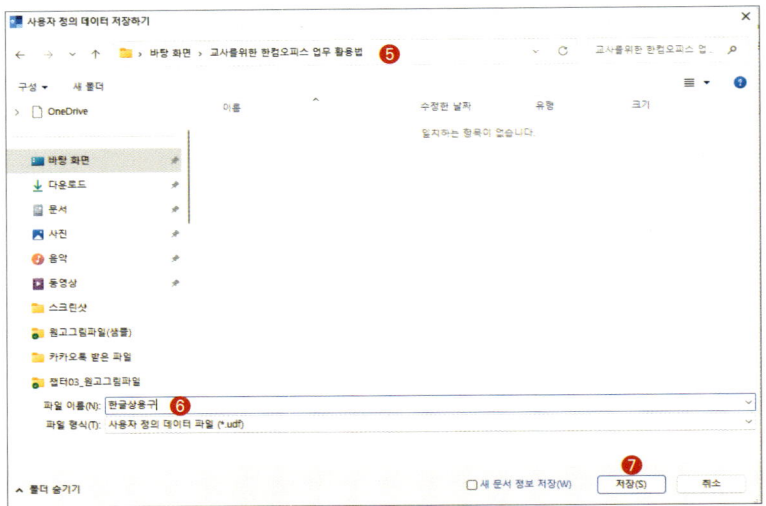

04 한글 메뉴에서 ❶ [도구] - ❷ [환경 설정] 메뉴를 누릅니다.

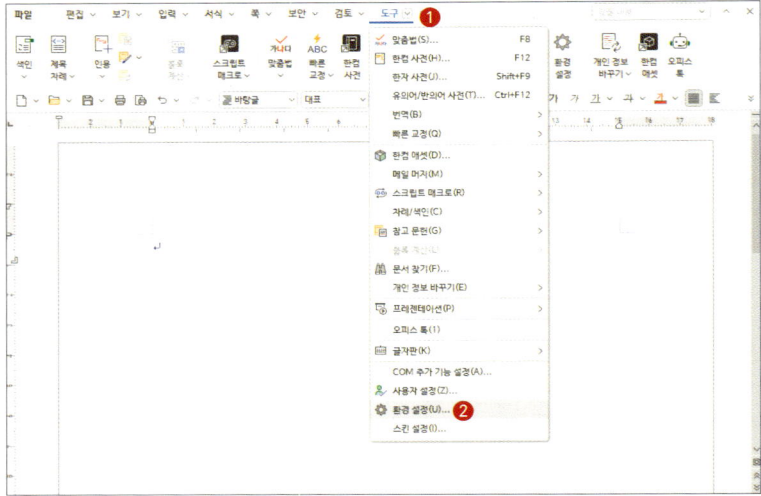

05 환경 설정 창에서 ❸ [파일] - ❹ [사용자 정의 데이터 불러오기]를 누릅니다.

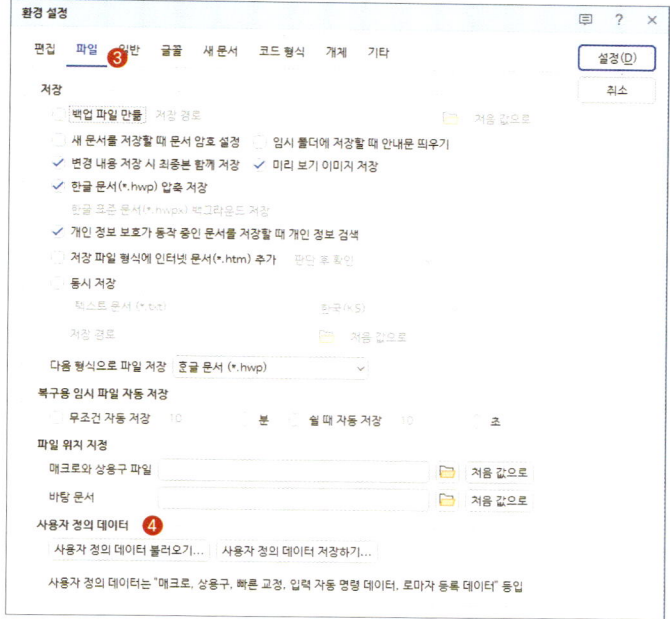

06 ❺ 상용구 데이터 파일을 찾은 후 ❻ [열기] 버튼을 누릅니다.

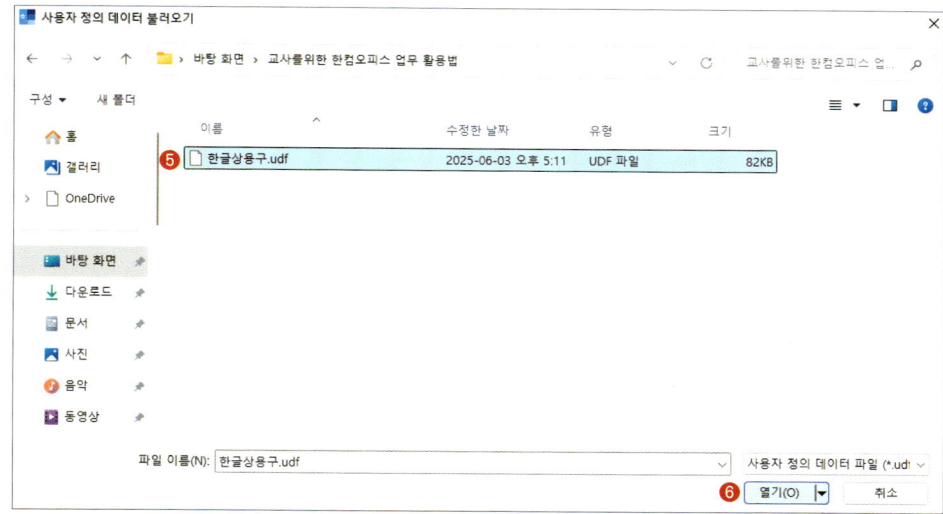

07 선택 사항 창의 불러오기 방식에서 ❼ [현재 데이터 덮어 쓰기] - ❽ [설정] - ❾ [설정]을 차례로 누릅니다.

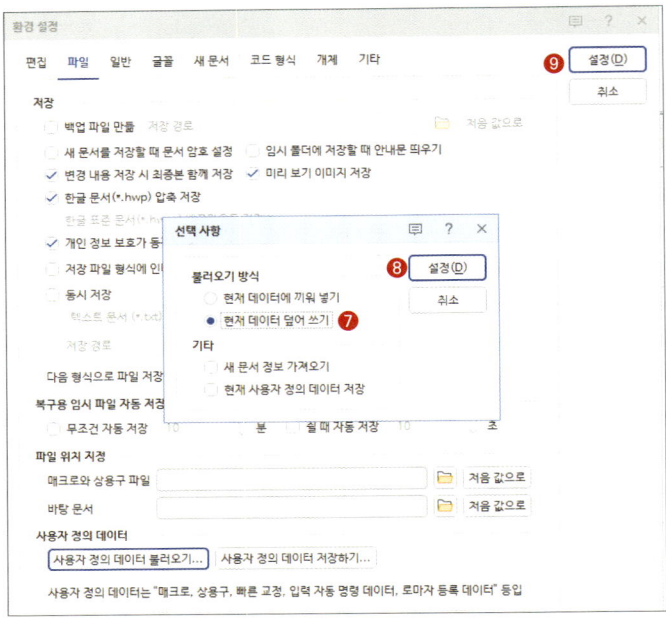

08 단축키 Ctrl + F3 을 누르면 불러오기를 한 상용구 파일이 현재 PC에 잘 입력되었는지 확인할 수 있습니다.

② 학습지 구성 다양하게 편집하기

선생님께서 교육활동에 활용할 평가자료를 제작할 때, 혹은 업무로 인해 문서를 작성할 때 각각의 목적에 맞는 편집 용지를 설정하거나 쪽 번호를 편집하기도 하고, 머리말/꼬리말 등을 입력할 수도 있습니다. 각주를 삽입하고 편집하는 방법과 다단 문서 만드는 과정을 익히면 보다 효과적으로 문서를 편집할 수 있습니다.

실습 파일: 03-2_실습_1.HWP　　**완성 파일:** 03-2_완성_1.HWP

편집 용지 설정하기

01 ❶ 메뉴에서 [파일]을 선택한 후 ❷ [편집 용지]을 클릭하거나 단축키 F7 을 누르면 편집 용지를 설정할 수 있는 글상자가 나타납니다.

02 ❸ 용지 종류를 A4로 선택하고 ❹ 용지 방향은 세로 ❺ 용지 여백은 왼쪽(30)-오른쪽(30)-위쪽(20)-머리말(10)-제본(0)-꼬리말(10)-아래쪽(15)로 입력한 후 ❻ [설정] 버튼을 누릅니다.

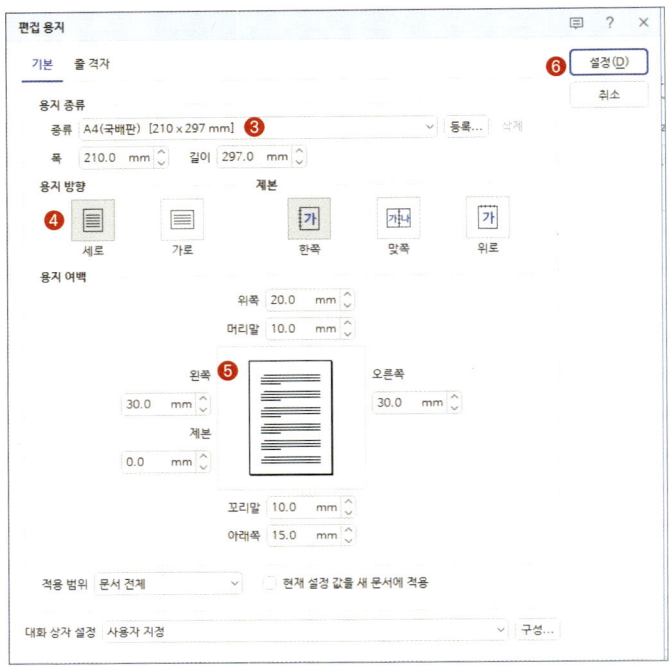

쪽 번호 편집하기

01 ❶ 메뉴에서 [쪽]을 선택한 후 ❷ [쪽 번호 매기기]를 누릅니다.

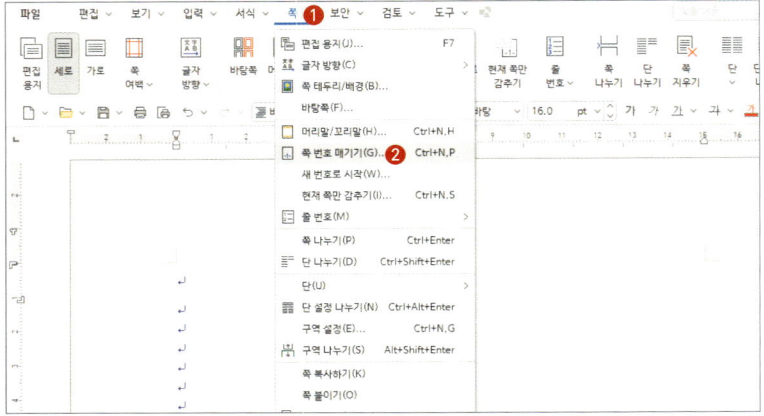

02 쪽 번호 매기기 글상자의 번호 위치에서 ❸ 가장 왼쪽의 가운데를 선택한 후 ❹ [넣기]를 누르면 편집용지 아랫 부분에 쪽 번호가 생성된 것을 확인할 수 있습니다.

03 ❶ 메뉴에서 [쪽]을 선택한 후 ❷ [현재 쪽만 감추기]를 누릅니다.

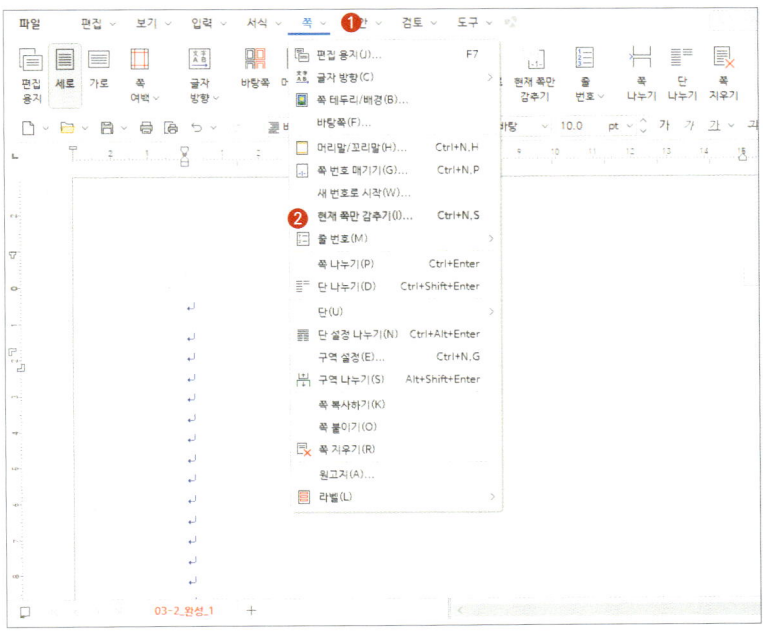

04 현재 쪽만 감추기 글상자에서 ❸ [쪽 번호]를 체크한 후 ❹ [설정]을 누르면 편집용지 아랫 부분의 쪽 번호가 감추어진 것을 확인할 수 있습니다.

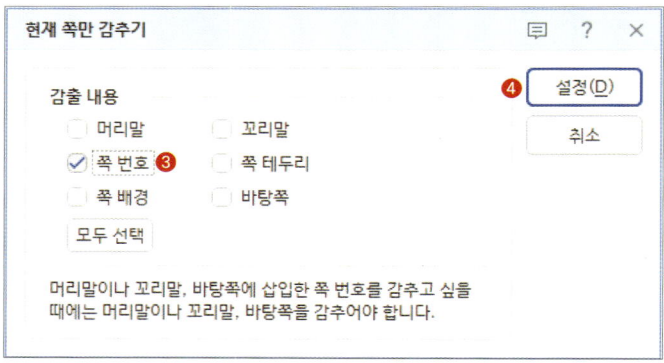

05 2쪽으로 이동한 후 ❶ 메뉴에서 [쪽]을 선택한 후 ❷ [새 번호로 시작]을 누릅니다.

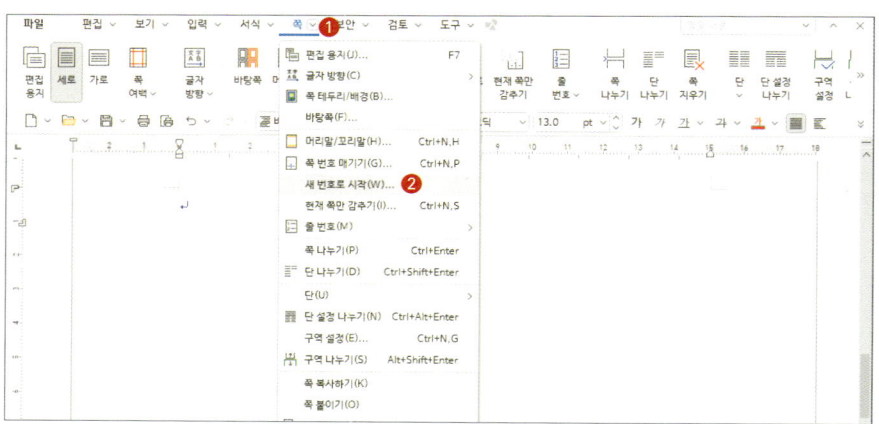

06 새 번호로 시작 글상자에서 ❸ [쪽 번호] 체크 ❹ 시작 번호를 1로 설정 ❺ [넣기]를 누르면 편집용지 아랫 부분의 쪽 번호가 1쪽으로 시작되는 것을 확인할 수 있습니다.

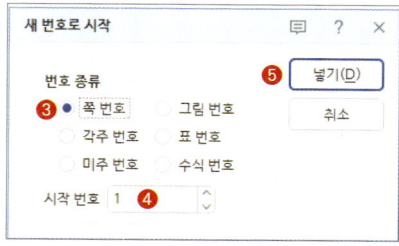

학습지 머리말/꼬리말 입력하기

01 ❶ 메뉴에서 [쪽]을 선택한 후 ❷ [머리말/꼬리말]을 누릅니다.

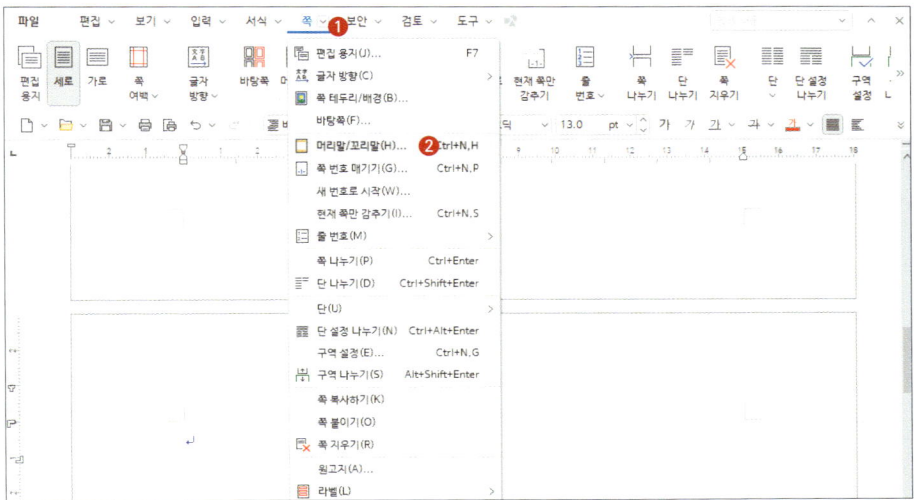

02 머리말/꼬리말 글상자에서 ❸ 종류 [꼬리말] ❹ 위치 [양쪽] ❺ [만들기]를 선택합니다.

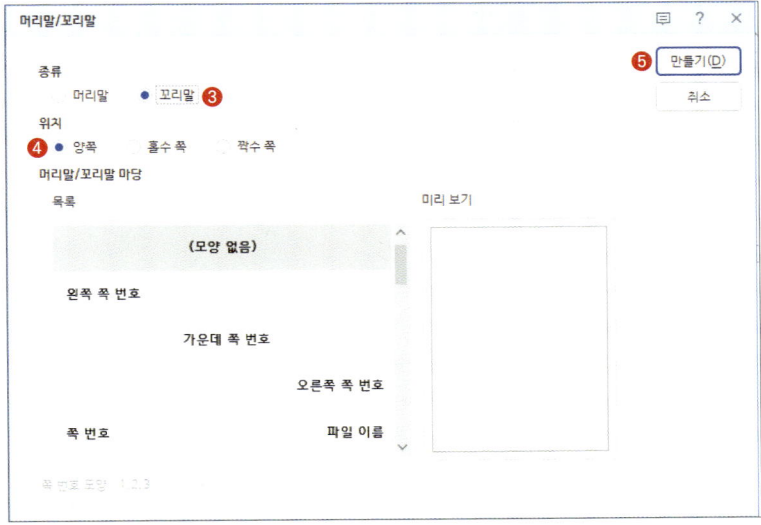

03 꼬리말에 ❻ '중1 과학 1단원 형성평가' 입력 후 ❼ [닫기]를 선택하면 꼬리말이 생성된 것을 확인할 수 있습니다.

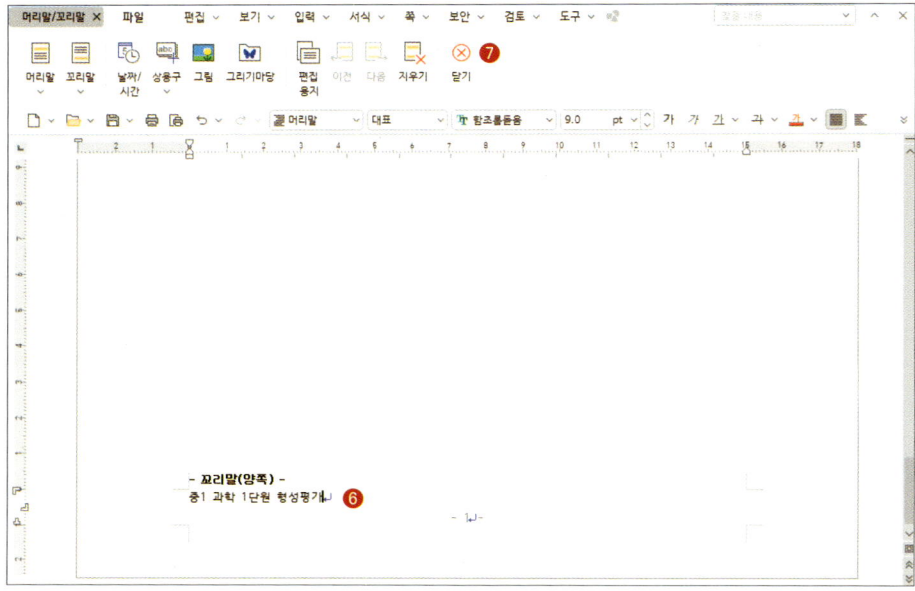

각주 삽입하고 편집하기

01 실습 문서(03-2_실습_1.HWP) 1쪽의 ❶ 첫 번째 줄 '1. 힘의 정의' 옆에 커서를 둔 후

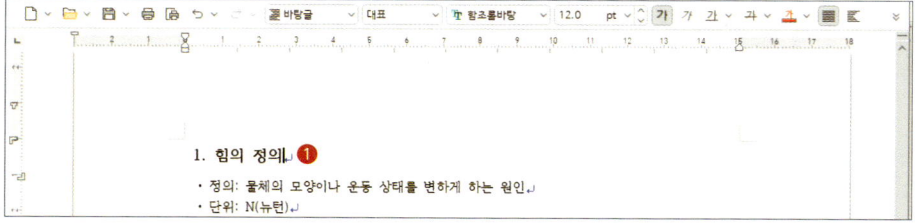

메뉴에서 ❷ [입력] - ❸ [주석] - ❹ [각주]를 차례로 선택합니다.

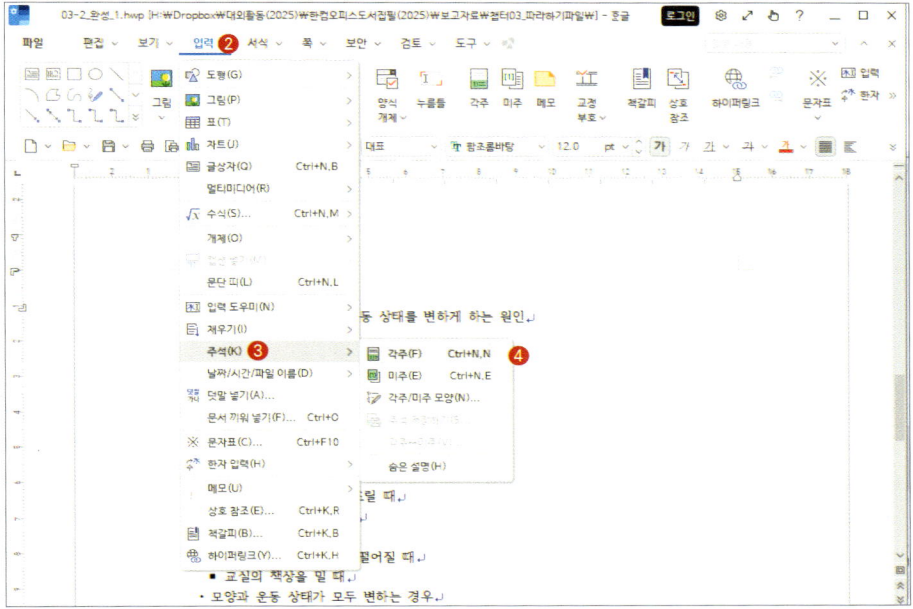

02 각주의 편집 영역에 ❺ '힘을 표현할 때는 영단어 Force의 첫글자를 따서 'F'를 사용하곤 한다'를 입력한 후 ❻ [닫기]를 선택합니다.

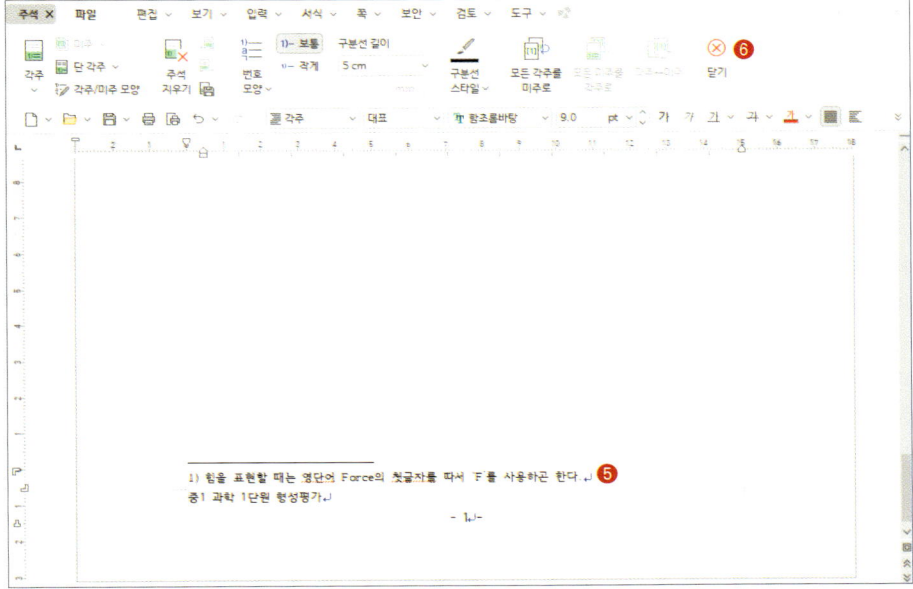

03 ❼ 정의 옆에 각주 표시가 생성된 것을 확인할 수 있습니다.

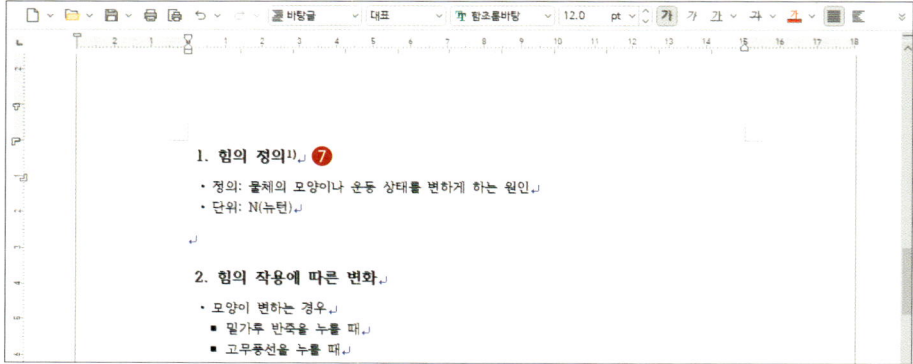

다단 나누기로 학습자료 만들기

01 실습 문서(03-2_실습_1.HWP) 첫 번째 쪽에 커서를 둔 후 ❶ 메뉴에서 [쪽] - ❷ [단] - ❸ [단 설정]을 선택 합니다.

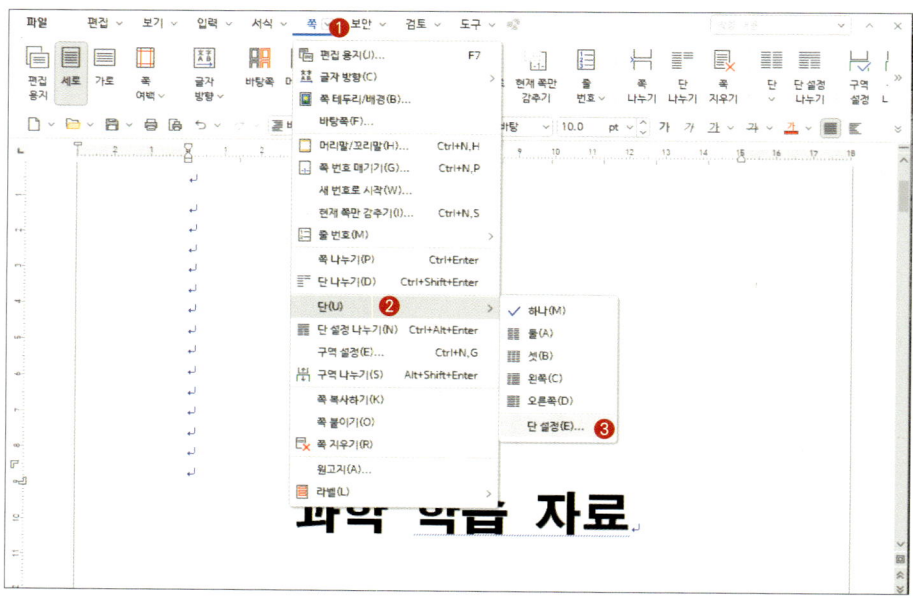

02 ❹ 단 종류 [일반 단] - ❺ [구분선 넣기] 체크 후 종류(실선), 굵기(0.12mm), 색(검정색) - ❻ 적용 범위 [새쪽으로] - ❼ [설정] 버튼을 누릅니다.

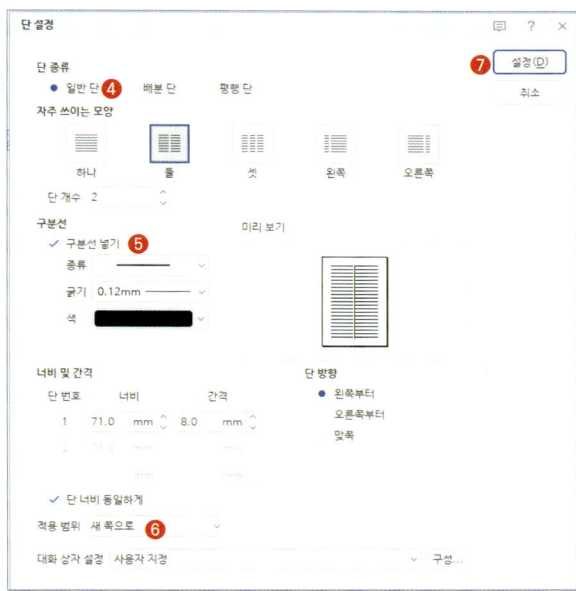

03 메뉴에서 ❶ [쪽] - ❷ [쪽 테두리/배경]을 누릅니다

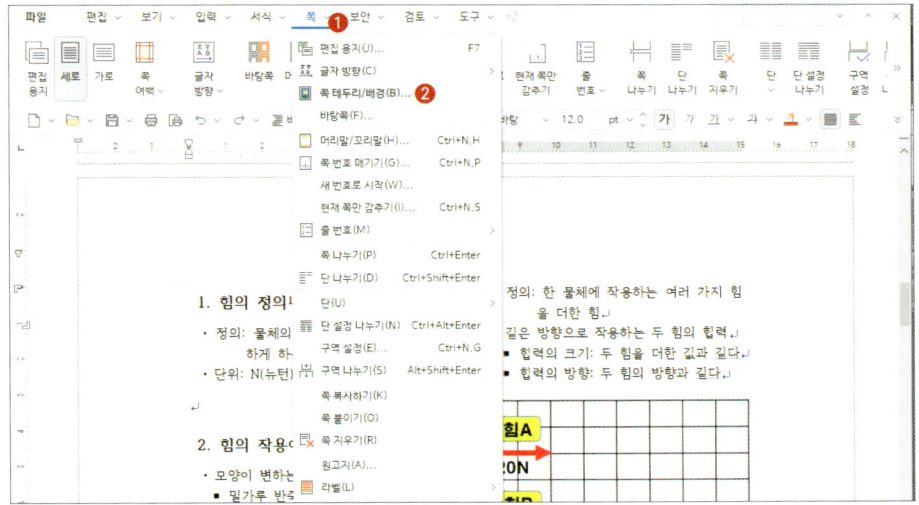

04 ❸ 테두리/배경 종류 [양쪽] - ❹ 테두리 종류(실선), 굵기 (0.1mm), 색(검정색) - ❺ 위치 [쪽 기준] - ❻ 적용 쪽 [모두]- ❼ [설정] 버튼을 누릅니다.

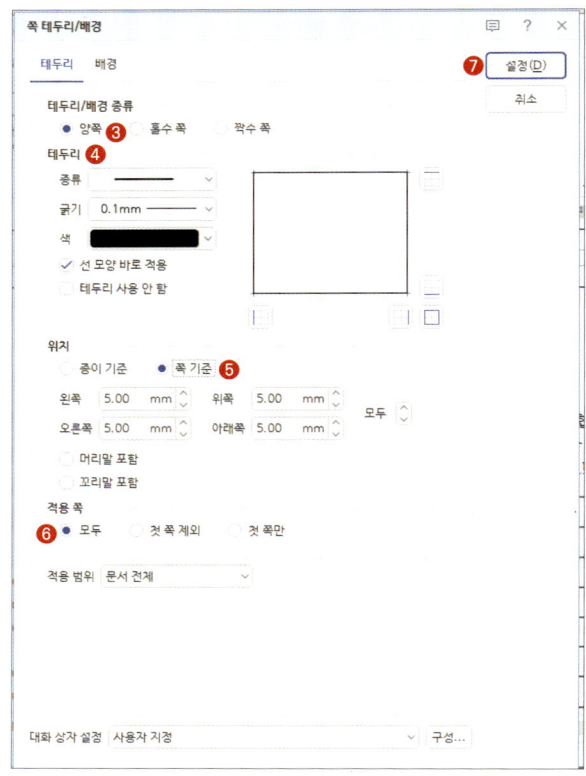

05 ❽ 쪽 테두리와 다단이 만들어진 것을 확인할 수 있습니다.

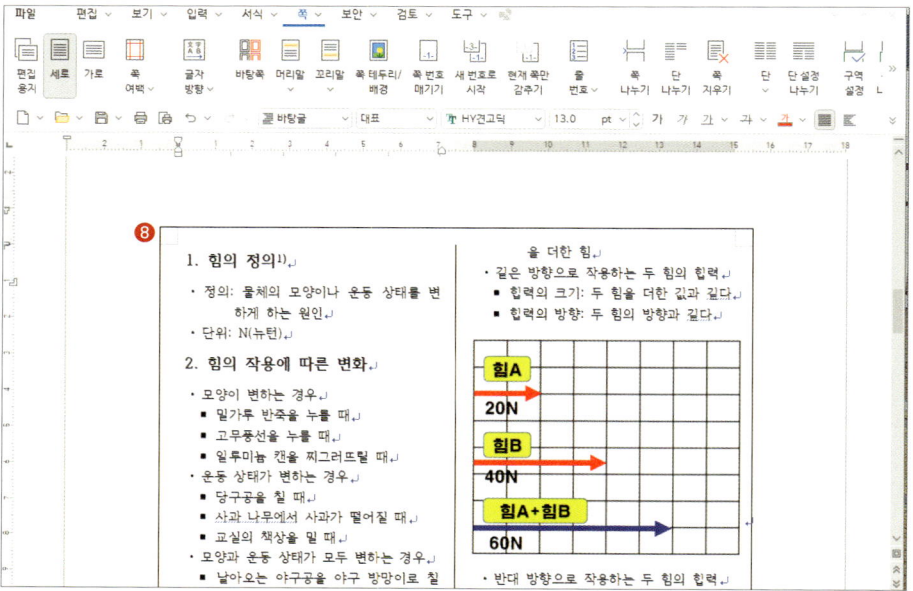

③ 학습지 수업에 활용하기

선생님께서 교육활동에 활용할 학습지를 활용할 때 학습지 정답을 필요할 때만 보거나 출력할 수 있게 편집할 수 있으며 메모 기능과 하이퍼링크 기능 등을 이용하여 학습지에 다양한 참고 자료를 입력할 수 있습니다.

실습 파일: 03-3_실습_1.HWP   **완성 파일**: 03-3_완성_1.HWP

학습지 정답 필요할 때만 보기

01 한글 메뉴 ❶ [보기]에서 ❷ 문단 부호, 그림, 투명선, 교정 부호, 메모를 체크합니다.

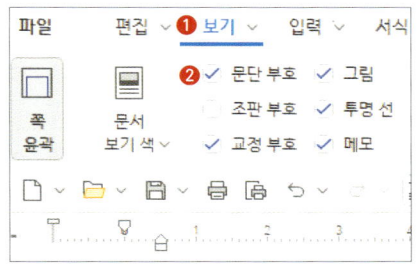

02 실습 문서(03-3_실습_1.HWP) 1쪽의 1번 문항 아랫 부분 ❸ 정답과 해설이 포함되어 있는 표 안에 커서를 위치한 다음 F5 를 눌러 셀을 선택합니다.

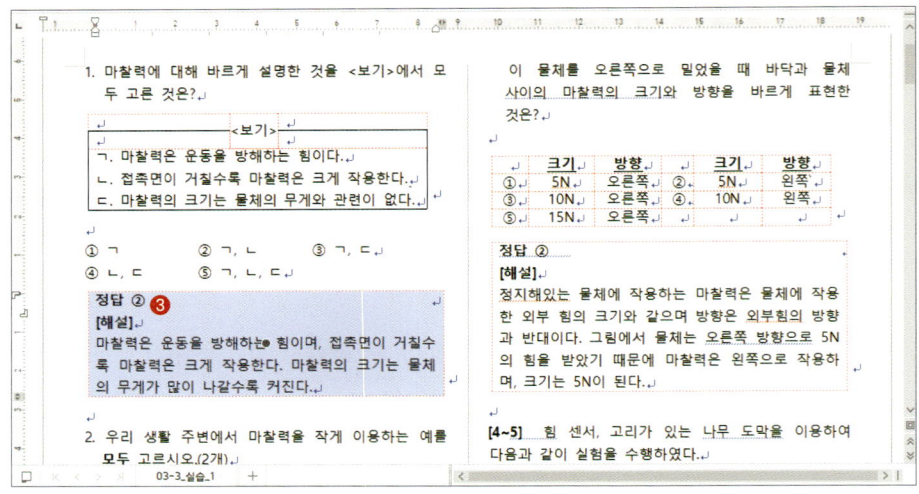

03 ❹ Alt + L 을 입력한 다음 나타나는 글자 모양 글상자에서 ❺ 글자색을 빨간색으로 선택한 후 ❻ [설정] 버튼을 누릅니다.

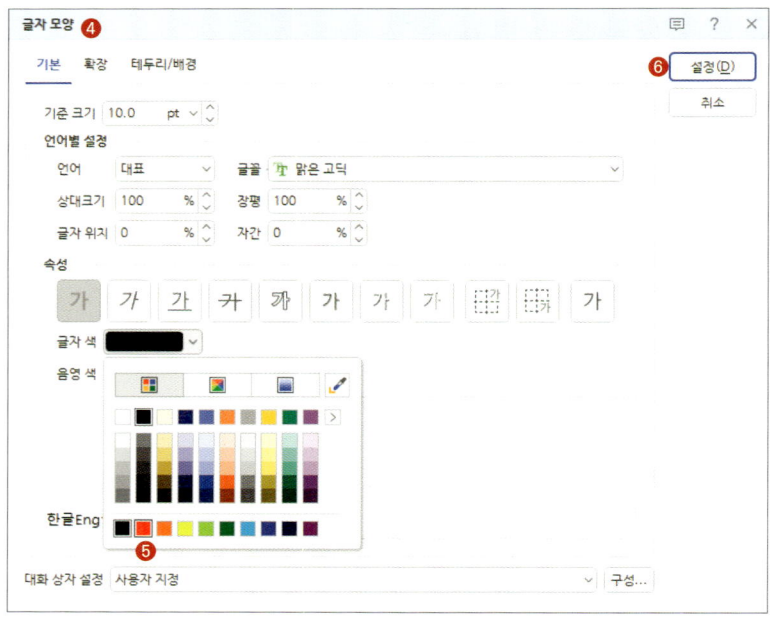

04 표 안의 글자가 빨간색으로 바뀐 상태에서 ❼ Alt + C 를 입력하여 나타난 모양 복사 글상자에서 ❽ [글자 모양] 선택 - ❾ [본문 모양과 셀 모양 둘 다] 선택 - ❿ [복사] 버튼을 누릅니다.

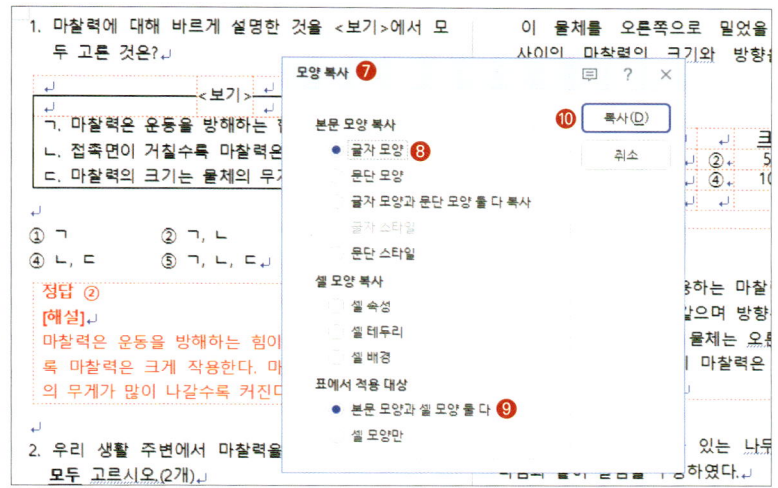

05 ❶ 2번 문항 아래에 있는 정답 및 해설이 있는 표 안에 커서를 둔 후 F5 를 눌러 셀을 선택합니다.

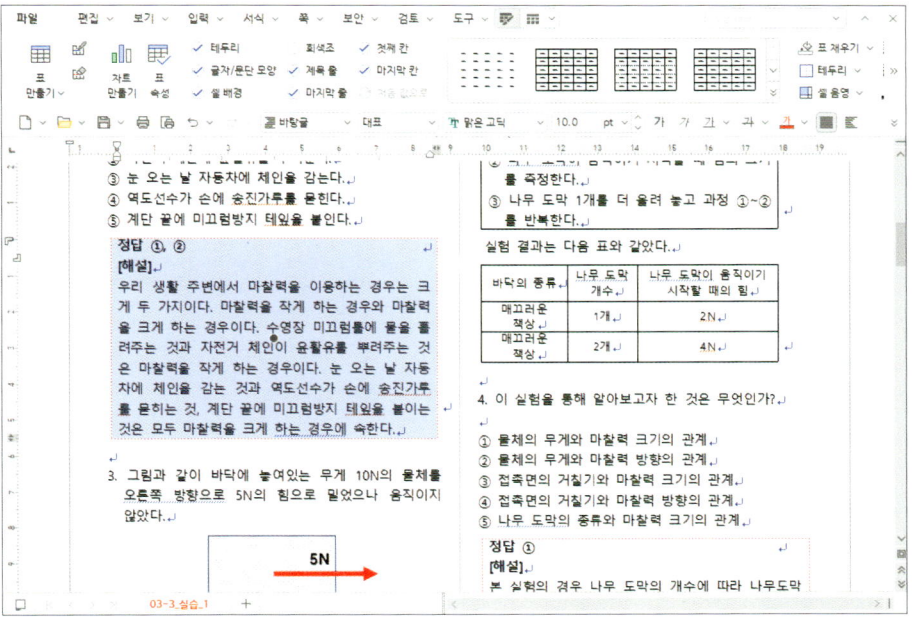

06 셀에 블럭이 있는 상태에서 ❷ Alt + C 를 눌러 셀 안의 글자들이 빨간색으로 바뀐 것을 확인합니다. 이후 같은 방법으로 3~5번 문항의 정답 해설의 글자색을 모두 빨간색으로 변경합니다.

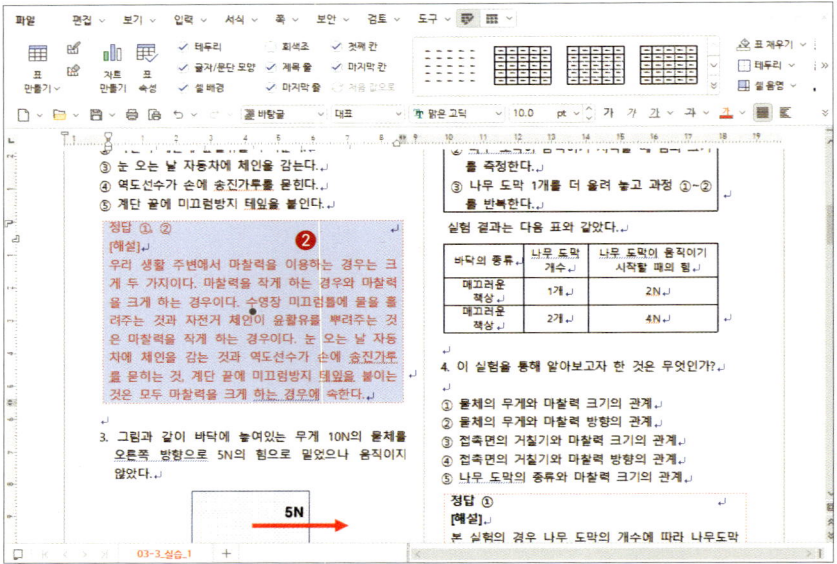

07 1번 문항의 정답 및 해설이 있는 표 안에 커서를 둔 후 ❶ F5 를 눌러 셀을 선택합니다.

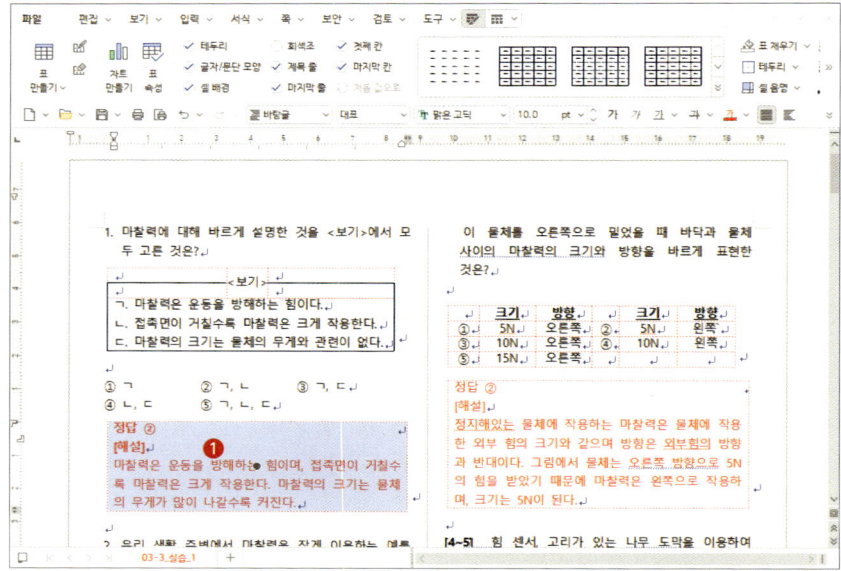

08 ❷ `Alt` + `L` 을 입력한 다음 나타나는 글자 모양 글상자에서 ❸ 음영 색을 빨간색으로 선택한 후 ❹ [설정] 버튼을 누릅니다.

09 표 안의 글자 음영이 빨간색으로 바뀐 상태에서 ❺ `Alt` + `C` 를 입력하여 나타난 모양 복사 글상자에서 ❻ [글자 모양] 선택 - ❼ [본문 모양과 셀 모양 둘 다] 선택 - ❽ [복사] 버튼을 누릅니다.

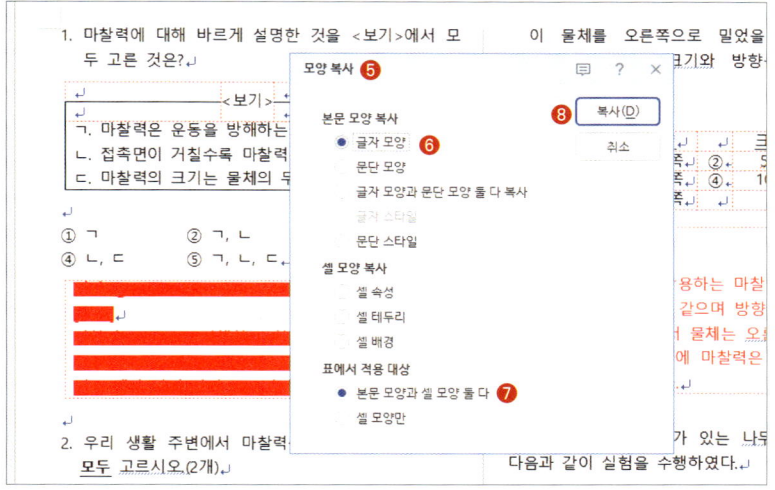

10 셀에 블록이 있는 상태에서 ❾ Alt + C 를 눌러 셀 안의 글자들이 빨간색으로 바뀐 것을 확인합니다. 이후 같은 방법으로 3~5번 문항의 정답 해설의 음영 색을 모두 빨간색으로 변경합니다.

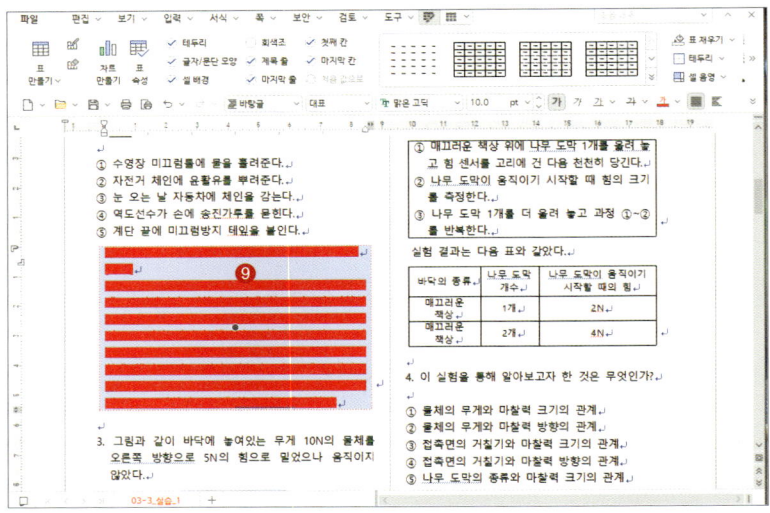

11 커서를 1번 문항 처음 부분에 위치시킨 후 ❶ Ctrl + F2 를 누릅니다. 찾아 바꾸기 글상자에서 ❷ [찾을 내용]의 끝부분에 있는 [서식 찾기] 버튼을 누르고 ❸ [찾을 글자 모양]을 선택합니다.

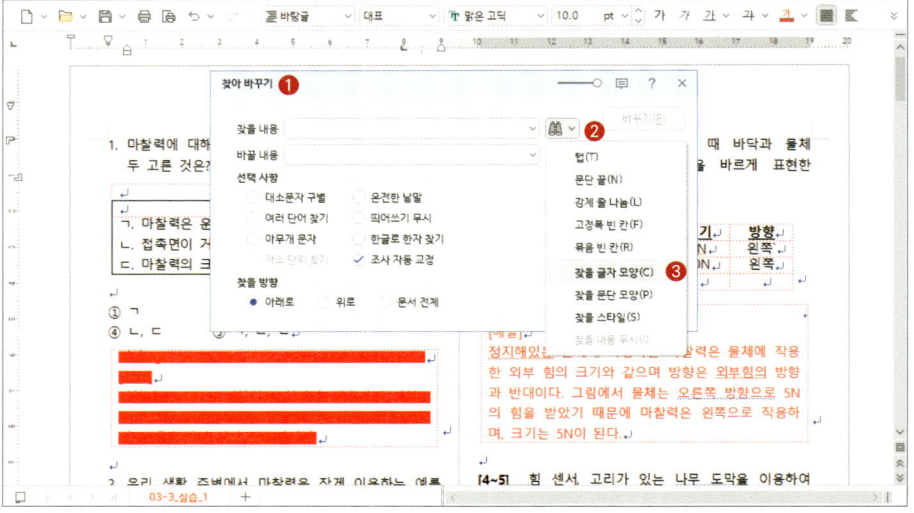

12 글자 모양 글상자에서 ❹ 음영 색을 빨간색으로 선택한 후 ❺ [설정] 버튼을 누릅니다.

13 ❻ [바꿀 내용]의 끝부분에 있는 [서식 찾기] 버튼을 누르고 ❼ [찾을 글자 모양]을 선택합니다.

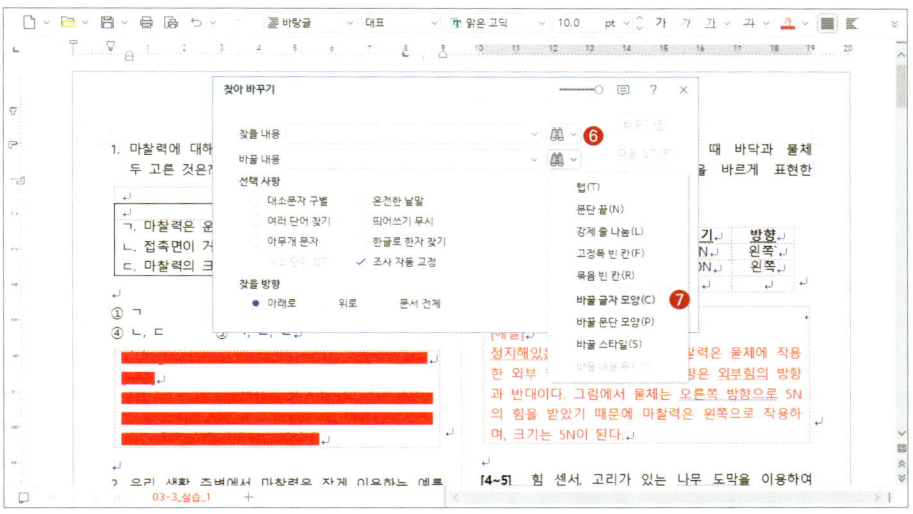

14 글자 모양 글상자에서 ❽ 음영 색을 '없음'으로 선택한 후 ❾ [설정] 버튼을 누릅니다.

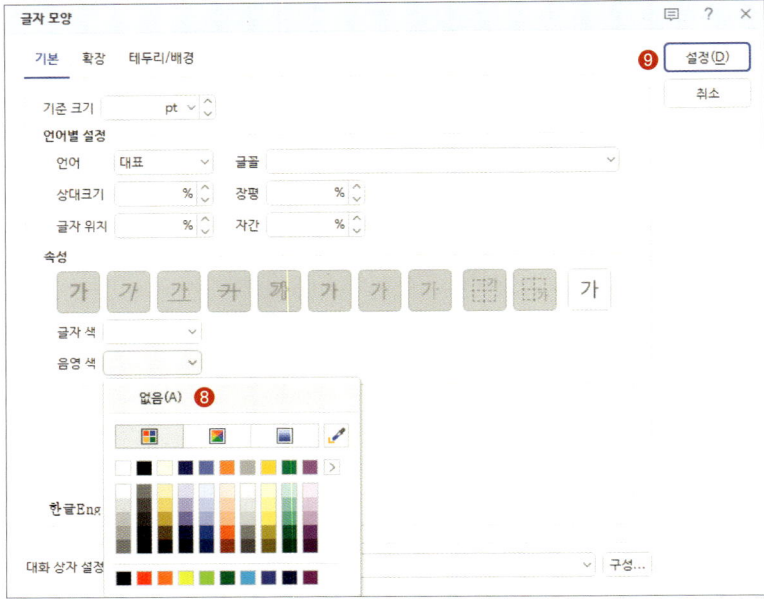

15 ❶ 찾을 방향을 [아래로] 선택 후 ❷ [바꾸기] 버튼을 누르면 1번 문항의 정답 및 해설의 첫 줄부터 ❸ 빨간색 음영이 사라지며 가려진 정답을 확인할 수 있습니다.

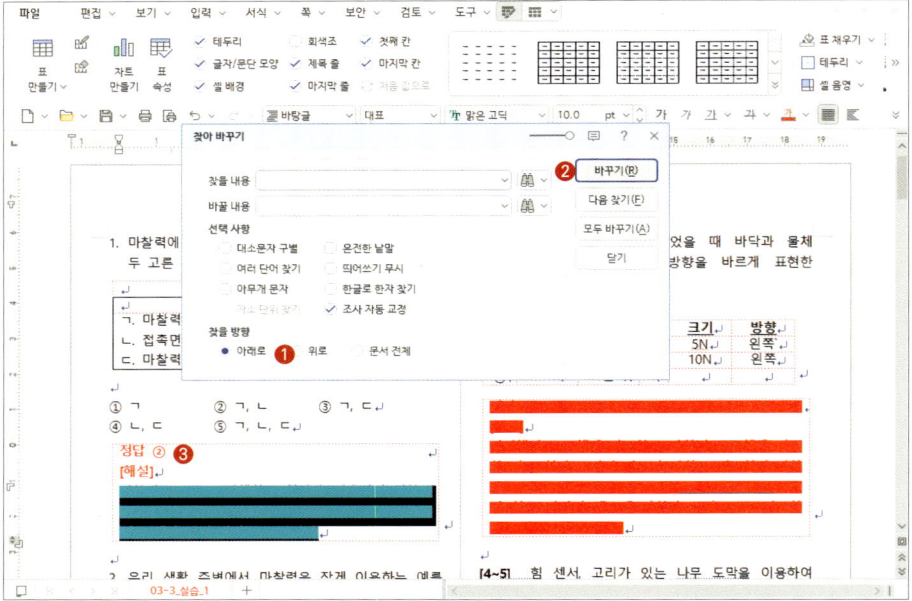

학습지 정답 제외하고 인쇄하기

실습 파일: 03-3_실습_2.HWP   **완성 파일:** 03-3_완성_2.HWP

01 실습 문서(03-3_실습_2.HWP) 1쪽의 1번 문항 처음 부분에 커서를 위치한 후 ❶ Ctrl + F2 를 누릅니다. 찾아 바꾸기 글상자에서 ❷ [찾을 내용]의 끝부분에 있는 [서식 찾기] 버튼을 누르고 ❸ [찾을 글자 모양]을 선택합니다.

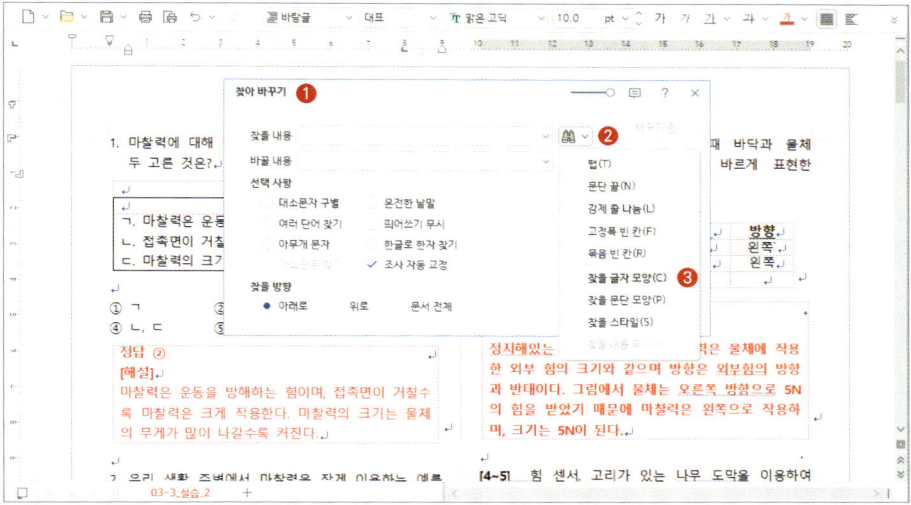

02 글자 모양 글상자에서 ❹ 글자 색을 빨간색으로 선택한 후 ❺ [설정] 버튼을 누릅니다.

Chapter 3 학습자료 쉽게 편집하기 183

03 ❻ [바꿀 내용]의 끝부분에 있는 망원경 모양의 버튼을 누르고 ❼ [바꿀 글자 모양]을 선택합니다.

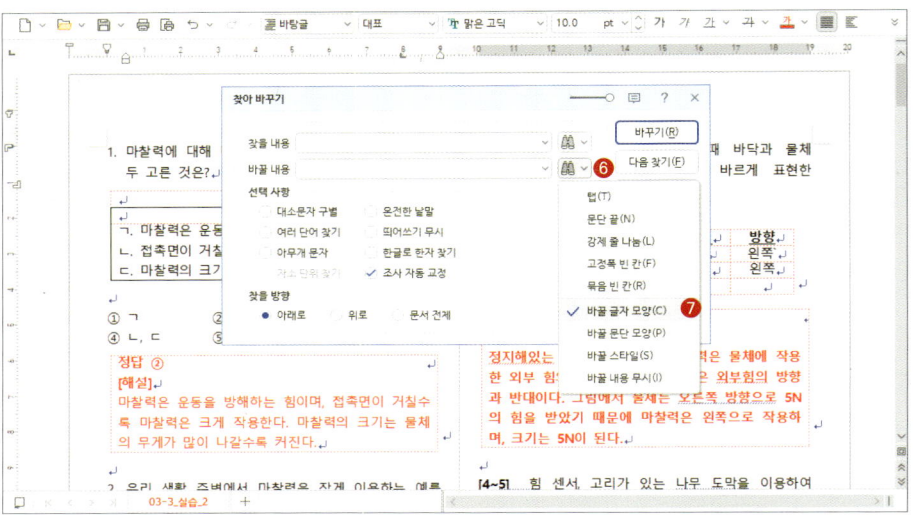

04 글자 모양 글상자에서 ❽ 글자 색을 '흰색'으로 선택한 후 ❾ [설정] 버튼을 누릅니다.

05 ❶ 찾을 방향을 [문서 전체] 선택 후 ❷ [모두 바꾸기] 버튼을 누릅니다.

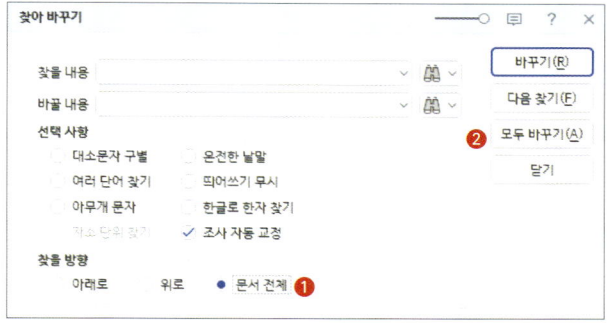

06 '바꾸기를 15번 했습니다.'라는 문구가 쓰여있는 ❸ 글상자의 [확인] 버튼을 누릅니다.

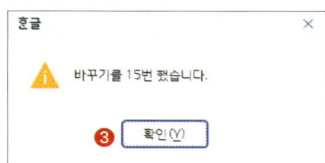

07 ❹ 정답 및 해설이 흰 글씨로 바뀐 것을 확인한 후 ❺ Alt + P 를 누른 후 ❻ [인쇄] 버튼을 선택하면 정답 및 해설을 제외한 학습지가 인쇄됩니다.

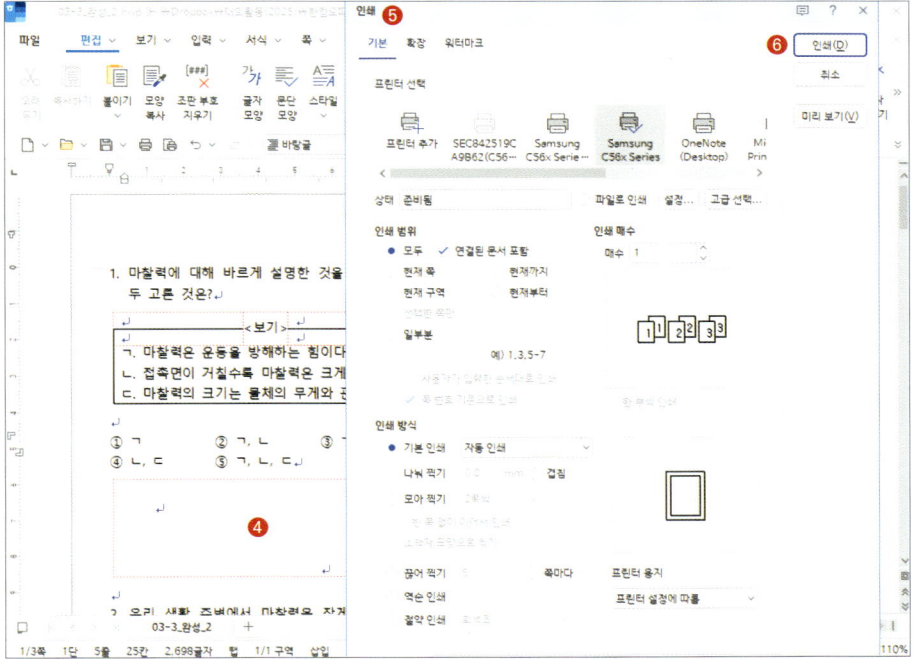

메모 기능 활용하여 참고자료 입력하기

실습 파일: 03-3_실습_3.HWP **완성 파일:** 03-3_완성_3.HWP

01 실습 문서(03-3_실습_3.HWP) ❶ 1쪽의 '마찰력'을 블럭설정한 후 ❷ [입력] - ❸ [메모] - ❹ [새 메모]를 차례대로 선택합니다.

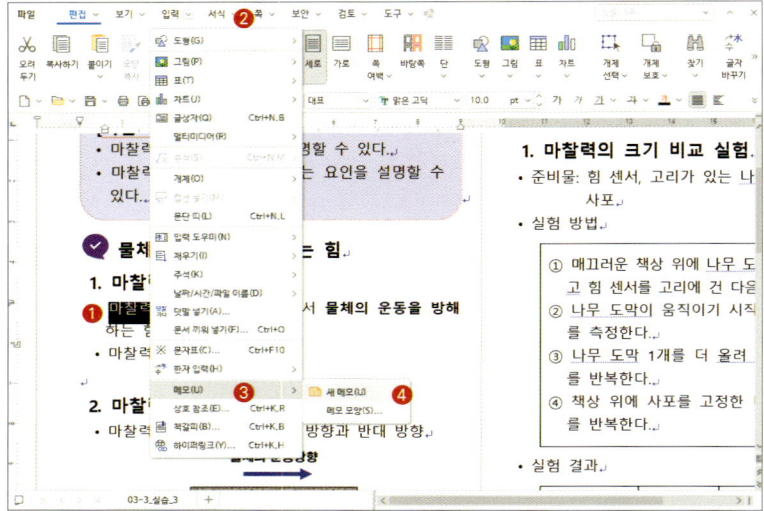

02 ❺ 메모란에 '주변에서 마찰력을 사용하는 예를 들어가며 설명한다.'라는 문구를 입력합니다.

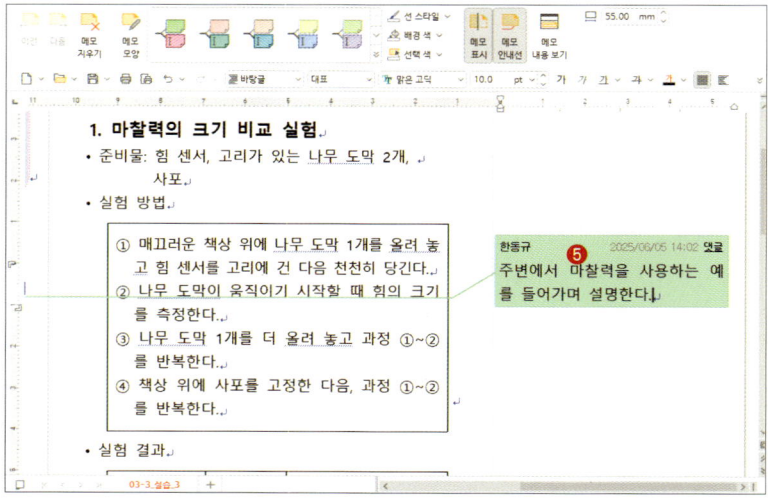

03 ❻ 1쪽의 오른쪽 아랫 부분의 '물체의 운동 상태와 마찰력'을 블록설정 한 후 ❼ ❷~
❹와 같은 방법으로 메모창으로 만든 뒤 '운동하는 물체에도 마찰력이 작용하고 있음을 설
명한다.'라는 문구를 입력합니다.

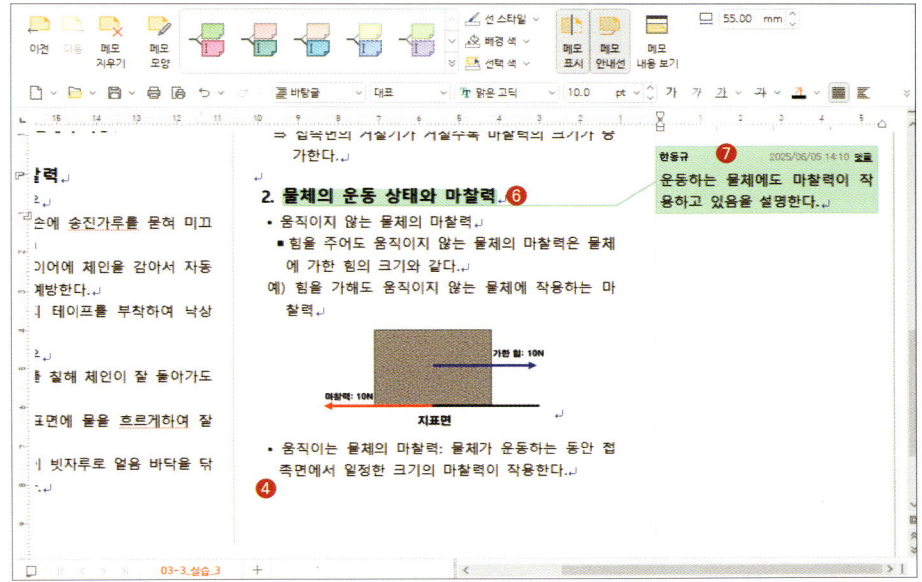

04 메모를 가리고 싶은 경우 ❽ 메뉴 [보기]에서 메모란을 체크 해제합니다. ❾ 메모를 활
용할 경우에는 메뉴 [보기]에서 메모란을 체크합니다.

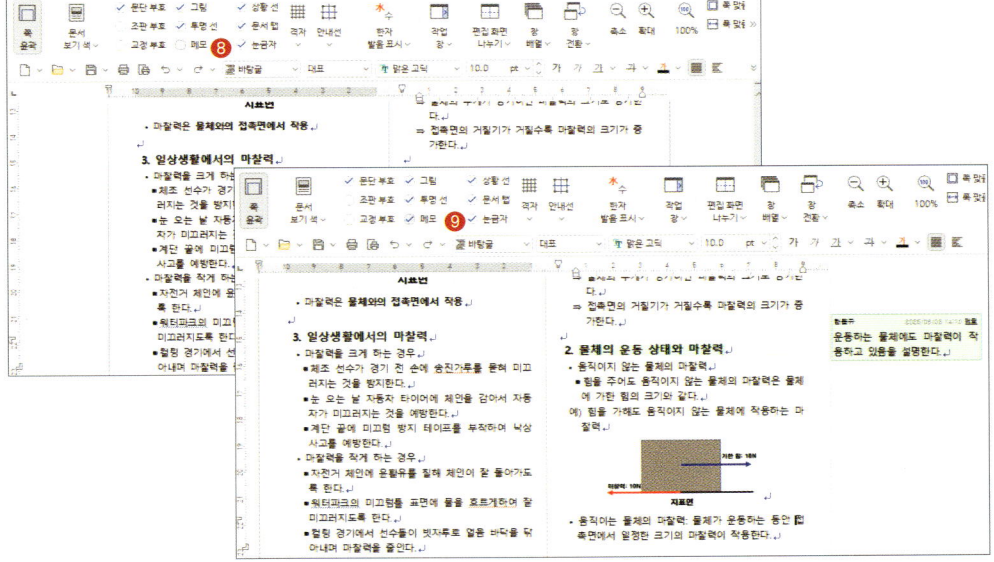

> **한쌤의 노하우** ▶ 메모 내용 인쇄 선택하기

학습자료에 각종 메모를 등록한 후 필요에 따라서 메모 내용을 본문과 함께 인쇄할 경우가 있고, 혹은 메모를 제외하고 본문 내용만 인쇄할 경우가 있습니다. 이때는 [인쇄]-[확장]-[선택 사항]을 활용합니다.

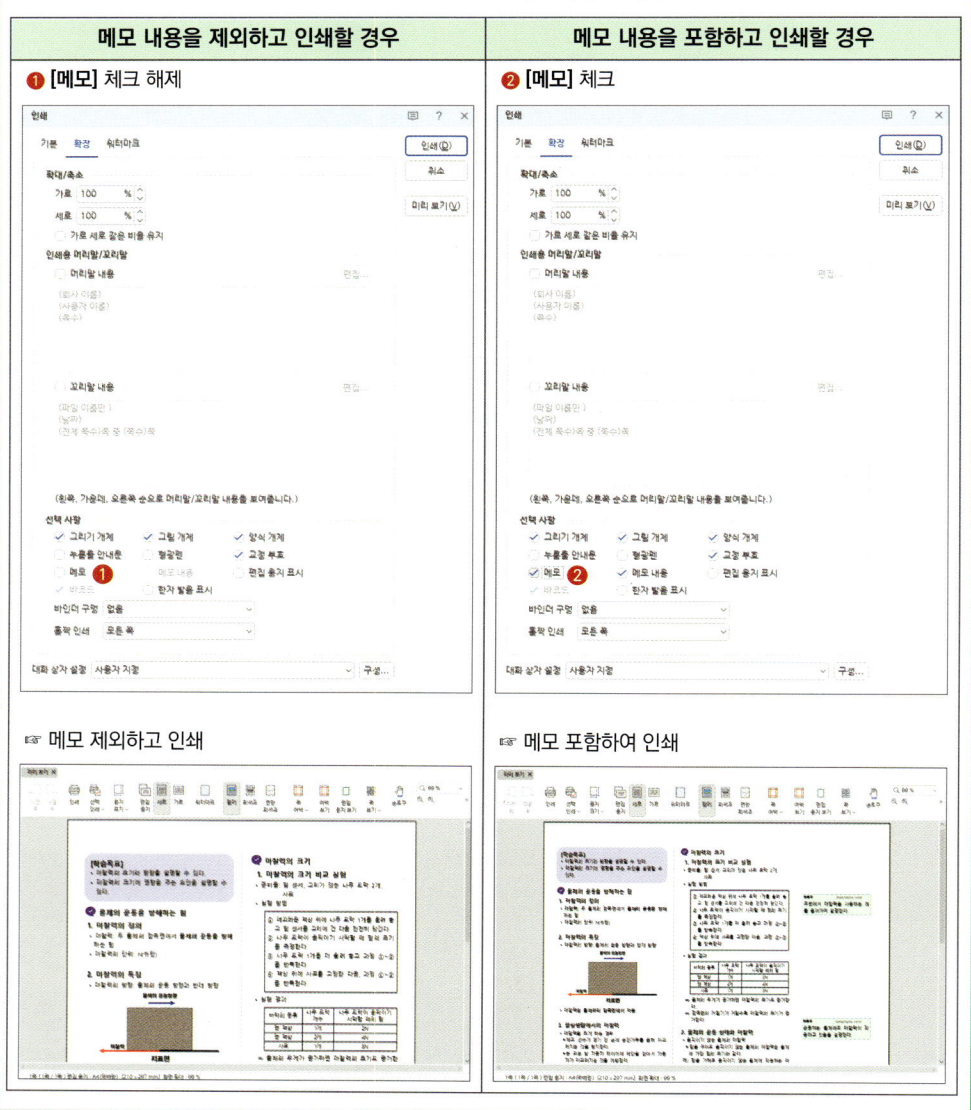

하이퍼링크와 책갈피 기능 활용하기

한글의 하이퍼링크 기능은 본문의 주요 내용과 인터넷 웹주소를 연결하거나 혹은 다른 문서를 열어 수업 중 참고 자료로 활용할 수 있습니다. 본문의 주요 내용과 연결하여 수업에 활용하고자 할 경우에는 책갈피 기능을 이용할 수 있습니다.

실습 파일: 03-3_실습_4.HWP   완성 파일: 03-3_완성_4.HWP

01 실습 문서(03-3_실습_4.HWP) ❶ 1쪽 주제명 '과학과 관련된 직업'을 블럭설정한 후 ❷ 한글 메뉴의 [입력] - ❸ [하이퍼링크]를 선택합니다. ❹ [웹 주소] 창에 'https://www.career.go.kr/cloud/w/job/list'를 복사하여 붙여 넣은 후 ❺ [넣기]를 선택합니다.

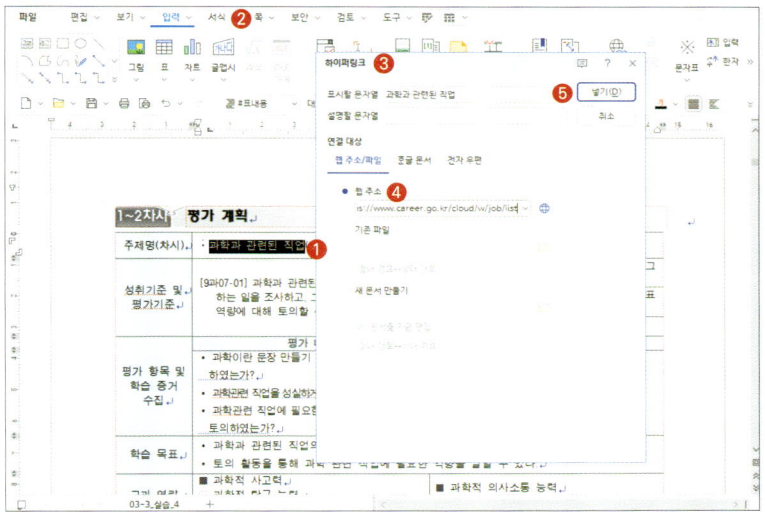

02 ❻ 과학과 관련된 직업을 마우스로 선택하면 ❼ 해당 웹페이지로 연결되는 것을 확인할 수 있습니다.

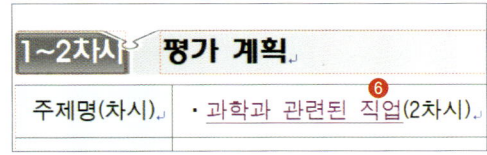

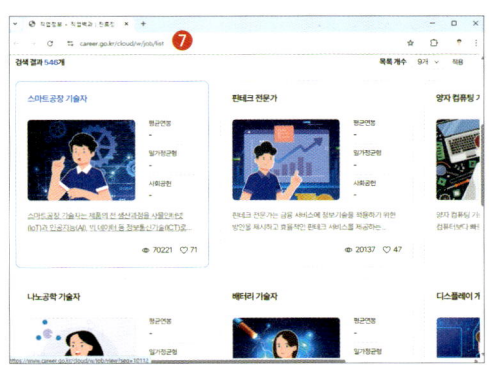

03 실습 문서(03-3_실습_4.HWP) ❶ 1쪽 '평가 계획'을 블럭설정한 후 ❷ 한글 메뉴의 [입력] - ❸ [책갈피]를 선택합니다.

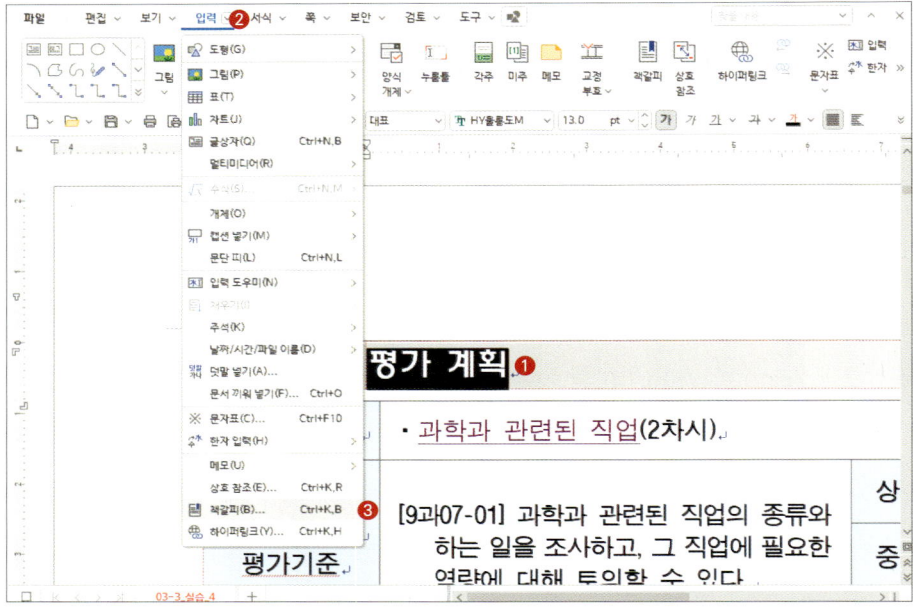

04 ❹ [책갈피 이름]에 '평가 계획'을 입력하고 ❺ [넣기] 버튼을 선택합니다.

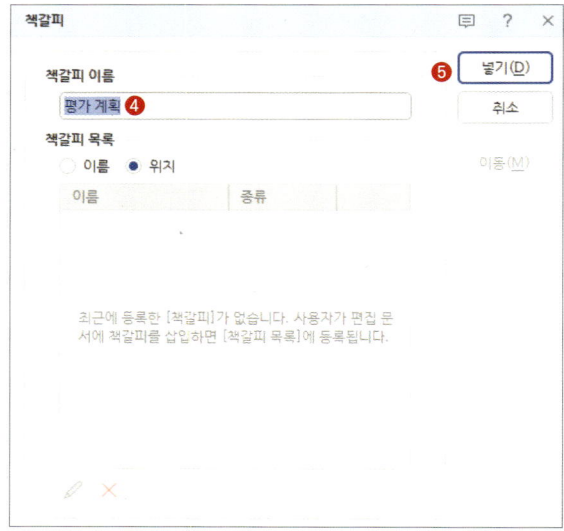

05 실습 문서의 가장 첫 페이지인 목차로 이동한 후 ❻ 평가 계획을 블록설정 합니다. 이후 ❼ 한글 메뉴의 [입력] - ❽ [하이퍼링크] - ❾ [훈글 문서] 탭에서 ❿ '평가 계획'을 선택한 다음 ⓫ [넣기]를 누릅니다.

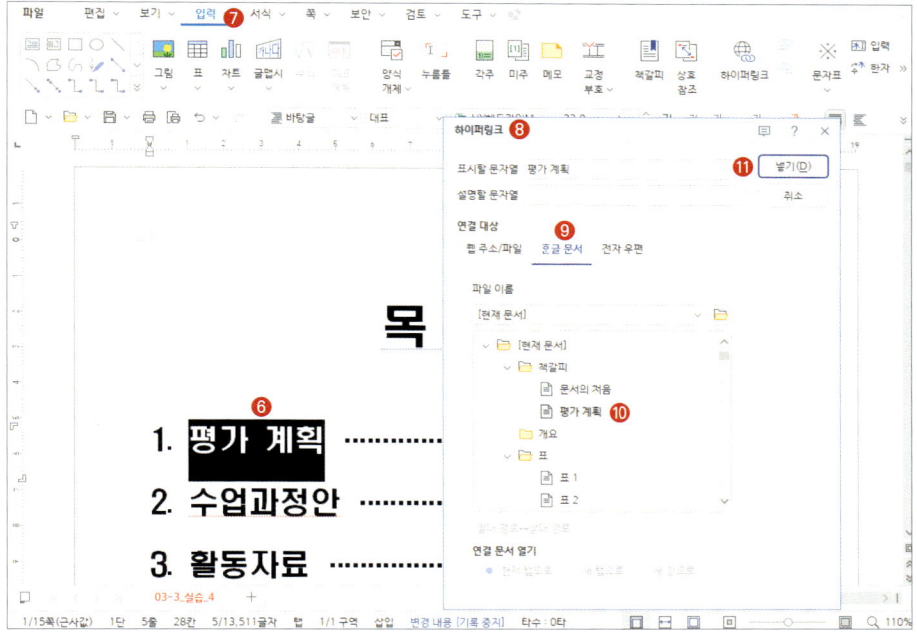

06 ⓬ 목차의 [평가 계획]을 마우스로 클릭하면, ⓭ '평가 계획'이 있는 페이지로 이동하는 것을 확인할 수 있습니다.

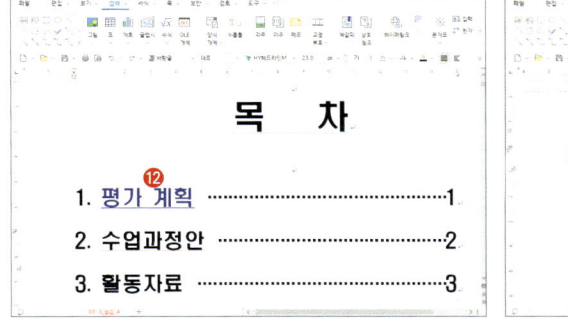
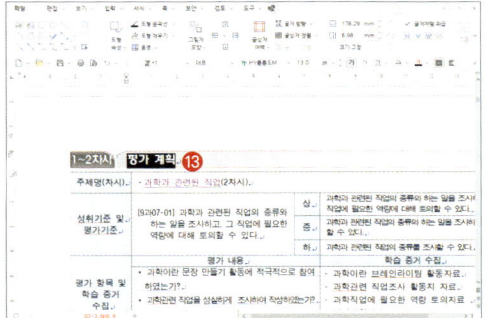

보고서 깔끔하게 완성하기

이 장에서는 한글의 기능을 활용하여 보고서를 깔끔하게 완성하는 방법을 살펴보겠습니다. 선생님은 한글에서 그림을 효과적으로 편집하는 요령을 습득할 수 있습니다. 그리고 복잡한 문서를 손쉽게 정리하는 방법을 체험하며 여러 사람들이 작업한 문서를 하나의 파일로 합치는 과정을 효율적으로 수행할 수 있습니다. 마지막으로 표를 편집하여 회의 자료를 만드는 과정과 여러 개의 파일을 하나의 문서로 완성하는 실습과제를 통해 보고서 편집의 전반적인 주요 기능을 활용할 수 있습니다.

1 효과적인 한컴오피스 그림 편집

선생님께서는 한글을 활용하여 업무나 교육활동에 필요한 자료를 제작할 때 다양한 그림 파일을 문서에 삽입하곤 합니다. 이때 그림의 크기를 조절하거나 혹은 그림에 간단한 효과를 넣는 등의 작업은 다른 소프트웨어 없이도 한글 문서 내에서 얼마든지 손쉽게 진행할 수 있습니다. 또한 문서에 삽입된 그림의 용량을 줄이는 과정도 한글 문서 내에서 간편하게 수행할 수 있습니다. 그리고 본인의 서명 이미지를 한글 문서에 삽입하는 요령을 익히면 작업 효율을 높일 수 있을 것입니다.

여러 개의 그림 한 번에 편집하기

한글 문서에 삽입된 여러 개의 그림을 동시에 선택하여 한 번에 편집하는 방법에 대해 알아보겠습니다.

실습 파일: 04-1_실습_1.HWP   **완성 파일**: 04-1_완성_1.HWP

01 실습 문서(04-1_실습_1.HWP) 3쪽 표의 ❶ 첫 번째 줄에 있는 활동 사진을 마우스로 선택합니다. 이어서 [Shift]를 누른 상태에서 ❷ 두 번째 사진 - ❸ 세 번째 사진 - ❹ 네 번째 사진을 마우스로 선택합니다.

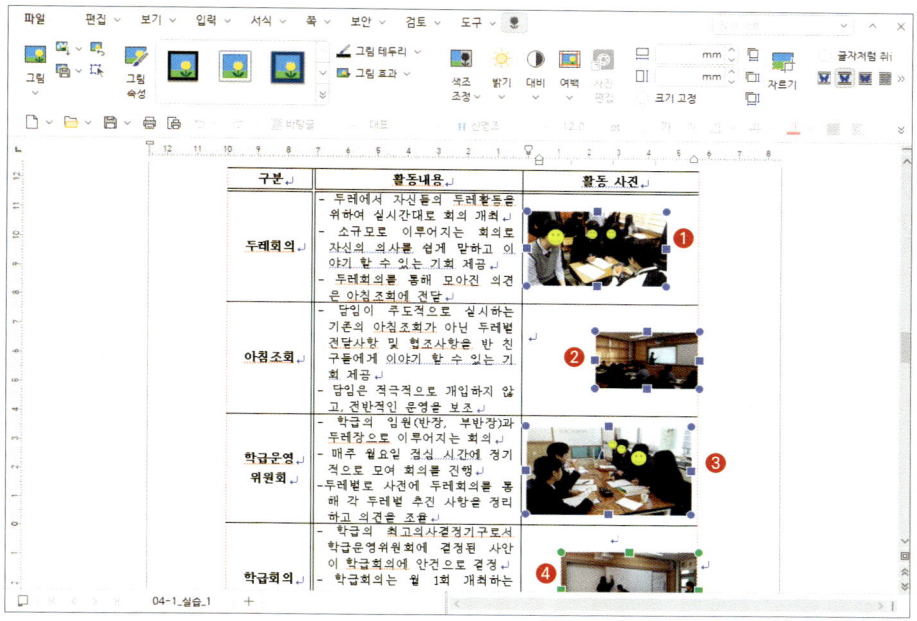

02 ❺ 첫 번째 사진을 마우스로 더블 클릭하면 [개체 속성] 글상자가 나타납니다. ❻ [글자처럼 취급] - ❼ [설정] 버튼을 누르면 4장의 사진 속성이 동시에 변합니다.

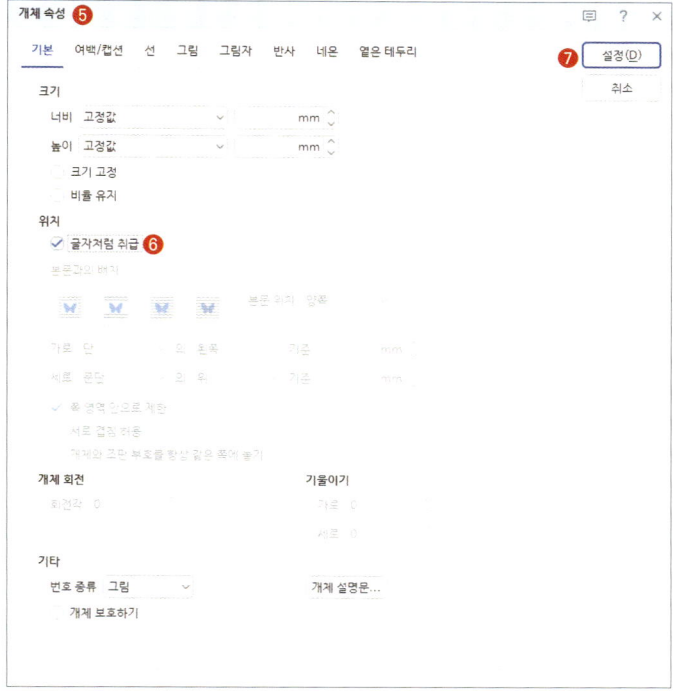

03 ❽ 4장의 사진을 모두 선택한 상태에서 마우스를 더블 클릭한 후 개체속성의 [네온] 탭에서 ❾ 셋째줄 두 번째 칸의 네온을 선택하고 ❿ 설정을 누릅니다. ⓫ 4장 사진 모두 네온 효과가 적용된 것을 확인할 수 있습니다.

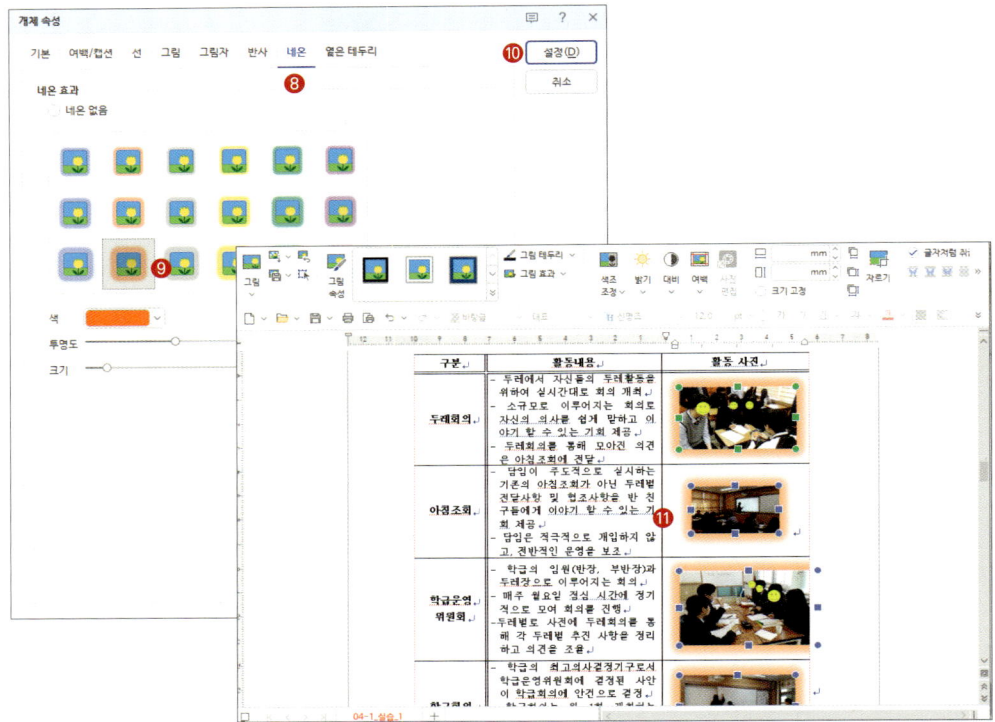

여러 개의 그림 크기 한 번에 조절하기

한글 문서에 삽입되어 있는 여러개의 그림을 표의 셀에 꽉 채우는 과정에 대해 알아보겠습니다.

실습 파일: 04-1_실습_2.HWP   **완성 파일:** 04-1_완성_1.HWP

01 실습 문서(04-1_실습_2.HWP) 3쪽 표의 ❶ 첫 번째 줄에 있는 활동 사진을 마우스로 선택합니다. 이어서 Shift 를 누른 상태에서 ❷ 두 번째 사진 - ❸ 세 번째 사진 - ❹ 네 번째 사진을 마우스로 선택합니다.

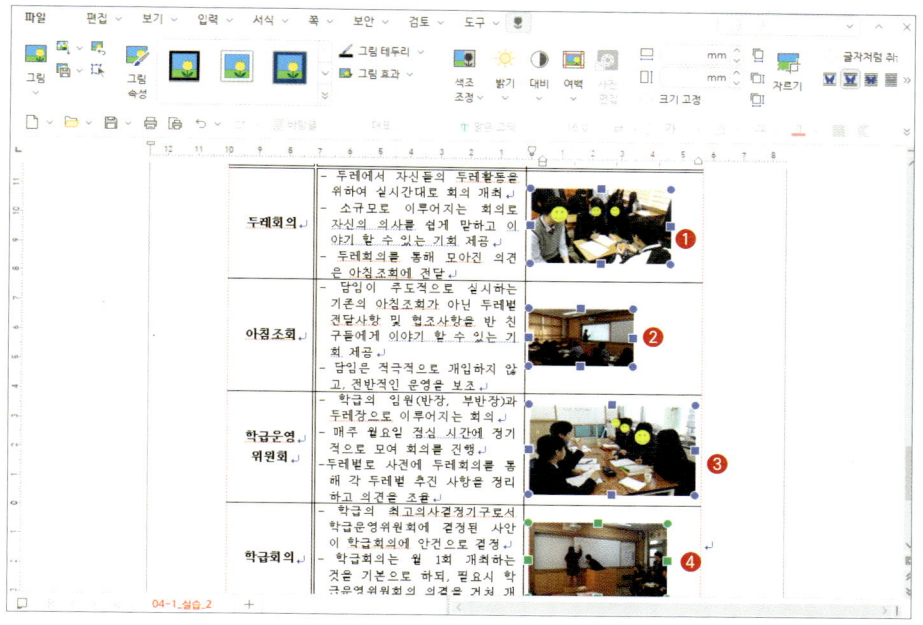

02 ❺ 첫 번째 사진을 마우스로 더블 클릭한 후 ❻ [글자처럼 취급] - ❼ [설정] 버튼을 누릅니다.

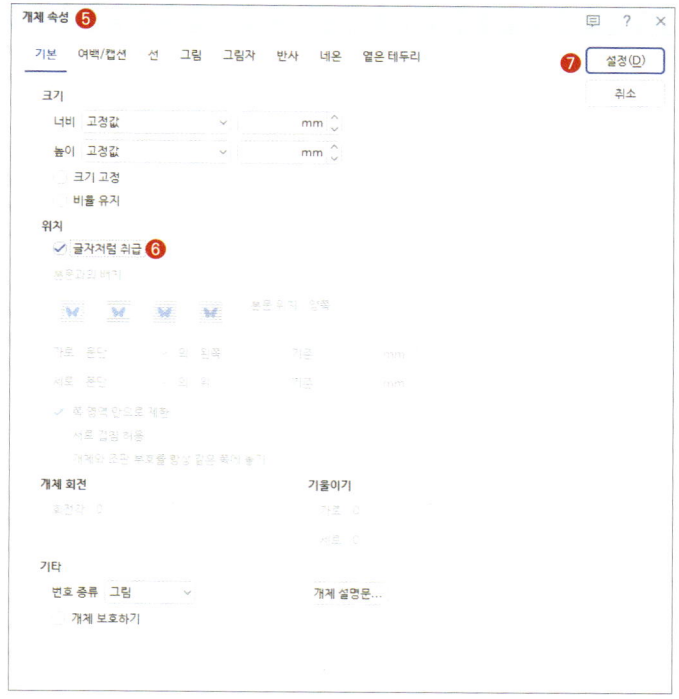

Chapter 4 보고서 깔끔하게 완성하기 **197**

03 ❶ 사진이 들어있는 네 개의 셀을 마우스로 드래그하여 블럭 설정을 하고 ❷ P 를 누릅니다.

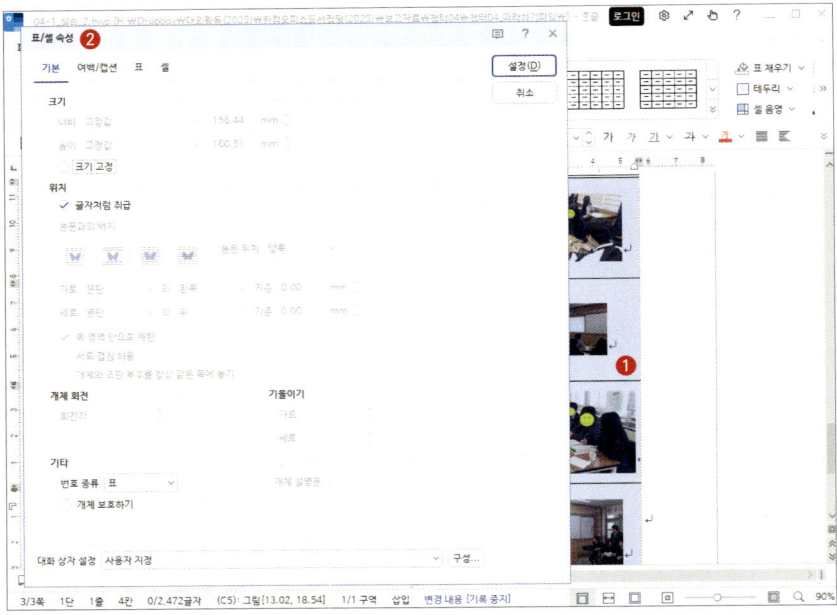

04 '표/셀 속성' 글상자의 네 번째 탭인 ❸ [셀]을 선택 - ❹ [안 여백 지정] 체크 - ❺ 왼쪽, 오른쪽, 위쪽, 아래쪽 모두 0 입력 후 ❻ [설정] 버튼을 누릅니다.

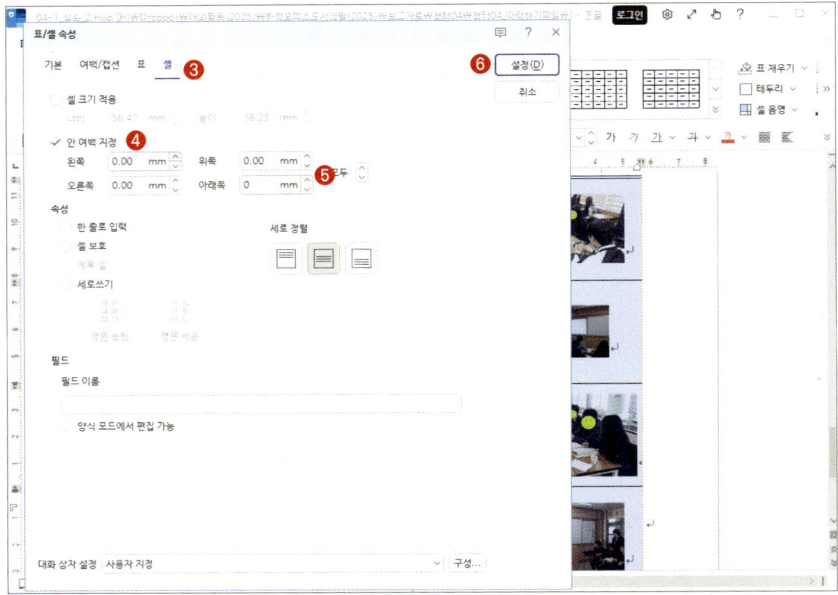

> **한쌤의 TIP** 표를 만들면 기본적으로 각각의 셀마다 안쪽에 여백이 자동으로 생성됩니다. 따라서 그림을 셀 안에 꽉 채우고 싶은 경우에는 셀의 안 여백을 모두 0으로 입력해야 합니다.

05 ❶ 가장 위쪽에 있는 그림을 마우스로 선택 후 드래그하여 셀 크기와 동일하게 확대합니다.

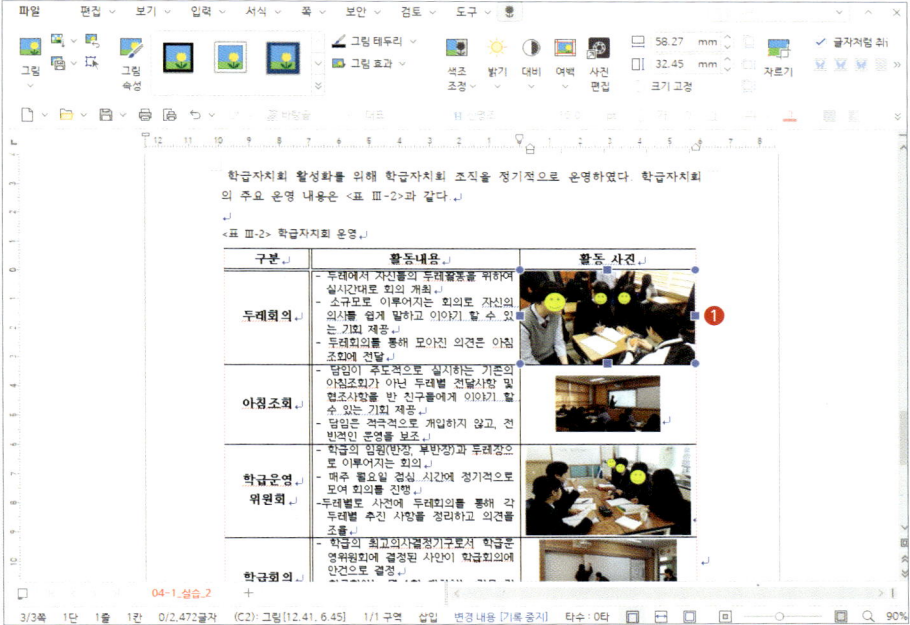

06 ❷ 확대한 그림을 선택한 채 Shift + Alt + C 를 누릅니다. '개체 모양 복사' 글상자의 [공통 모양 복사]에서 ❸ '개체 크기'를 체크한 후 ❹ [복사] 버튼을 누릅니다.

Chapter 4 보고서 깔끔하게 완성하기 **199**

07 ❺ Shift 키를 누른 상태에서 아래 3장의 그림을 하나씩 차례대로 마우스로 선택합니다.

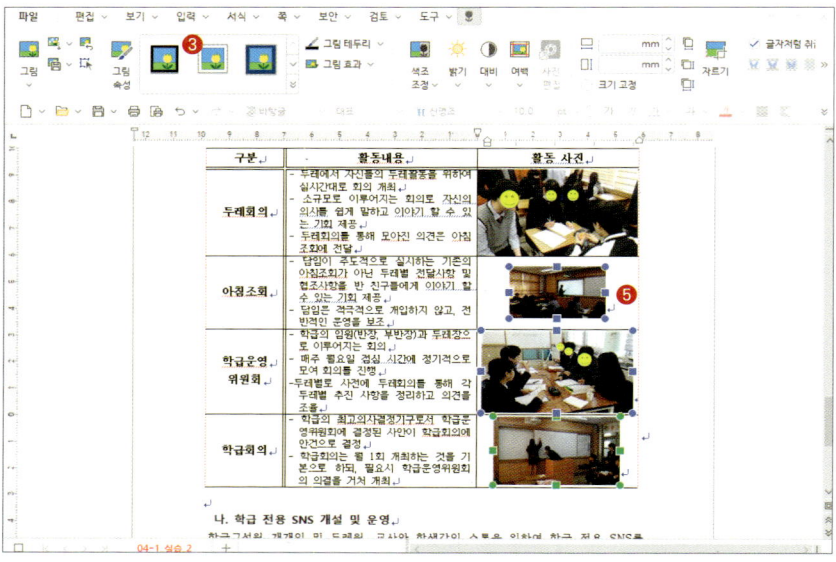

08 ❻ Shift + Alt + V 를 누르면 그림의 크기가 복사한 그림의 크기와 같아지는 것을 확인할 수 있습니다.

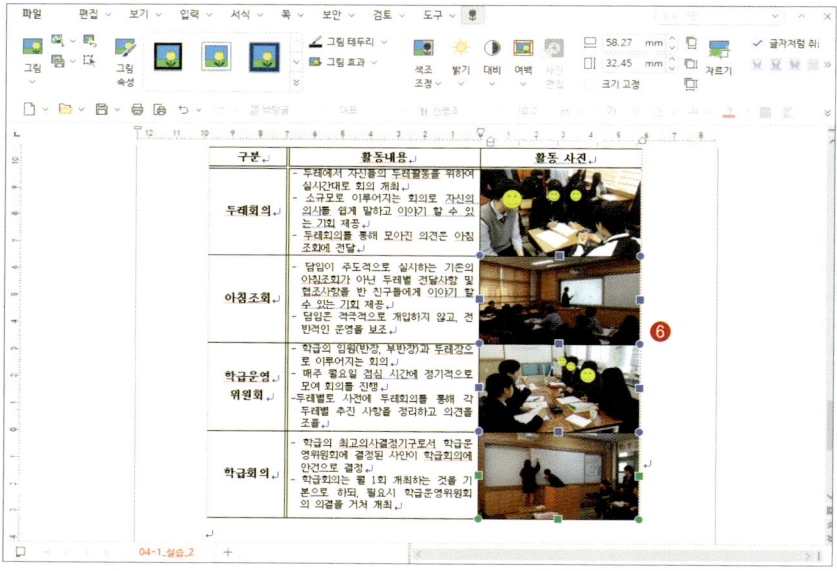

그림에 다양한 효과 넣기

한글 문서에 삽입되어 있는 그림에 넣을 수 있는 효과를 알아보겠습니다.

실습 파일: 04-1_실습_3.HWP   완성 파일: 04-1_완성_3.HWP

01 실습 문서(04-1_실습_3.HWP) 1쪽 표의 ❶ 첫 번째 줄에 있는 그림을 마우스로 더블 클릭합니다. 개체 속성 글상자에서 [그림 효과]의 ❷ 회색조를 선택하고 ❸ [설정]을 누릅니다.

02 ❹ 첫 번째 그림을 마우스로 드래그하며 셀 안의 크기만큼 확대한 후 ❺ Shift + Alt + C 를 누릅니다. '개체 모양 복사' 글상자에서 ❻ [개체 크기] 체크 - ❼ [그림 효과] 체크 - ❽ [복사] 버튼을 누릅니다.

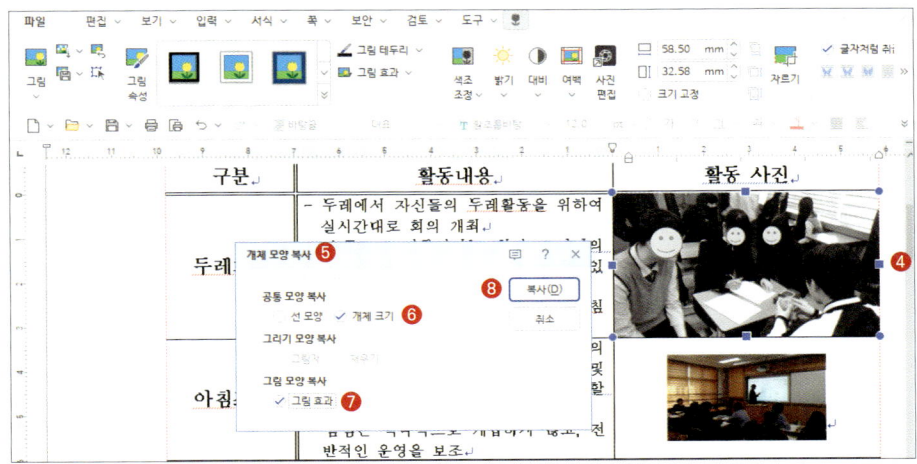

Chapter 4 보고서 깔끔하게 완성하기 **201**

03 ❾ Shift 키를 누른 상태에서 아래 3장의 그림을 하나씩 차례대로 마우스로 선택합니다.

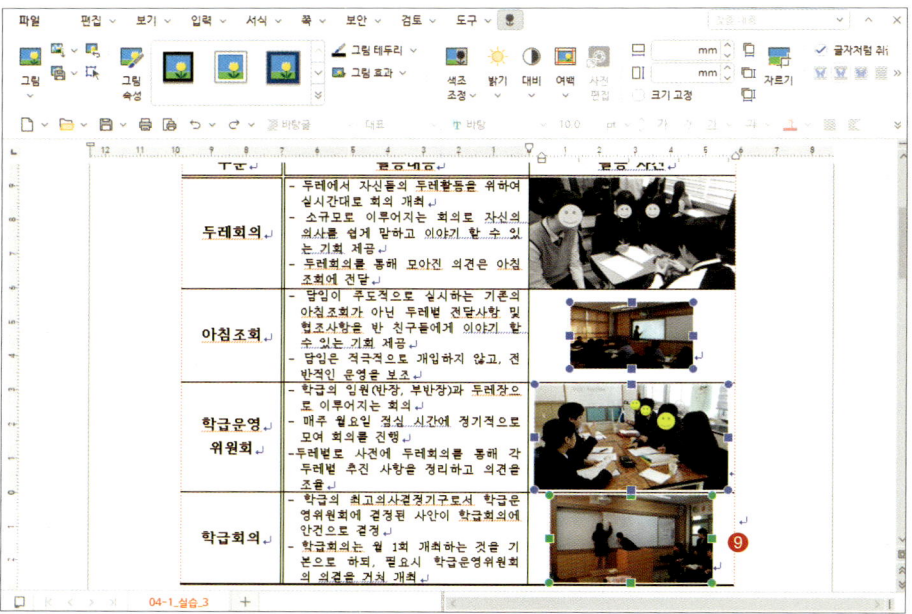

04 ❿ Shift + Alt + V 를 눌러 후 그림의 효과가 적용된 것을 확인합니다.

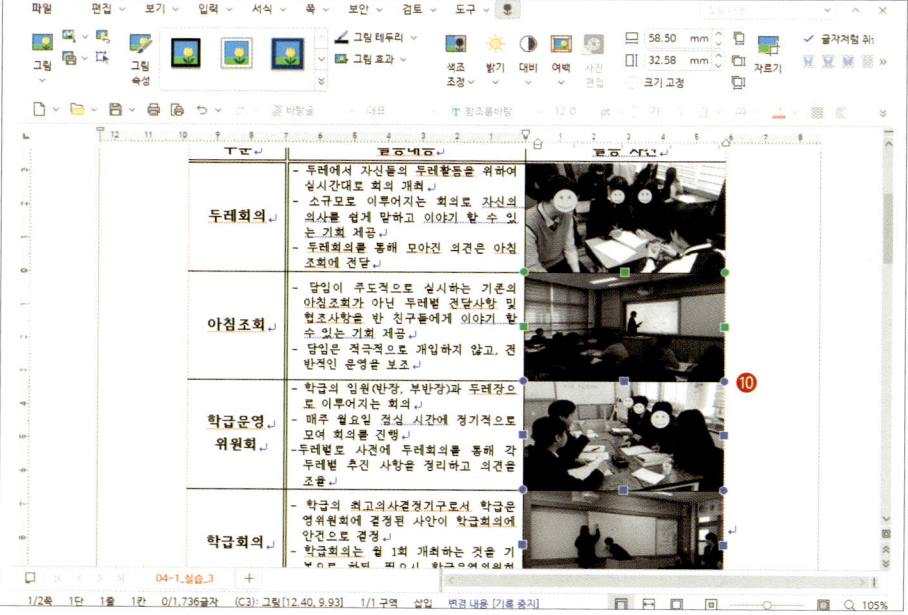

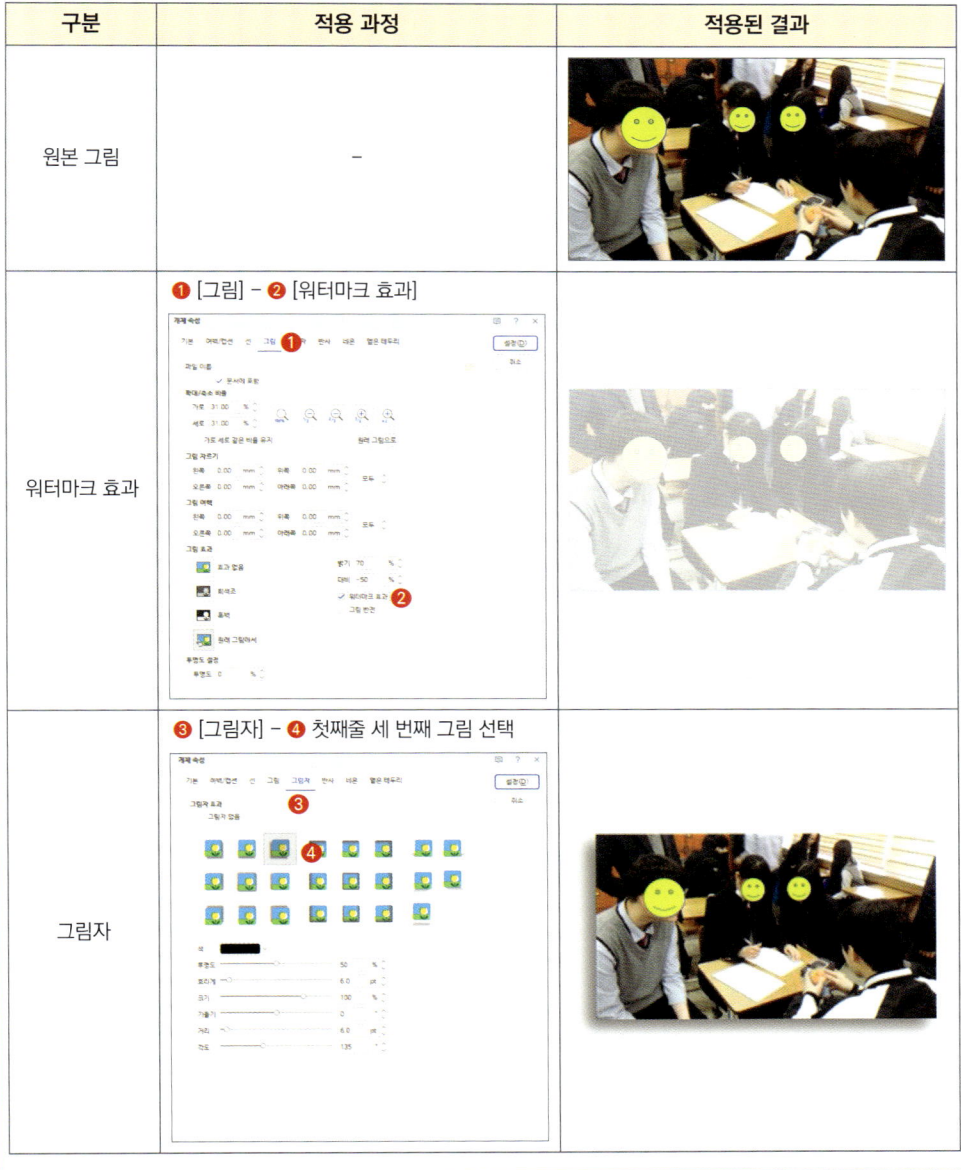

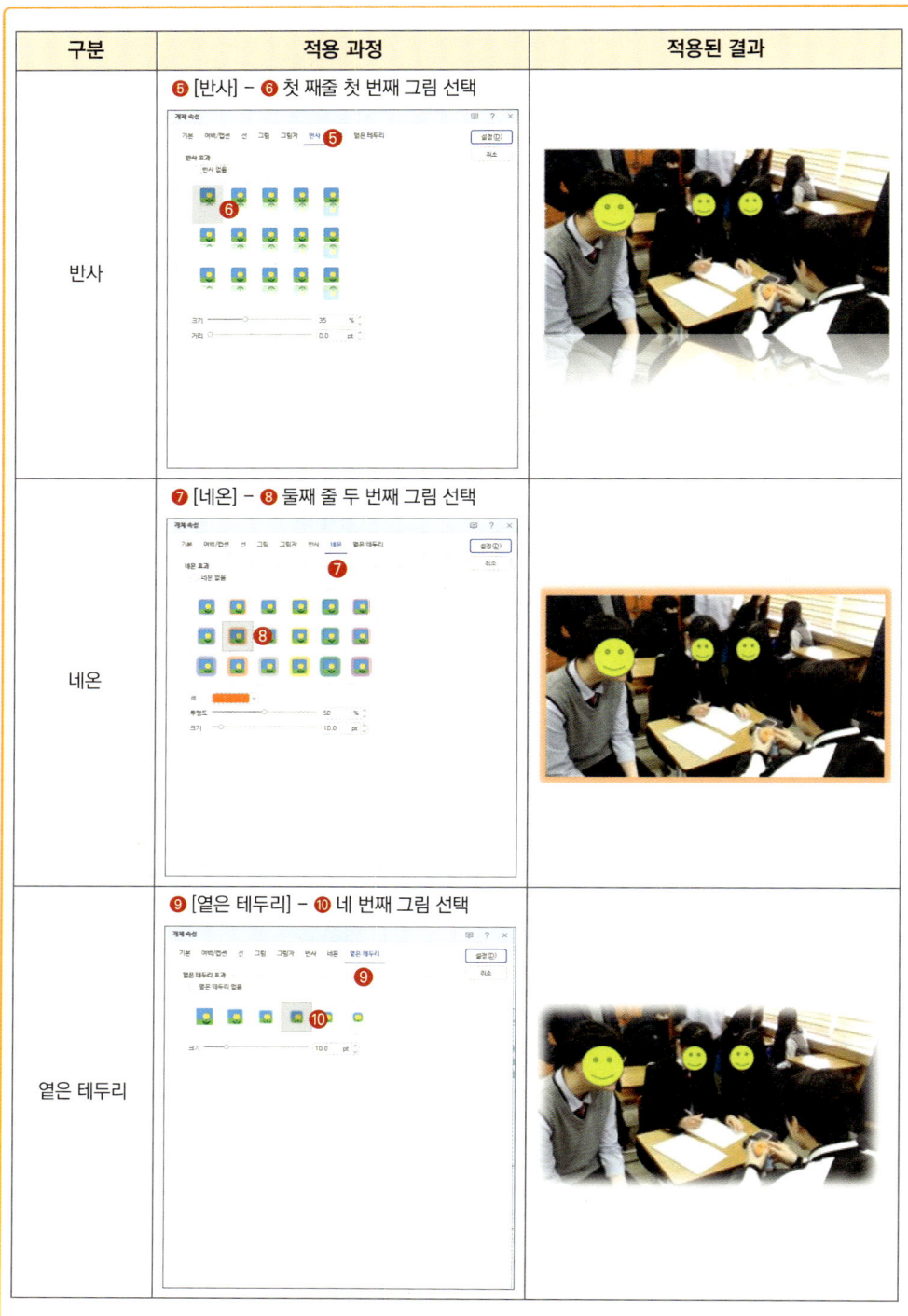

간편하게 그림 자르기

한글 문서에 삽입되어 있는 그림을 자르는 방법을 알아보겠습니다.

실습 파일: 04-1_실습_4.HWP   **완성 파일:** 04-1_완성_4.HWP

01 실습 문서(04-1_실습_4.HWP) 1쪽 표의 ❶ 왼쪽 칸에 있는 그림을 마우스로 클릭합니다. Shift 키를 누른 상태에서 그림의 ❷ 왼쪽 변 중앙 부분을 그림 안의 흰색 책장이 닿는 부분까지 마우스로 드래그합니다.

02 Shift 키를 누른 상태에서 ❸ 오른쪽 변 중앙부분을 노란색 책장까지 드래그 - ❹ 위쪽 변 중앙부분을 책장 윗 부분까지 드래그 - ❺ 아래쪽 변 중앙부분을 책장 아랫 부분까지 드래그합니다.

03 ❻ 책장 사진을 셀 안의 크기와 맞게 마우스로 드래그하여 확대합니다.

04 실습 문서(04-1_실습_4.HWP) 1쪽 표의 ❶ 오른쪽 칸에 커서를 위치시킨 후 F5 키를 눌러 블럭을 설정합니다. ❷ 셀에 블럭이 설정된 상태에서 S 키를 누릅니다. ❸ [줄/칸 나누기] 탭에서 칸 개수 2개를 설정한 다음 체크한 후 ❹ 나누기 버튼을 누릅니다.

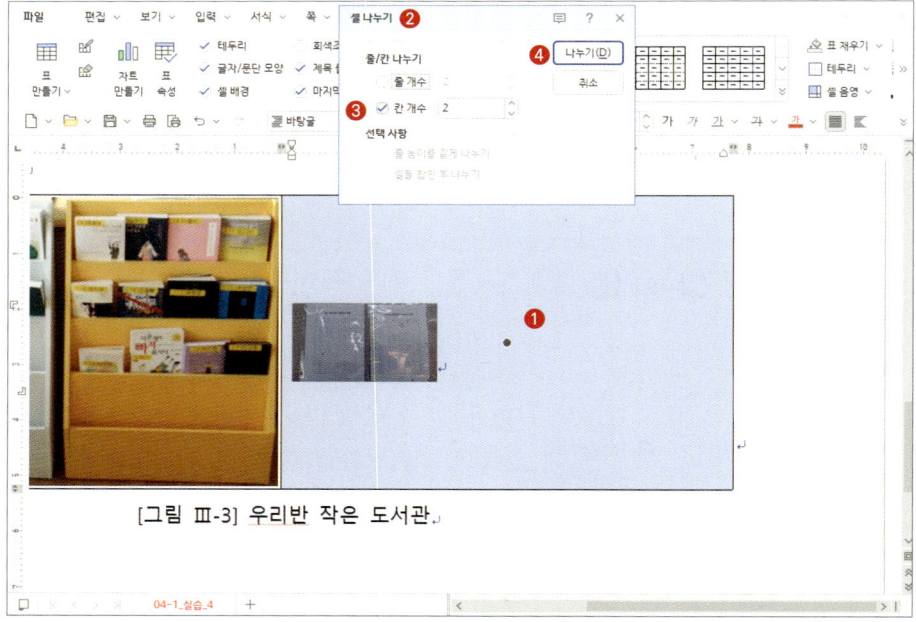

05 표의 가운데 칸 안에 있는 그림을 마우스로 선택한 후 ❺ Ctrl + C 를 눌러 복사합니다. 오른쪽 칸에 커서를 위치시킨 후 ❻ Ctrl + V 를 눌러 그림을 붙여 넣습니다.

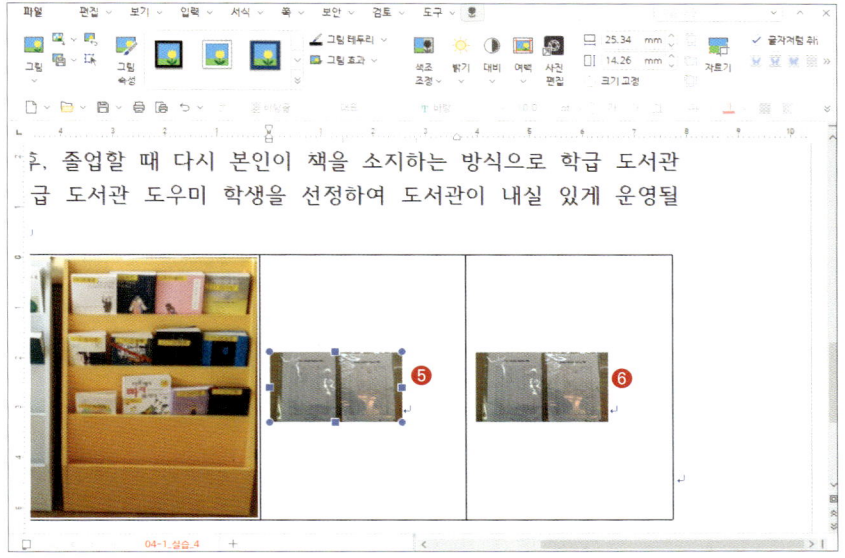

06 표의 가운데 칸에 있는 그림을 마우스로 선택한 후 Shift 키를 누른 상태에서 ❼ 왼쪽 변 중앙 부분을 흰 종이가 있는 부분까지 드래그 ❽ 오른쪽 변 중앙 부분을 그림의 왼쪽 흰 종이가 있는 부분까지 드래그 합니다.

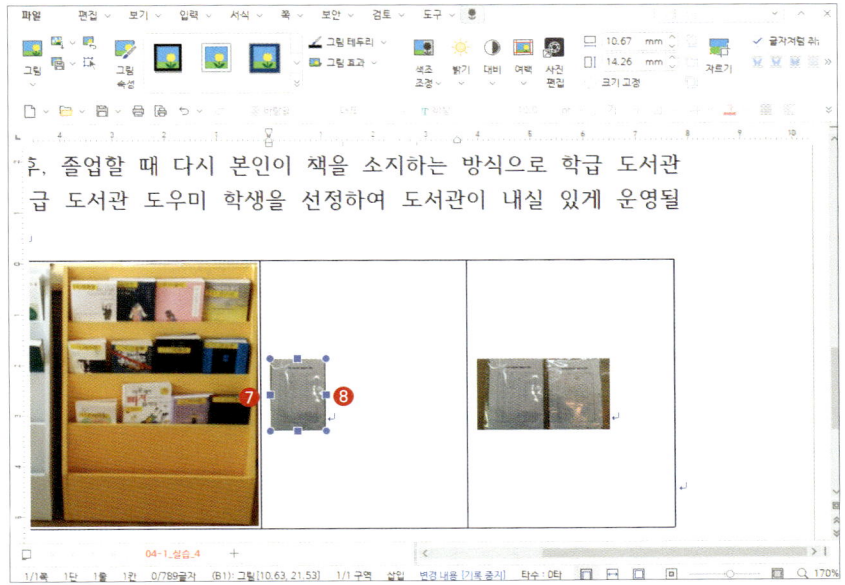

Chapter 4 보고서 깔끔하게 완성하기

07 ❾ 가운데 칸의 그림을 셀 크기와 비슷하게 마우스로 드래그하여 확대합니다.

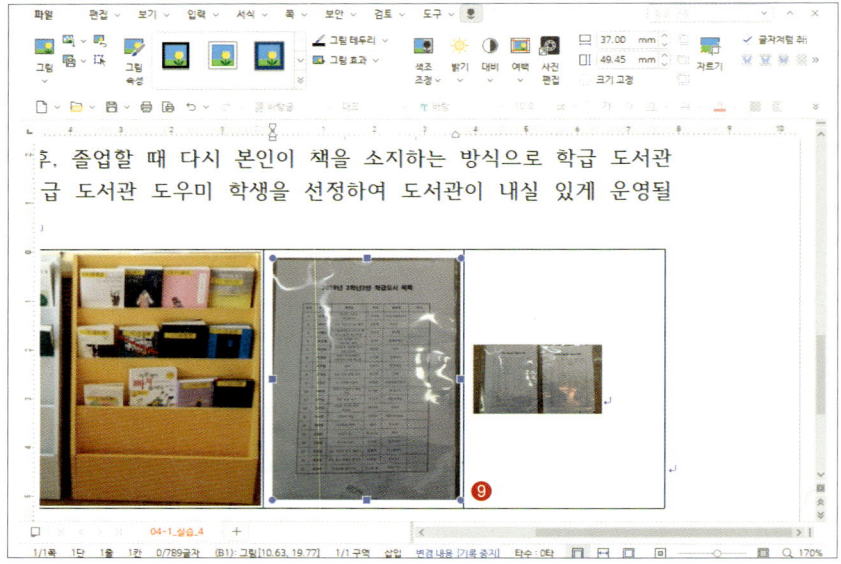

08 맨 오른쪽 칸에 있는 그림을 마우스로 선택한 후 Shift 키를 누른 상태에서 ❶ 왼쪽 변 중앙 부분을 그림의 오른쪽 흰 종이가 있는 부분까지 드래그 ❷오른쪽 변 중앙 부분을 그림의 오른쪽 흰 종이가 있는 부분까지 드래그 합니다.

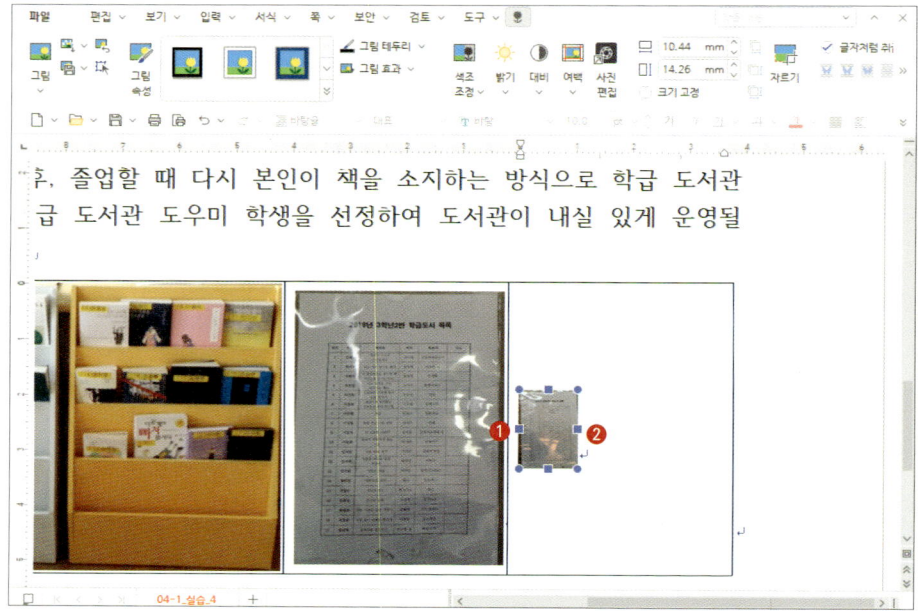

09 ❸ 오른쪽 칸의 그림을 셀 크기와 비슷하게 마우스로 드래그하여 확대합니다.

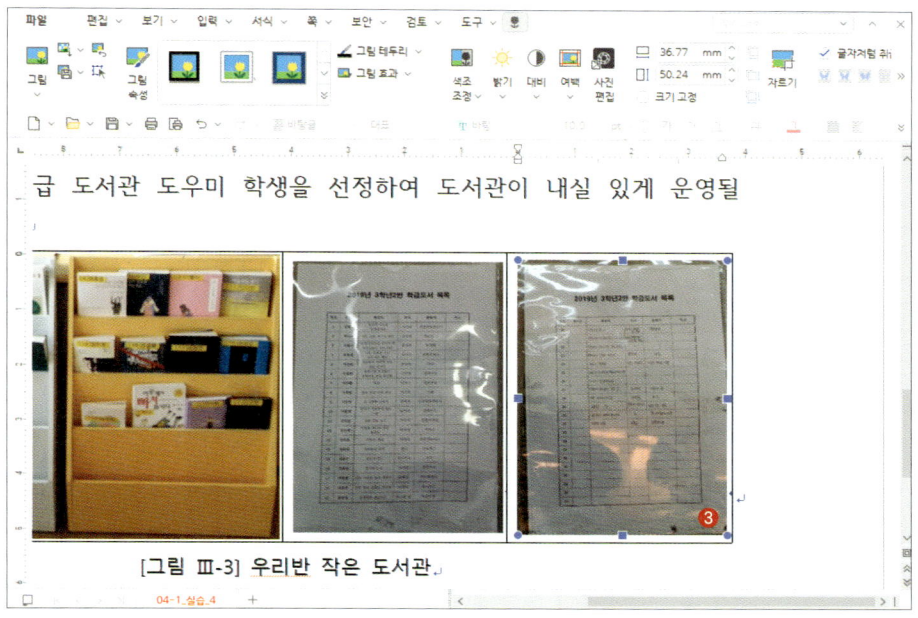

10 ❹ 맨 오른쪽 칸에 있는 그림을 마우스로 선택 - ❺ Shift + Alt + C - ❻ [개체 크기] 체크 - ❼ [복사] 버튼을 누릅니다.

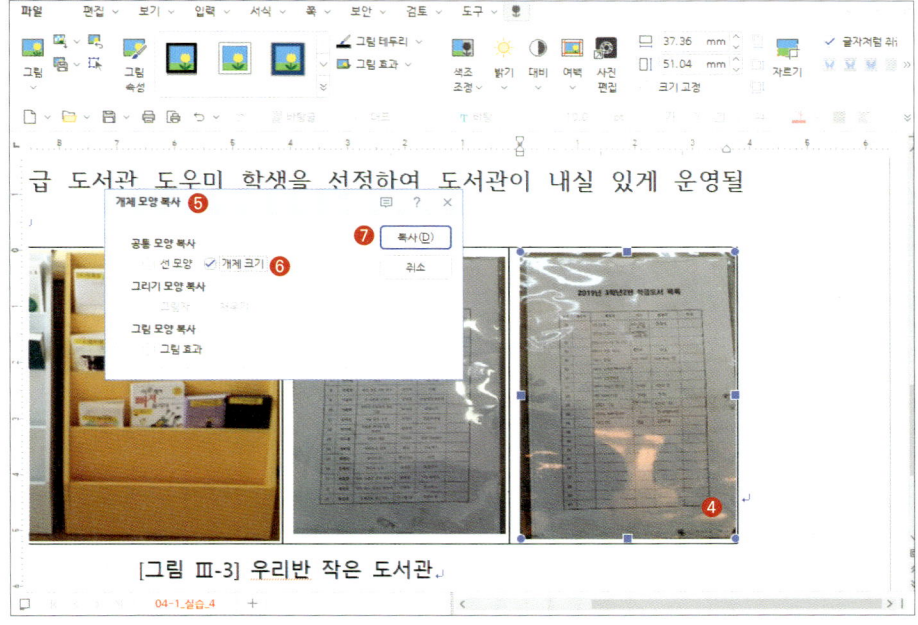

Chapter 4 보고서 깔끔하게 완성하기 209

11 ❽ 가운데 그림 마우스로 선택 - ❾ Shift + Alt + V 누르면 두 번째와 세 번째 칸의 그림 크기가 같아지는 것을 확인할 수 있습니다.

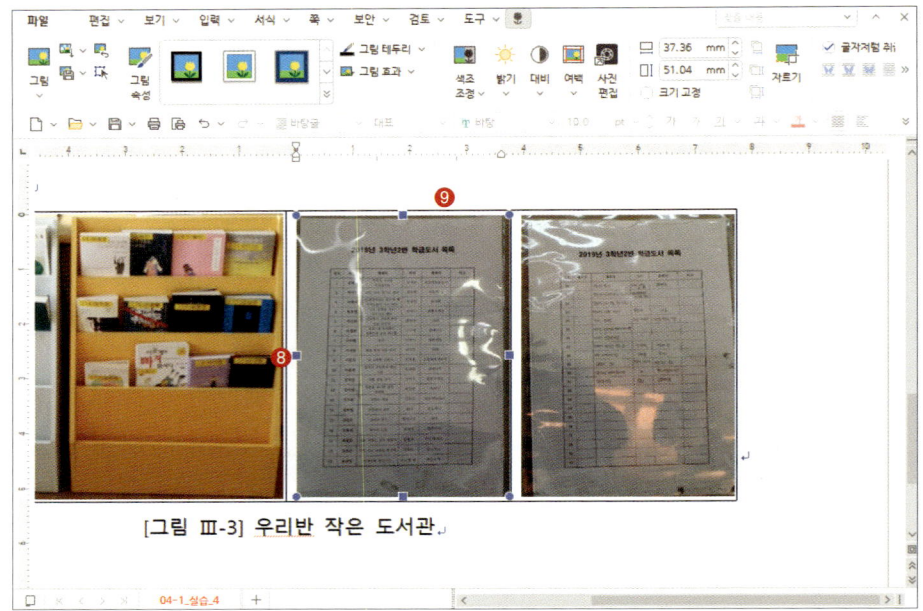

[그림 Ⅲ-3] 우리반 작은 도서관.

> **한쌤의 TIP** 한글 문서상에서 그림을 자른 경우, 그림에서 잘라진 부분은 삭제된 것이 아니기에 복구가 가능합니다. 잘라진 그림을 마우스로 선택한 상태에서 Shift 키를 누른 후 그림의 상하좌우 변의 중앙부분부터 바깥 방향으로 드래그하면 그림에서 잘라진 부분을 복구할 수 있습니다.

손쉽게 그림 용량 줄이기

한글 문서에 그림의 용량을 간편하게 줄이는 방법에 대해 알아보겠습니다.

실습 파일: 04-1_실습_5.HWP   **완성 파일:** 04-1_완성_5.HWP

01 실습 문서(04-1_실습_5.HWP) ❶ 표의 네 번째 줄에 있는 첫 번째 그림을 선택합니다. 그림을 선택한 상태에서 위 메뉴 왼쪽 상단 두 번째 탭의 ❷ [용량 줄이기 설정]을 누릅니다.

02 용량 줄이기 설정 창에서 ❸ [저장할 때 모든 그림에 적용] 체크 - ❹ [삽입한 그림 크기에 맞춰 줄이기] 체크 - ❺ [확인] 버튼을 누릅니다.

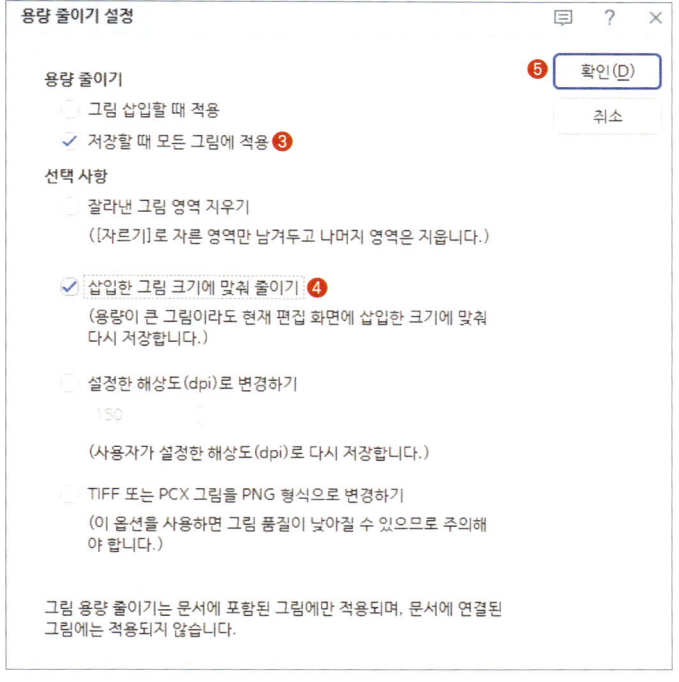

Chapter 4 보고서 깔끔하게 완성하기 **211**

03 ❻ 한글 메뉴 [파일] - ❼ [다른 이름으로 저장하기] 선택합니다.

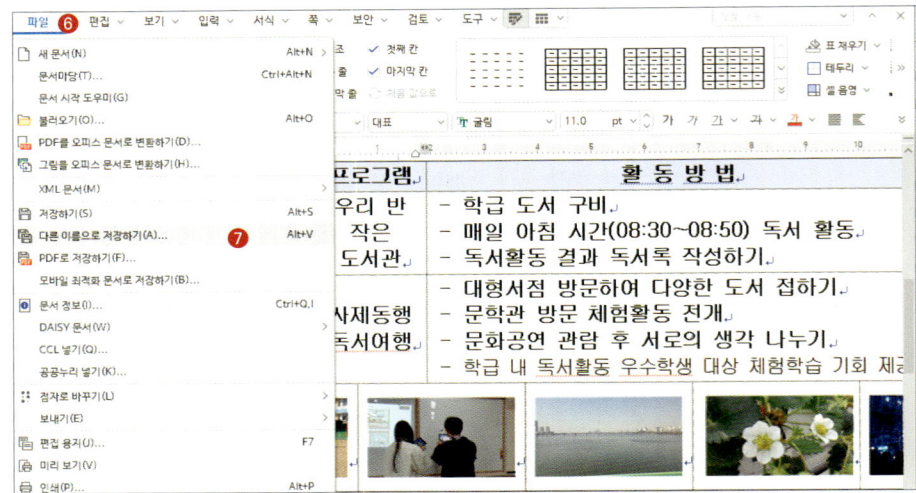

04 ❽ 내 컴퓨터의 문서 폴더에 '그림 용량 줄임'으로 파일 이름 작성 후 ❾ [저장] 버튼을 선택합니다.

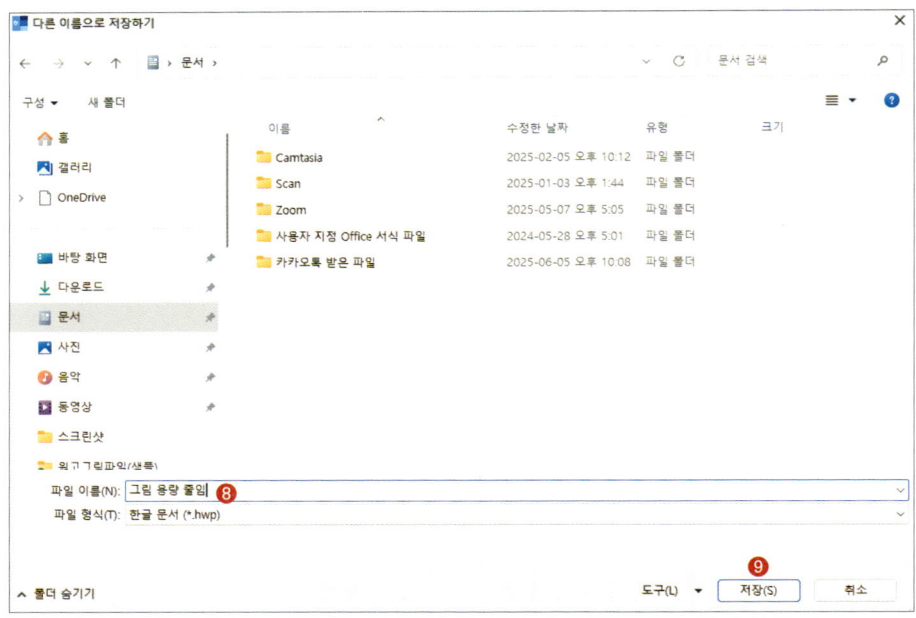

한쌤의 TIP 삽입한 그림 크기에 맞춰 줄이기를 했음에도 원하는 만큼 용량이 줄어들지 않는 경우 '설정한 해상도 변경하기'를 활용할 수 있습니다. 해상도를 낮출수록 파일의 용량은 줄어듭니다. 하지만 해상도가 낮아질수록 그림 파일의 화질 또한 낮아지니 이 부분을 고려하면 좋습니다.

서명 이미지 삽입하기

한글 문서에 서명 이미지를 간편하게 삽입하는 방법에 대해 알아보겠습니다.

실습 파일: 04-1_실습_6.HWP   **완성 파일**: 04-1_완성_6.HWP

01 실습 문서(04-1_실습_6.HWP) ❶ 2쪽의 그림을 마우스로 선택합니다.

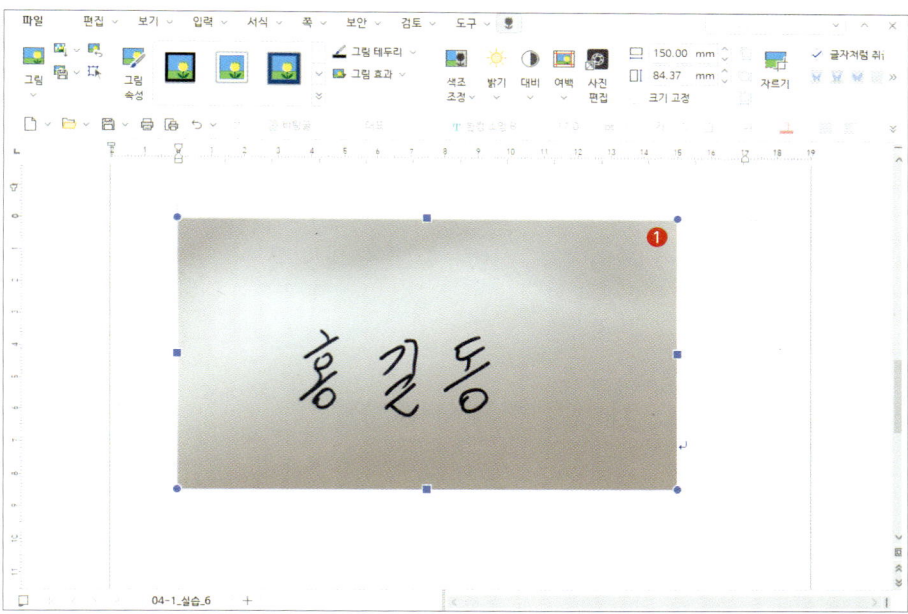

02 ❷ Shift 키를 누른 상태에서 그림의 왼쪽 변 중앙 부분을 '홍'자 옆까지 드래그 - ❸ 그림의 오른쪽 변 중앙 부분을 '동'자 옆까지 드래그 - ❹ 그림의 윗쪽 변 중앙 부분을 '길'자 위까지 드래그 - ❺ 그림의 아랫쪽 변 중앙 부분을 '길'자 아랫쪽까지 드래그하며 그림을 잘라줍니다.

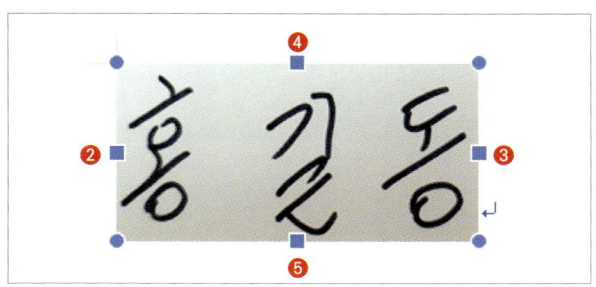

03 ❻ 그림을 선택한 상태에서 [사진 편집]을 누릅니다.

04 ❼ 윗 부분 메뉴에서 [투명 효과] 선택 - ❽ 글자 외 여백부분 마우스로 선택 - ❾ [적용] 버튼을 누릅니다.

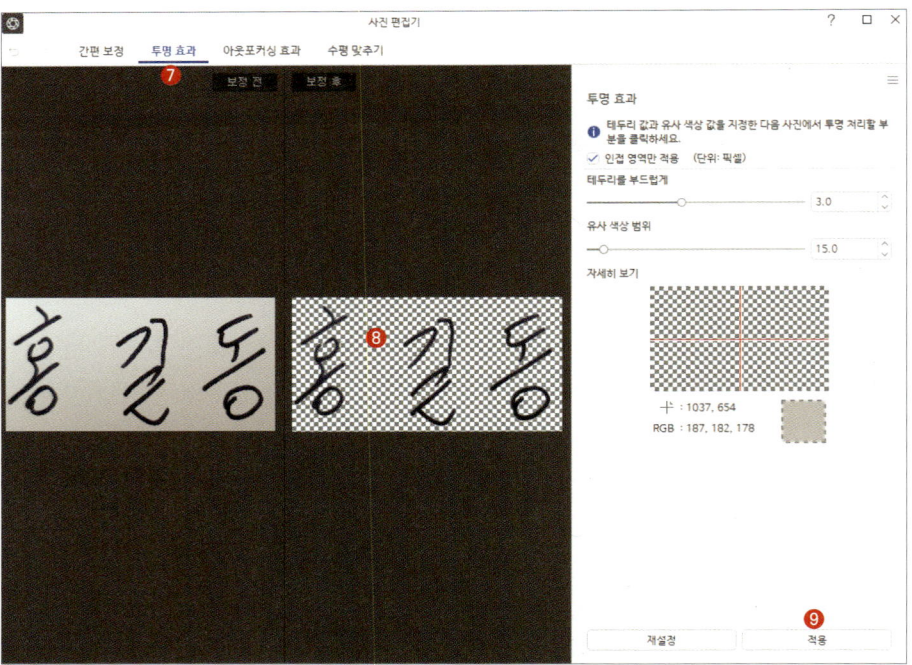

05 배경이 투명하게 된 홍길동 서명 ❶ 이미지를 마우스로 클릭 후 더블클릭하여 개체 속성 창을 엽니다. ❷ 너비에 21.51 입력 - ❸ 높이에 10.90을 입력 후 ❹ [설정] 버튼을 누릅니다.

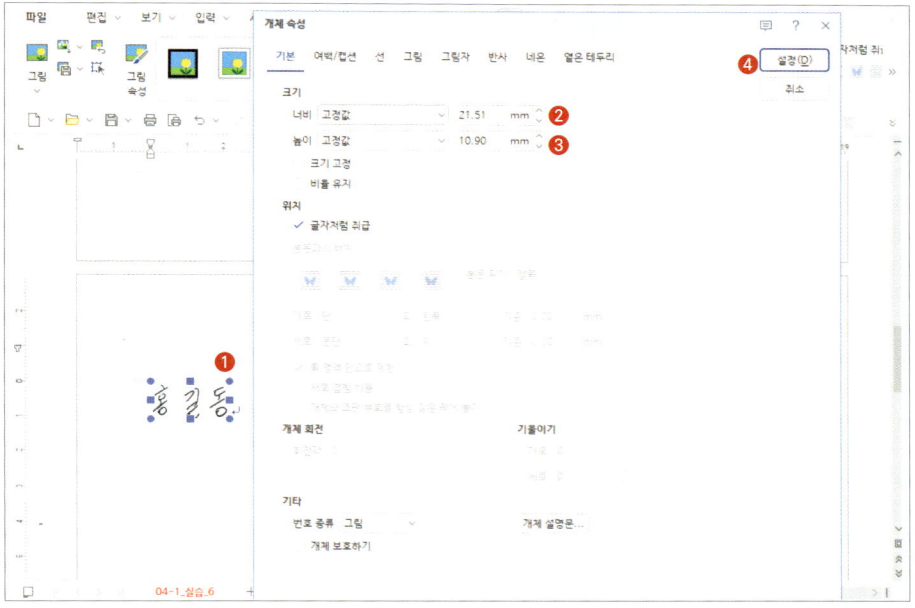

06 ❺ 홍길동 서명 이미지를 마우스로 선택한 후 ❻ Alt + I 를 입력합니다. ❼ 준말에 '홍'을 입력하고 ❽ 설명에는 '홍길동 서명'이라고 입력한 후 ❾ [설정]을 누릅니다.

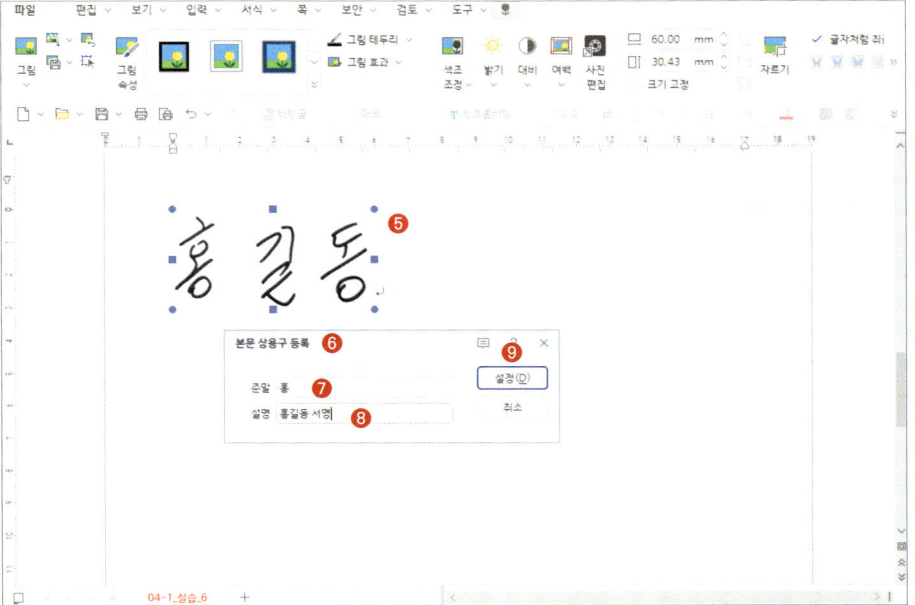

07 실습 문서(04-1_실습_6.HWP) 1쪽 표 안의 서명란에 ❶'홍'을 입력한 후 ❷ Alt + I 를 누릅니다.

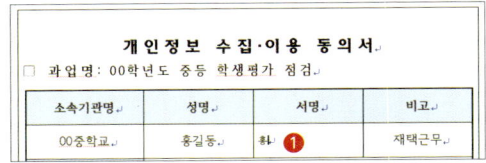 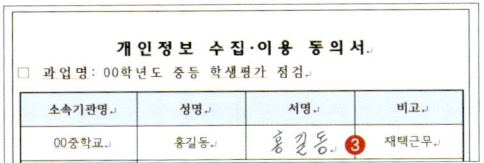

08 ❸ 홍길동 서명 옆에 커서를 둔 후 Ctrl + Shift + C 를 입력하여 가운데 정렬을 합니다.

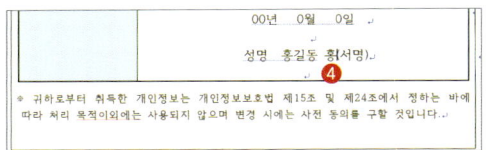

09 실습 문서(04-1_실습_6.HWP) 1쪽 아랫 부분 (서명) 왼쪽에 ❹'홍'을 입력한 후 ❺ Alt + I 를 누릅니다.

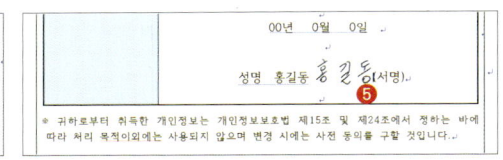

10 ❻ 홍길동 이미지를 마우스로 더블클릭하여 [개체 속성] 창을 연 다음 ❼ [글자처럼 취급] 체크 해제 - ❽ [본문과의 배치] 네 번째 이미지 선택 후 ❾ [설정] 버튼을 누릅니다.

11 ❿ 홍길동 이미지를 마우스로 선택한 상태에서 방향키를 이용하여 (서명) 위에 위치시킵니다.

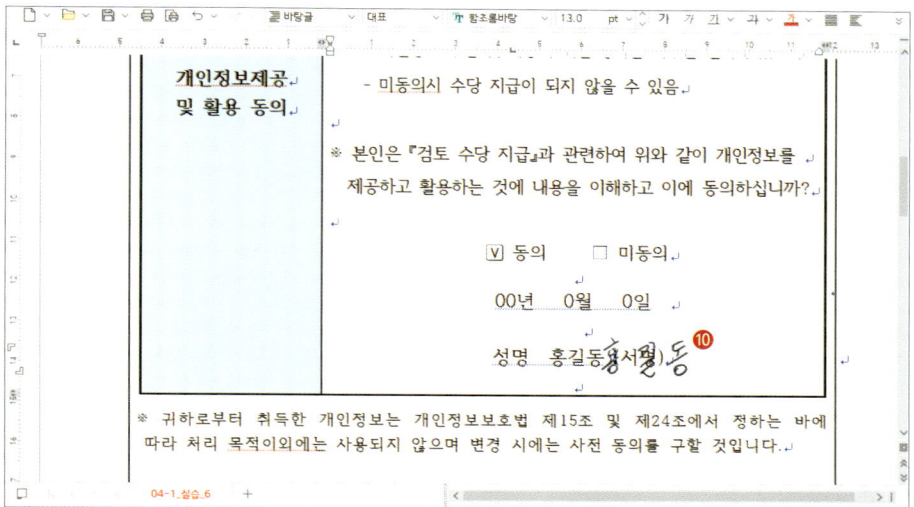

복잡한 문서 편집하기

선생님께서는 업무를 수행할 때 종종 여러 사람들이 작업한 문서를 하나의 파일로 정리하는 과정을 수행하곤 합니다. 이러한 작업을 할 때 조판 부호를 활용하여 문서를 편집하면 한결 수월하고 깔끔하게 작업을 진행할 수 있을 것입니다. 또한 목차 차례 점선 만들기 방법과 편집 화면 나누기 기능 등을 활용하면 문서 작업의 효율성을 높일 수 있을 것입니다.

쪽번호 올바르게 표시하기

한글 문서에 삽입된 쪽번호를 올바르게 편집하는 과정을 알아보겠습니다.

실습 파일: 04-2_실습_1.HWP   **완성 파일**: 04-2_완성_1.HWP

01 실습 문서(04-2_실습_1.HWP) 1쪽에 커서를 두고 ❶ 한글 메뉴 [보기] - ❷ [조판 부호]를 체크 합니다.

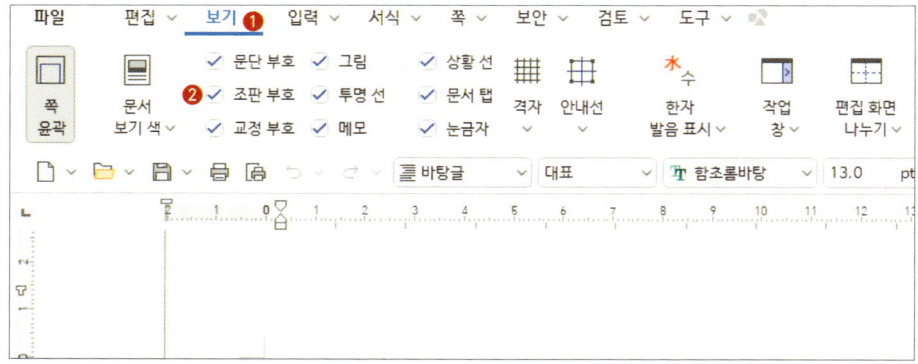

02 다음 쪽으로 이동한 후 Delete 키를 활용하여 제목 표 안에 있는 ❸ [새 쪽 번호] 삭제 후 ❹ [지움] 버튼을 누릅니다.

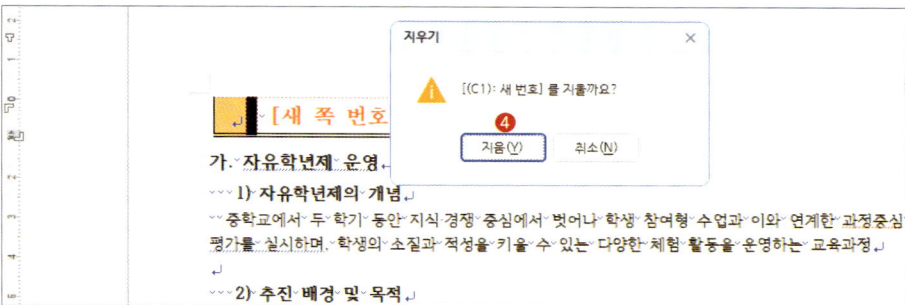

03 ❺ 제목 표 옆에 있는 [새 쪽 번호] 삭제 후 ❻ [지움]을 누릅니다.

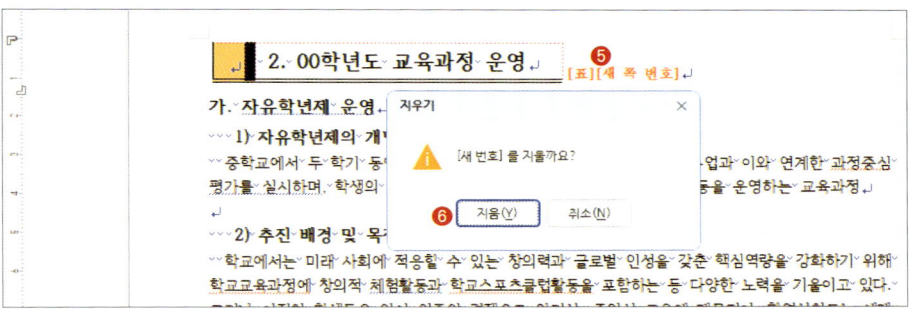

04 ❸~❻의 과정을 거치면 ❼의 쪽번호 '-4-'가 ❽의 쪽번호 '-2-'로 변경된 것을 확인할 수 있습니다.

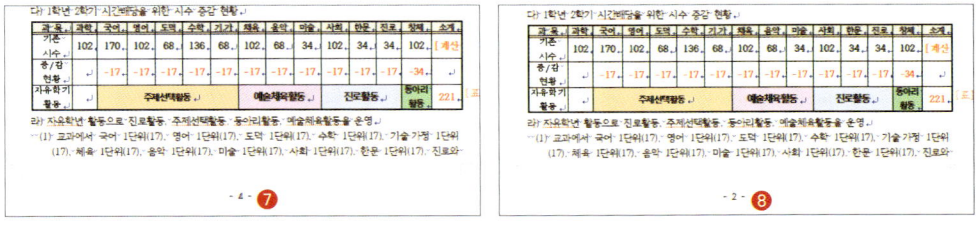

> **한쌤의 TIP** [새 쪽 번호]와 같은 조판 부호는 평상시에 보이지 않지만 입력한 경우에는 문서에 포함되어 있습니다. 따라서 여러 사람이 작업한 문서를 하나의 문서로 합치는 작업을 할 때 쪽 번호 등이 순서가 맞지 않는 경우는 '조판 부호' 보기를 한 상태에서 [새 쪽 번호] 등을 지우는 과정을 수행하면 문서 작업의 효율성을 높일 수 있습니다.

목차 차례 점선 만들기

문서의 차례에 점선을 만드는 과정에 대해 알아보겠습니다.

실습 파일: 04-2_실습_2.HWP   **완성 파일:** 04-2_완성_2.HWP

01 실습 문서(04-2_실습_2.HWP) 두 번째 쪽 차례에 커서를 두고 ❶ Alt + T 입력 - ❷ 문단 모양 창에서 [탭 설정] 선택 - ❸ 탭 종류에서 [오른쪽] 선택 - ❹ 채울 모양 [점선] 선택 - ❺ 탭 위치 425pt 입력 - ❻ [추가] 버튼 선택 - ❼ [설정] 누릅니다.

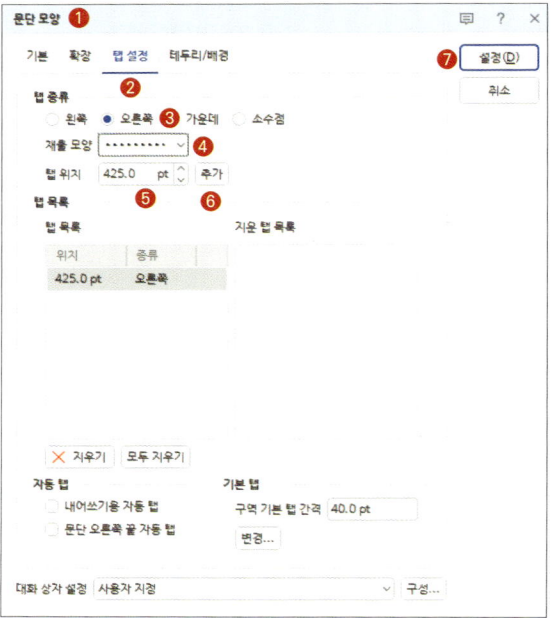

02 ❽ '1. 00학년도 학교안내 및 학사일정' 다음에 커서를 두고 Tab 키 누른 후 ❾ 점선 끝부분에 숫자 1을 입력합니다.

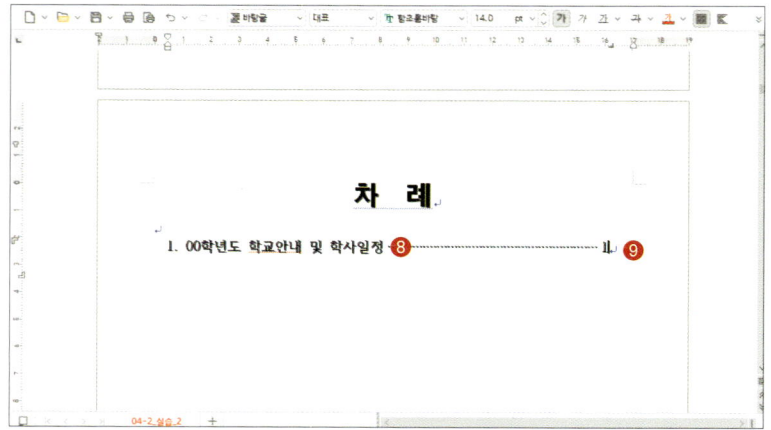

03 ❶ '2. 00학년도 교육과정 운영' 입력 후 ❷ Tab 키 누름 - ❸ 숫자 2 입력 - ❹ '3. 학교생활세부사항기록부 안내' 입력 후 ❺ Tab 키 누름 - ❻ 숫자 3 입력 - ❼ '4. 00학년도 평가 계획' 입력 - ❽ Tab 키 누름 - ❾ 숫자 7 입력합니다.

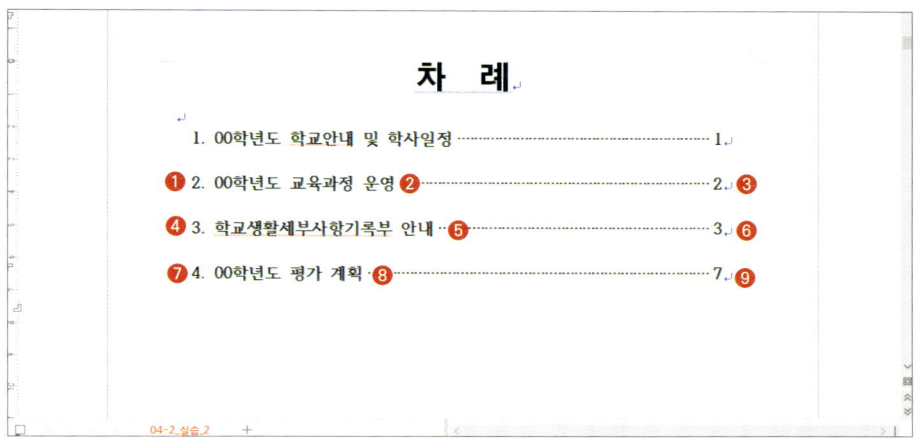

편집화면 나누어 목차 완성하기

편집화면 나누기 기능을 활용하여 문서의 차례를 완성하는 과정을 알아보겠습니다.

실습 파일: 04-2_실습_3.HWP   **완성 파일**: 04-2_완성_3.HWP

01 실습 문서(04-2_실습_3.HWP) 두 번째 쪽 차례에 커서를 두고 ❶ 한글 메뉴 [보기] - ❷ [편집 화면 나누기] - ❸ [세로로 나누기] 누릅니다.

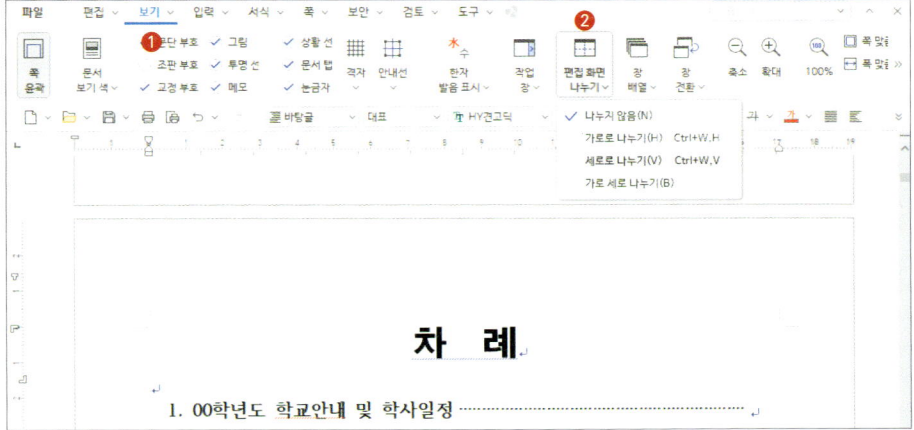

02 왼쪽 편집 화면에 커서를 두고 ❹ Ctrl 키를 누른 상태에서 마우스 휠을 아래쪽을 회전시켜 쪽 내용이 한 눈에 보일 정도까지 화면을 축소시킵니다. ❺ 오른쪽 편집 화면에 커서를 두고 ❹ 과정을 반복합니다.

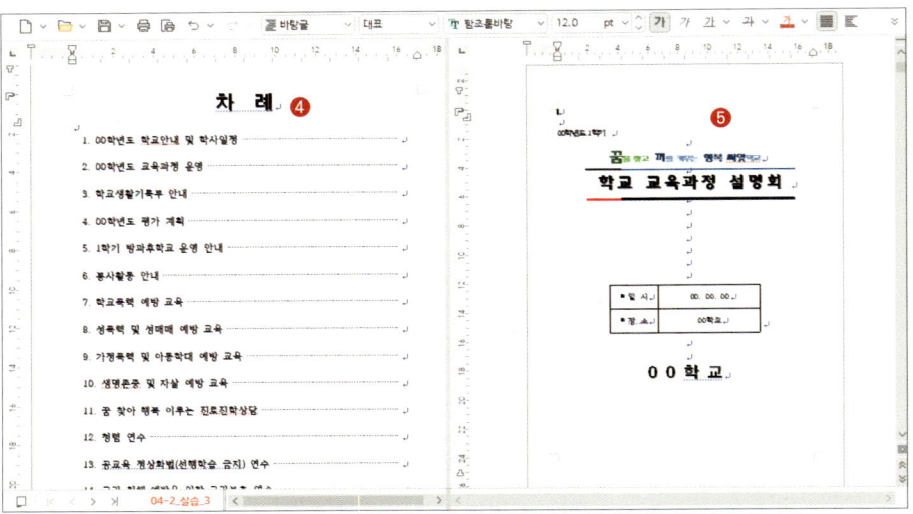

03 ❻ 오른쪽 화면에서 Pg Dn 키를 두 번 눌러 '1.00학년도 학교 안내 및 학사일정'이 있는 페이지를 찾아가고 쪽 번호를 확인합니다. ❼ 왼쪽 화면의 차례 첫 번째 줄 점선 끝부분에 숫자 1을 입력합니다.

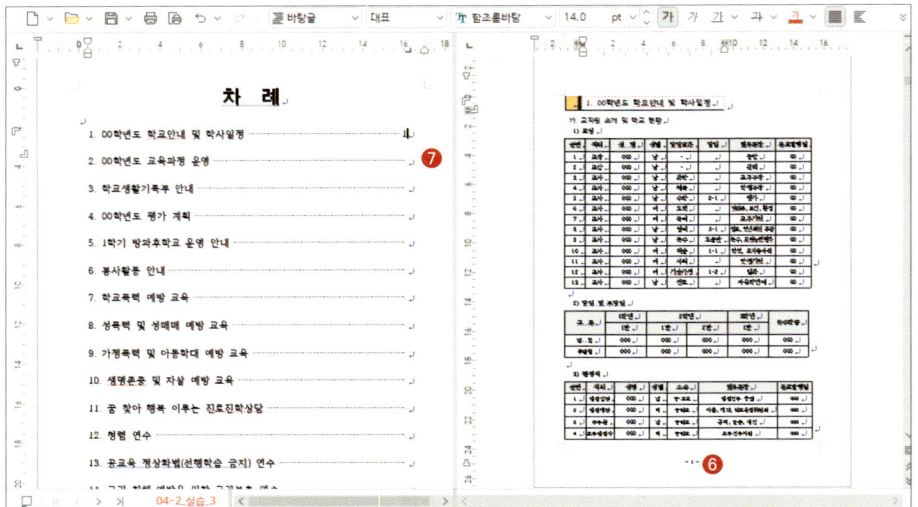

04 ❽ 오른쪽 화면에서 Pg Dn 키를 눌러 '2.00학년도 교육과정 운영'이 있는 페이지를 찾아가고 쪽 번호를 확인합니다. ❾ 왼쪽 화면의 차례 두 번째 줄 점선 끝부분에 숫자 2을 입력합니다.

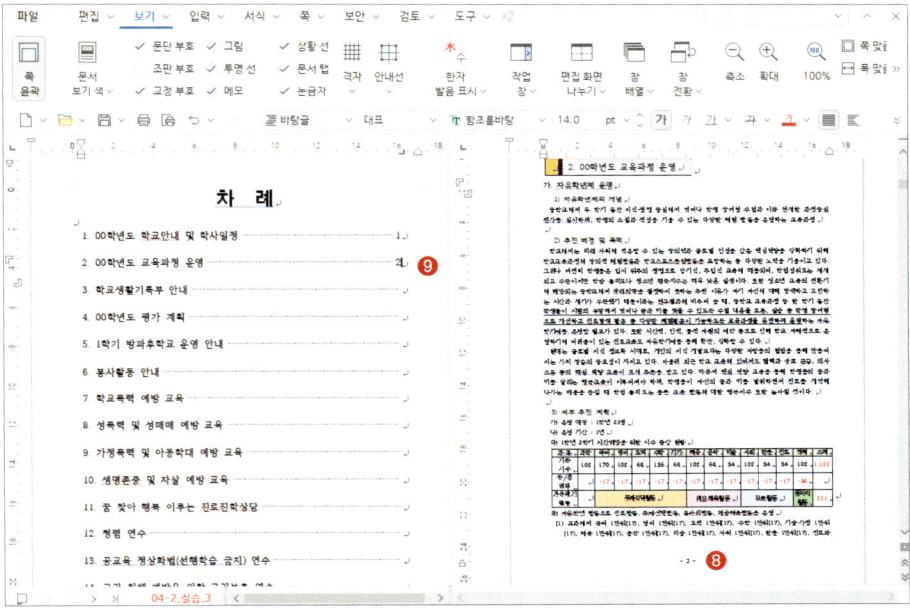

05 ❻~❾ 과정을 반복하며 ❿ 차례에 쪽 번호 입력하는 작업을 완료합니다.

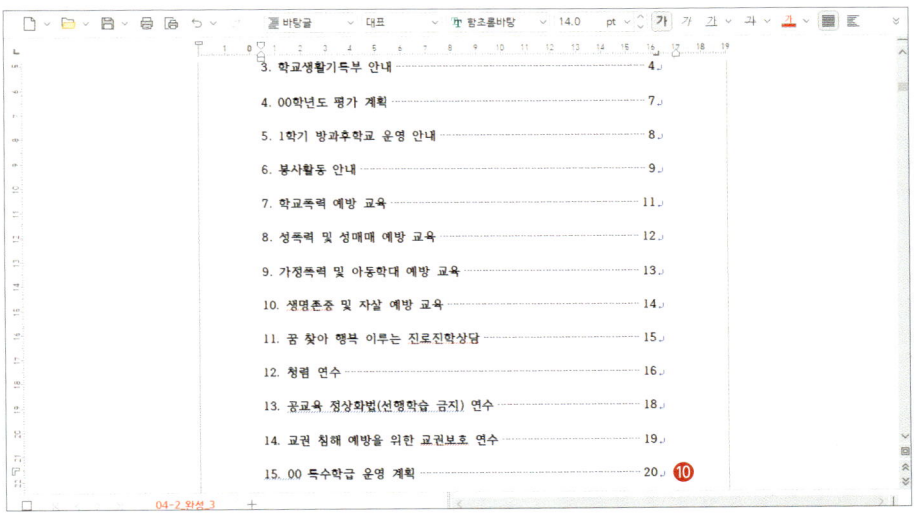

한쌤의 TIP [편집 화면 나누기] 기능은 한글 문서 작업 중 특정 쪽의 내용을 계속 확인할 필요가 있을 경우 사용하면 효과적입니다. 본문에서 제시한 차례 완성하기 뿐만아니라 특정 내용의 정보를 계속 보면서 작업을 해야하는 경우에 활용하면 좋습니다. [편집화면 나누기] 기능은 '가로로 나누기', '세로로 나누기', '가로 세로 나누기' 등의 세 가지 메뉴가 있으니 필요에 따라 선택하여 이용할 수 있습니다.

특정 페이지 한 번에 찾아가기

한글 문서 작업 중 필요한 정보가 있는 페이지를 찾아가는 방법을 알아보겠습니다.

실습 파일: 04-2_실습_4.HWP   **완성 파일:** 04-2_완성_4.HWP

01 실습 문서(04-2_실습_4.HWP) 1쪽에 커서를 두고 ❶ Ctrl + G + C 를 누릅니다. ❷ Alt + G 를 누른 후 ❸ 찾아가기 글상자에서 [조판부호] 선택 ❹ [새 쪽 번호] 선택 ❺ [가기] 버튼을 누릅니다.

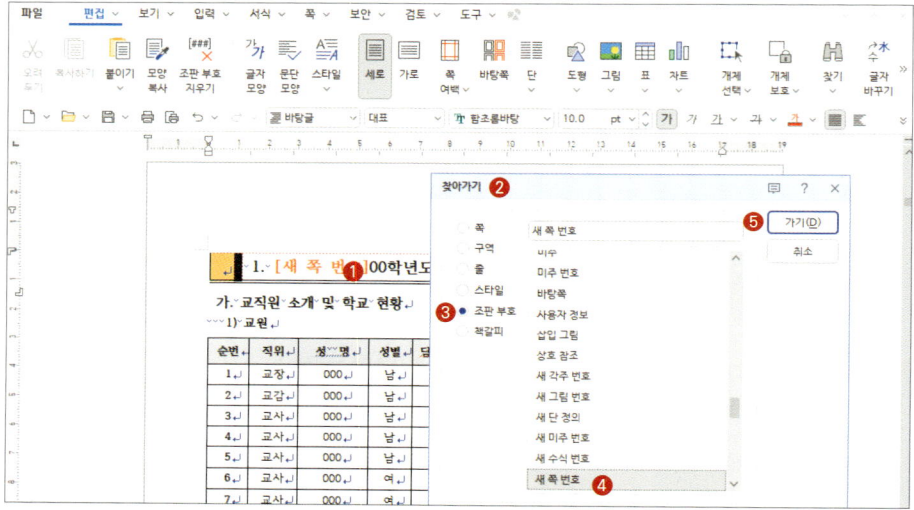

02 Delete 키를 이용하여 ❻ 표 안의 [새 쪽 번호]를 지우고 ❼ 표 밖의 [새 쪽 번호]를 지웁니다.

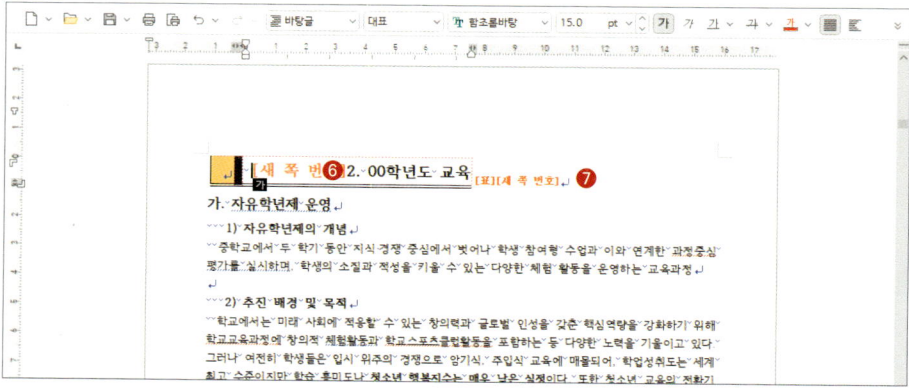

03 ❶ Alt + G 를 누른 후 ❷ 찾아가기 글상자에서 [조판부호] 선택 ❸ [새 쪽 번호] 선택 ❹ [가기] 버튼을 누릅니다. Delete 키를 이용하여 ❺ 표 안의 [새 쪽 번호] 삭제 ❻ 표 밖의 [새 쪽 번호] 삭제 ❼ 본문 중에 있는 [새 쪽 번호] 삭제

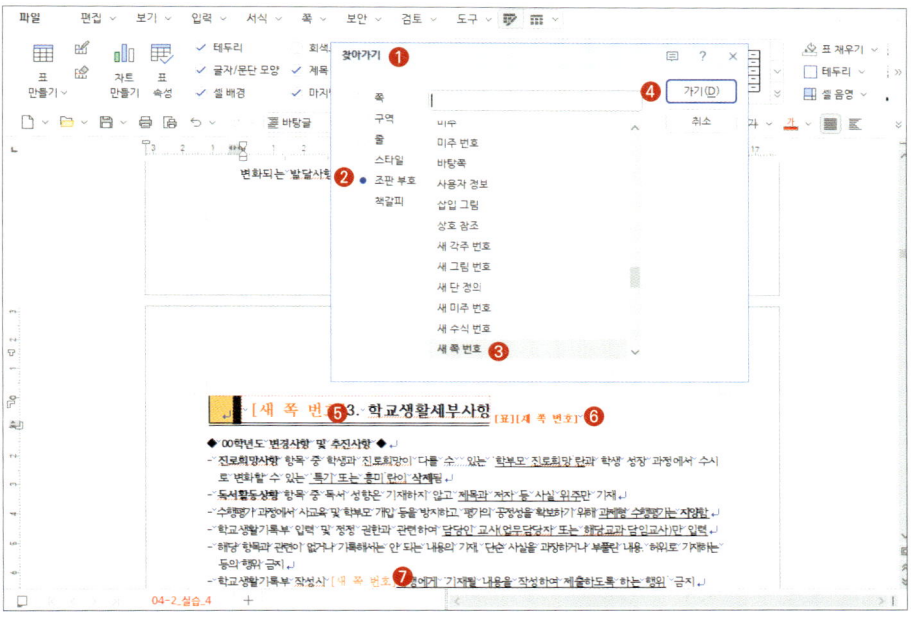

04 ❶~❼의 과정을 반복하며 한글 문서의 ❽ 1쪽을 제외한 나머지 쪽에 있는 [새 쪽 번호]를 모두 삭제한 후 쪽번호가 차례대로 잘 입력되어 있고 마지막 페이지가 19쪽으로 되어 있는지 확인합니다.

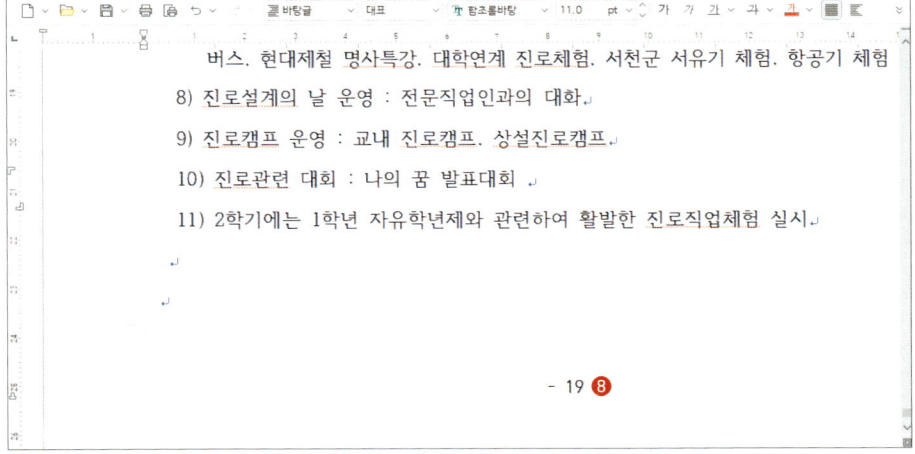

05 실습 문서(04-2_실습_4.HWP)에서 19쪽에 커서를 둔채 ❶ Alt + G 를 누른 후 ❷ 찾아가기 글상자에서 [쪽] 선택 ❸ 8 입력 ❹ [가기] 버튼을 누릅니다.

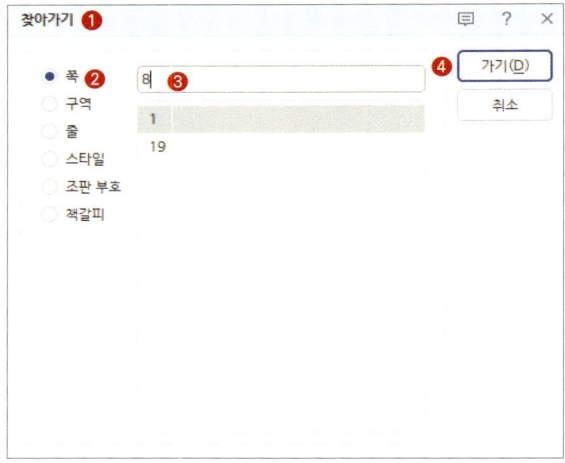

06 ❺ 문서의 8쪽인 '5. 1학기 방과후학교 운영 안내'의 내용이 있는 페이지로 이동한 것을 확인합니다.

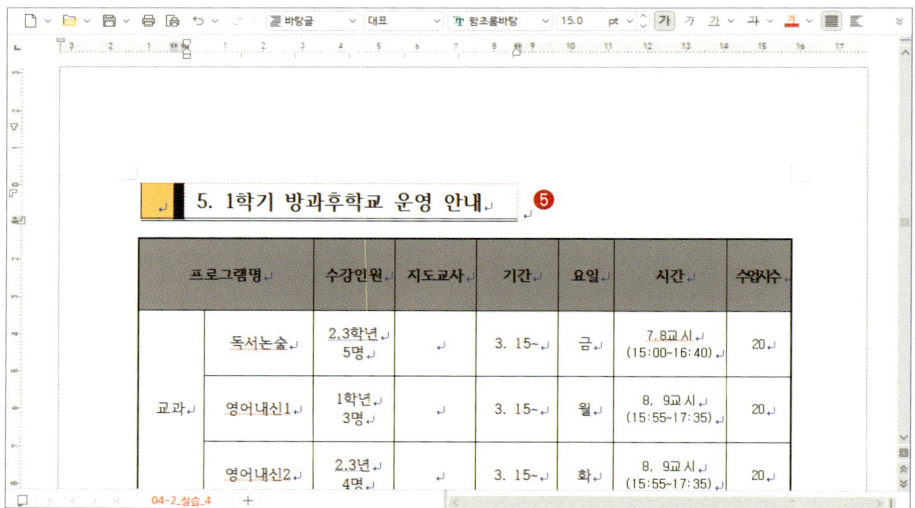

여러 문서 하나의 파일로 합치기

선생님께서는 업무를 수행할 때 종종 여러 개의 한글 문서를 하나의 파일로 만들어야 하는 경우가 있습니다. 이때 문서 끼워넣기 기능을 사용하고, 불필요한 메모는 삭제, 더불어 조판부호 한 번에 정리하기 기능 등을 이용하면 업무의 효율성을 높일 수 있습니다.

문서 끼워넣기

두 개의 한글문서를 손쉽게 하나의 파일로 합치는 과정을 알아보겠습니다.

실습 파일: 04-3_실습_1.HWP / 04-3_실습_2.HWP   **완성 파일:** 04-3_완성_1.HWP

01 실습 문서(04-3_실습_1.HWP)를 열고 ❶ Ctrl + PgDn 을 입력하여 문서의 가장 끝부분으로 이동합니다. ❷ Ctrl + Enter 키를 입력하여 새로운 빈 페이지를 엽니다.

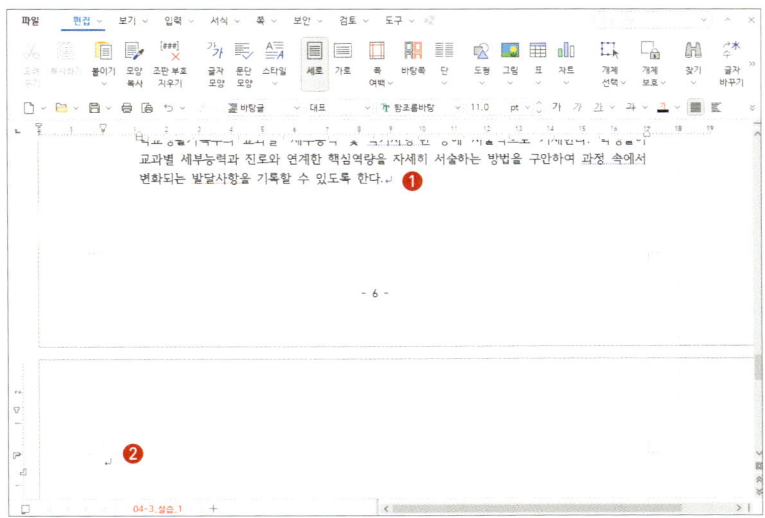

Chapter 4 보고서 깔끔하게 완성하기

02 ❸ Ctrl + O 를 입력한 후 ❹ 실습 문서(04-03_실습_2.HWP)를 찾은 다음 ❺ [넣기] 버튼을 누릅니다.

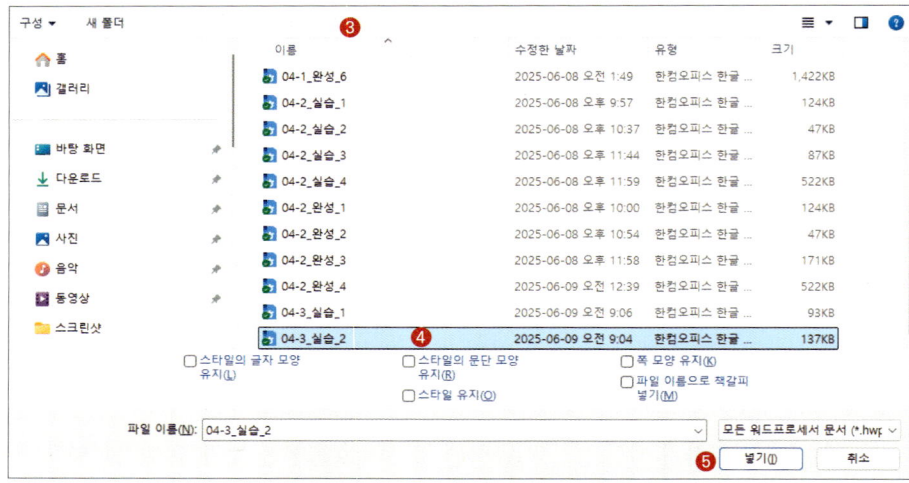

03 ❻ 끼워넣기한 문서를 확인할 수 있습니다.

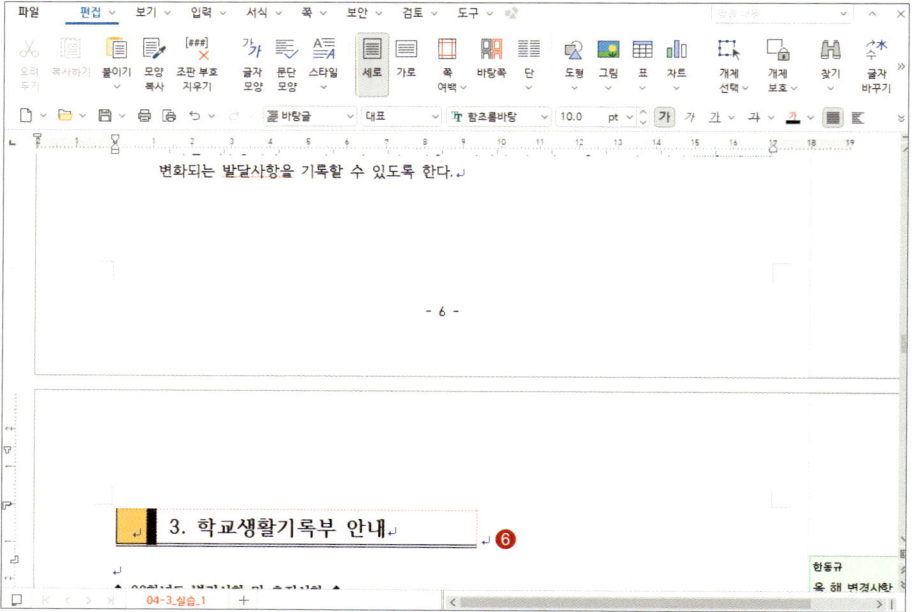

> **한쌤의 TIP** [문서 끼워넣기] 기능을 활용하여 문서를 하나의 파일로 합치는 작업을 진행할 때 각각의 문서마다 편집용지 설정이 다른 경우에는 끼워넣기를 수행하는 문서의 설정으로 맞추어집니다. 따라서 여러 파일을 하나로 합치는 작업을 수행해야할 경우에 사전에 각각의 문서마다 편집용지 설정을 통일하면 업무의 효율성을 높일 수 있습니다.

메모 삭제하기

한글 문서에 삽입되어 있는 메모를 삭제하는 방법을 알아보겠습니다.

실습 파일: 04-3_실습_2.HWP   **완성 파일:** 04-3_완성_2.HWP

01 실습 문서(04-3_실습_1.HWP)를 열고 ❶ 페이지 우측의 메모를 선택합니다. ❷ 상단 메뉴의 세 번째 '메모 지우기'를 선택하여 메모를 지웁니다.

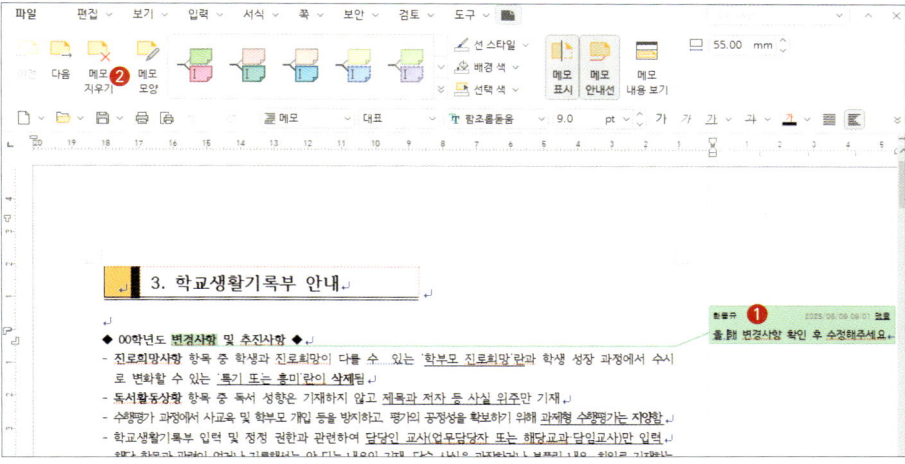

02 ❸ 커서를 첫 번째 쪽 아랫부분의 결석 표 안으로 위치시킵니다. ❹ `Ctrl` + `G` + `C` 를 입력합니다. ❺ `Delete` 를 이용하여 [메모 시작]을 삭제하여 메모를 지웁니다.

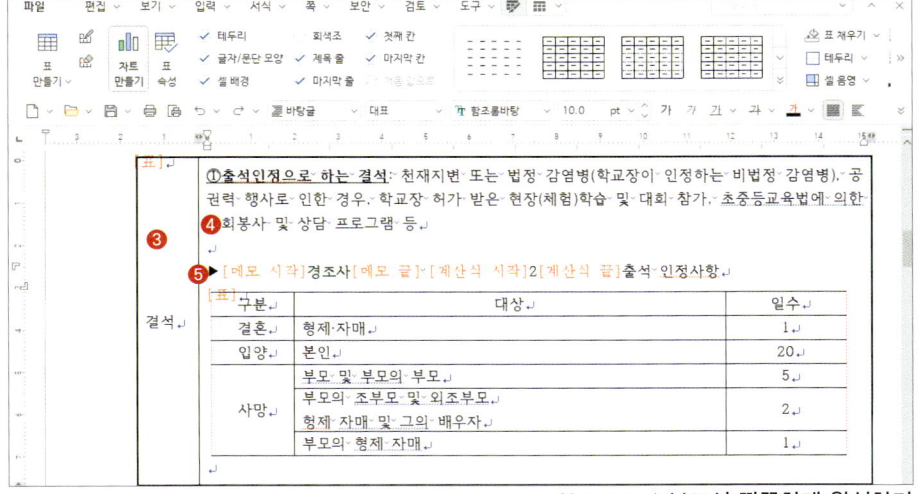

03 ❻ 다음쪽으로 이동하여 ❺와 같은 방법으로 [메모 시작]을 삭제합니다.

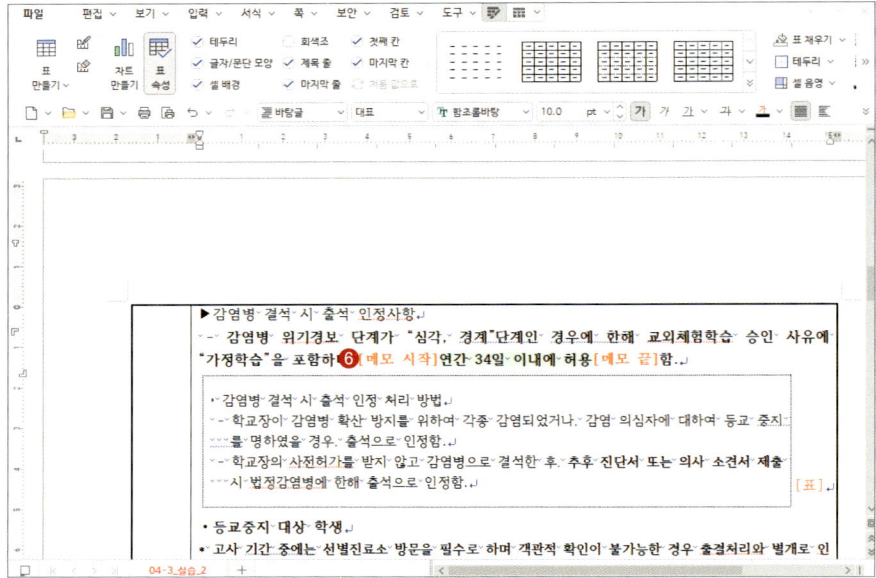

04 ❼ 문서에 있는 다른 메모를 ❺~❻과 같은 방법으로 모두 삭제합니다.

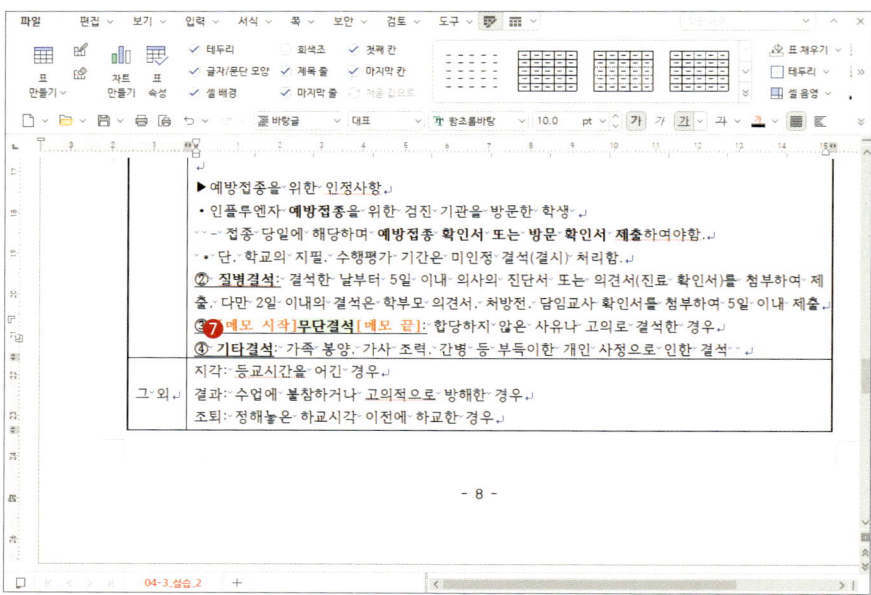

> **한쌤의 TIP** 한글 메뉴의 [보기]의 설정을 통해 메모를 문서에 표기할지에 대한 여부를 설정할 수 있습니다. 또한 문서를 출력할 경우에도 [인쇄]-[확장] 메뉴를 통해 메모를 포함하여 인쇄할지, 메모를 제외하고 인쇄할지를 선택할 수 있으니 선생님의 업무 상황에 따라 메모 삭제 여부를 결정하면 좋습니다.

조판부호 한 번에 정리하기

한글 문서에 삽입되어 있는 다양한 조판 부호를 한 번에 삭제하고, 쪽번호를 차례대로 삽입하는 방법을 알아보겠습니다.

실습 파일: 04-3_실습_3.HWP   **완성 파일:** 04-3_완성_3.HWP

01 실습 문서(04-3_실습_3.HWP)를 열고 ❶ 한글 메뉴의 [편집] ❷ [조판 부호 지우기]를 선택합니다.

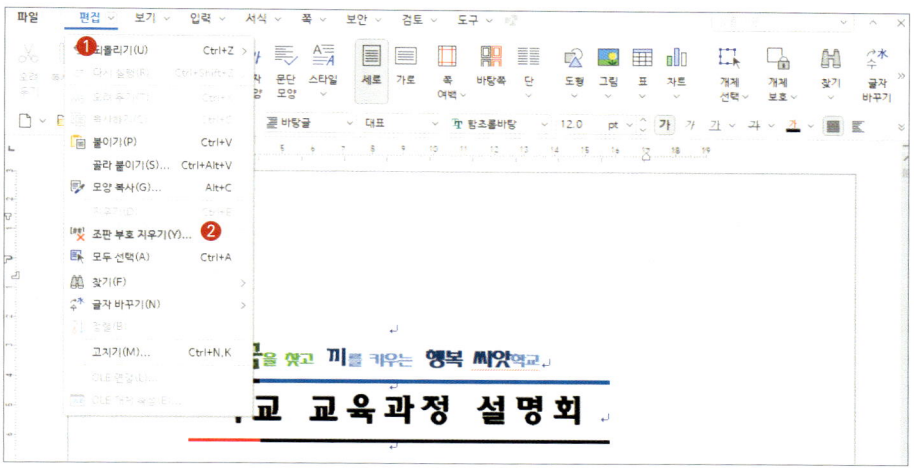

02 조판 부호 지우기 창에서 ❸ [메모] 체크 - ❹ [새 쪽 번호] 체크 - ❺ [지우기]를 누릅니다.

Chapter 4 보고서 깔끔하게 완성하기 **231**

03 실습 문서 3쪽에 커서를 위치한 후 ❻ 한글 메뉴 [쪽] - ❼ [새 번호로 시작]을 누릅니다.

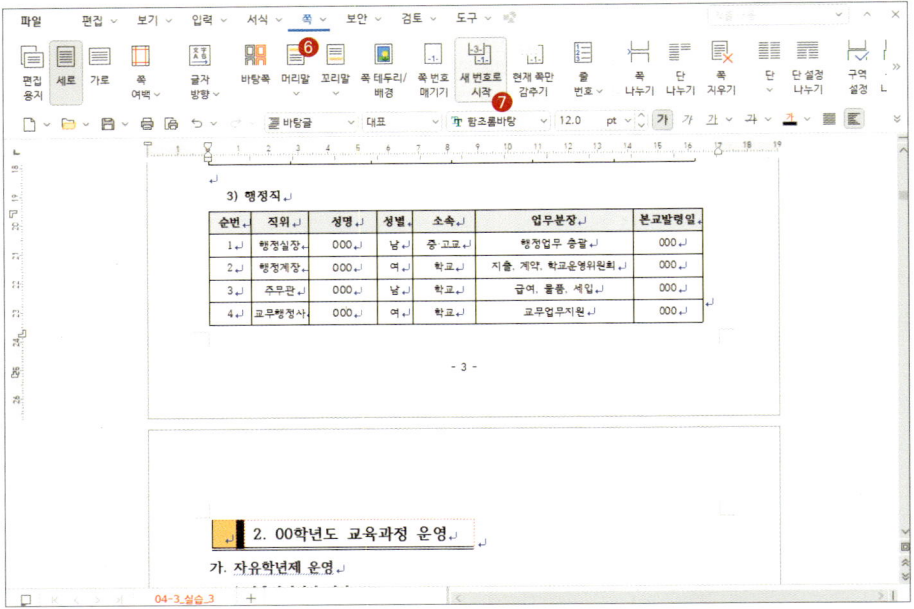

04 ❽ 새 번호로 시작 창에서 번호종류 [쪽번호] 선택 - ❾ 시작 번호 '1' 입력 - ❿ [넣기]를 누릅니다.

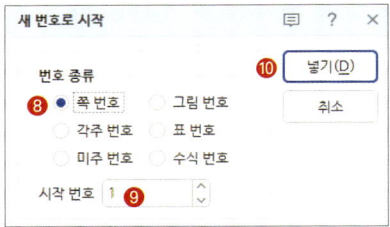

한쌤의 TIP [조판 부호 지우기] 기능은 여러 사람들이 작업한 문서를 하나의 파일로 합치는 작업을 할 때 효과적입니다. 특히 문서 곳곳에 포함되어 있는 [새 쪽 번호]와 [메모] 등과 같은 조판 부호를 일괄적으로 삭제할 때 유용하게 활용할 수 있습니다. 또한 최종 문서에서 필요하지 않은 [각주]나 [머리말], [꼬리말] 등을 한 번에 지울때에도 활용하면 좋습니다.

문서 편집 실습하기

지금까지 살펴본 한글의 여러 가지 기능을 활용하여 문서를 편집하는 실습을 진행해 보겠습니다. 표 편집의 다양한 단축키, 글자 모양 편집 방법, 문서 끼워 넣기 기능, 조판 부호 지우기 기능 등을 각각의 필요에 따라 적절하게 활용한다면 업무의 효율성을 높일 수 있을 것입니다.

실습과제1: 표 편집하여 회의자료 만들기

여러 사람이 작성한 표를 모은 두 쪽의 문서를 한쪽의 표로 편집하여 회의 자료를 제작하는 과정을 알아보겠습니다.

실습 파일: 04-4_실습_1.HWP   **완성 파일:** 04-4_완성_1.HWP

01 실습 문서(04-4_실습_1.HWP)를 열고 ❶ 표의 비고 아래쪽 셀에서 F5 키를 눌러 블럭을 설정한 후 ❷ Ctrl + ← 를 눌러 표가 쪽 안으로 들어올 수 있도록 합니다.

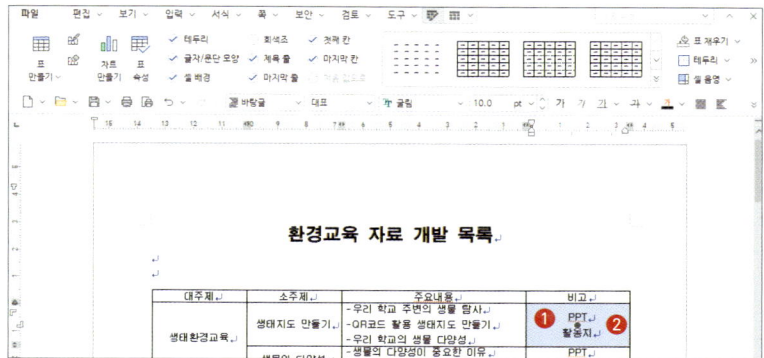

02 ❸ 생물의 다양성 셀을 블록설정한 후 ❹ Alt + ← 를 눌러 두 번째 칸에 있는 셀들의 너비를 같게 합니다.

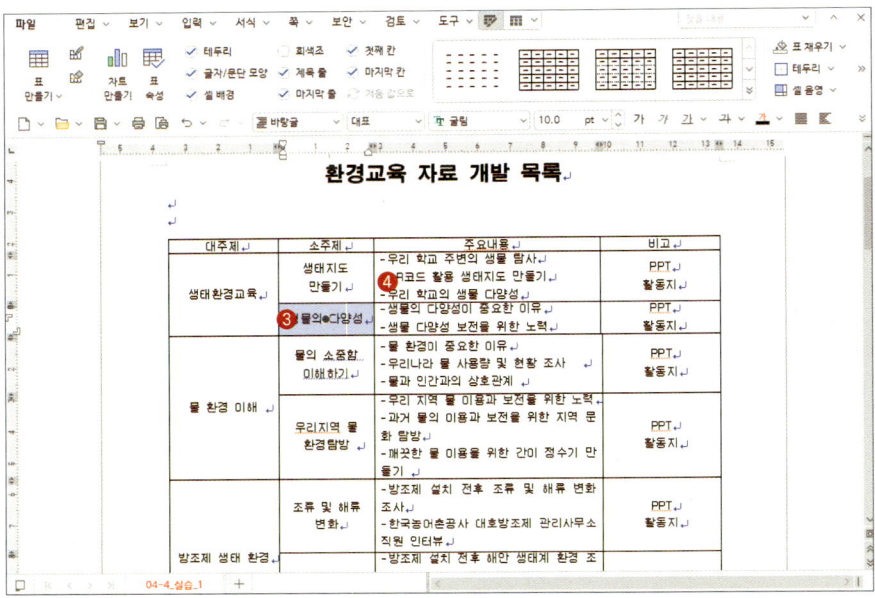

03 ❺ 물 환경이 중요한 이유 셀을 블록설정한 후 ❻ Alt + ← 를 눌러 세 번째 칸에 있는 셀들의 너비를 같게 합니다.

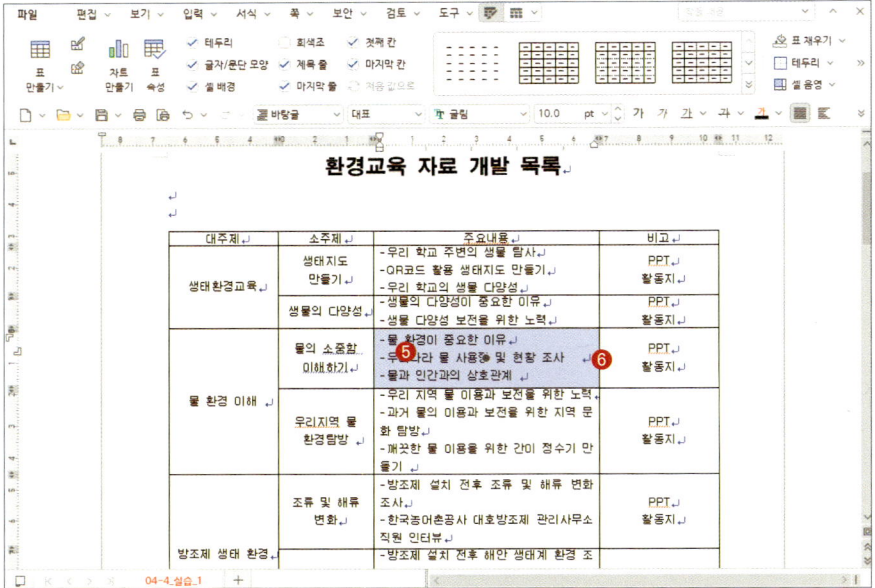

04 ❼ 자원순환교육 셀를 블록설정한 뒤 ❽ Alt + ← 를 이용하여 위 칸의 너비와 동일하게 맞춥니다. ❾ Alt + ← 를 이용하여 위 칸의 너비와 동일하게 맞춥니다. ❿ Alt + ← 를 이용하여 위 칸의 너비와 동일하게 맞춥니다.

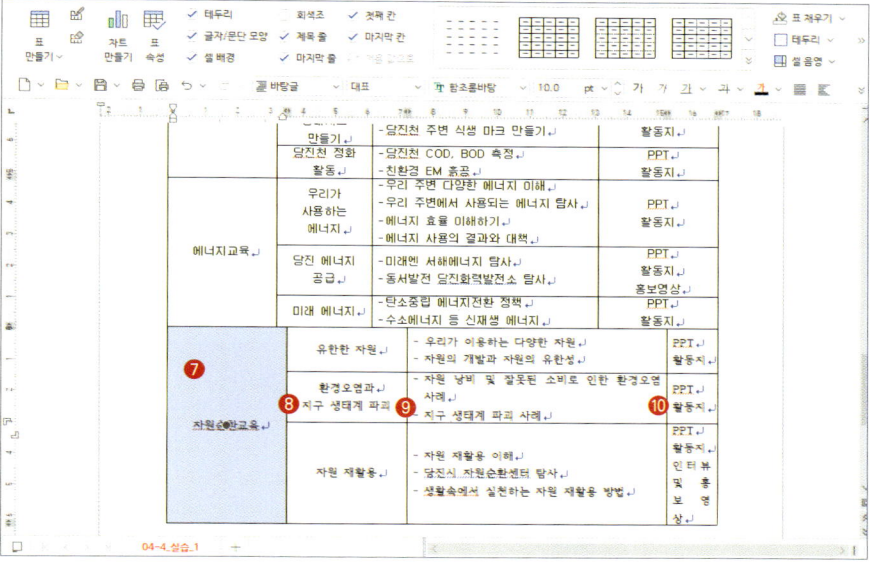

05 ❶ 에너지교육에 커서를 위치한 후 ❷ Alt + C 를 누릅니다. ❸ 모양복사 창에서 [글자 모양]을 선택한 후 ❹ [복사]를 누릅니다.

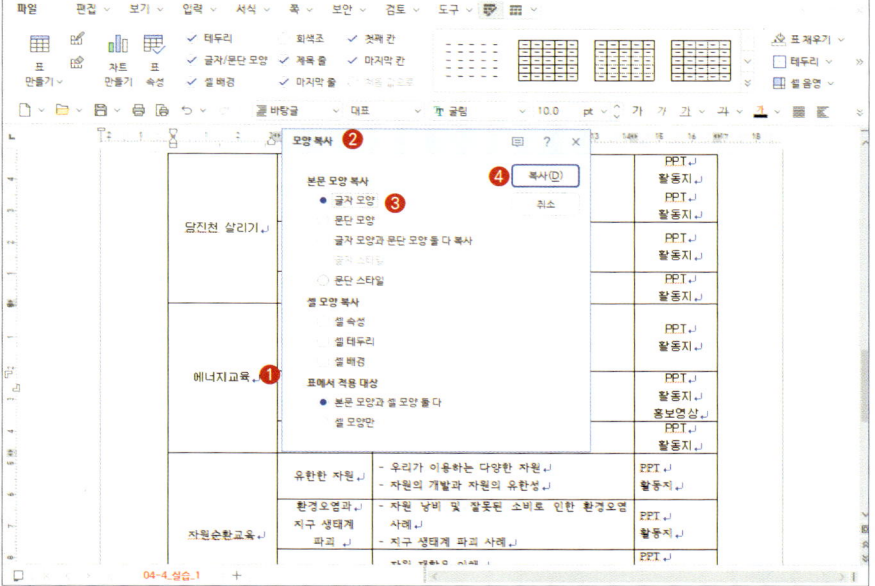

06 ❺ 마우스 드래그를 통해 자원순환 교육이 포함된 셀의 줄을 모두 블럭설정한 뒤 ❻ Alt + C 를 누릅니다.

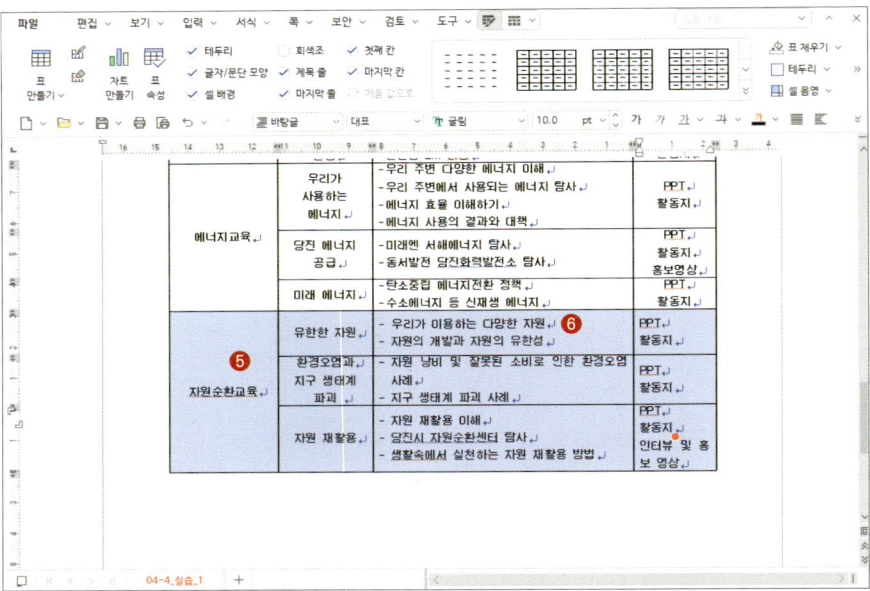

07 ❼ 자원순환교육 셀의 가장 오른쪽 칸 세개를 블록설정 한 후 ❽ Ctrl + Shift + C 를 눌러 셀 안의 글자들을 가운데 정렬 합니다.

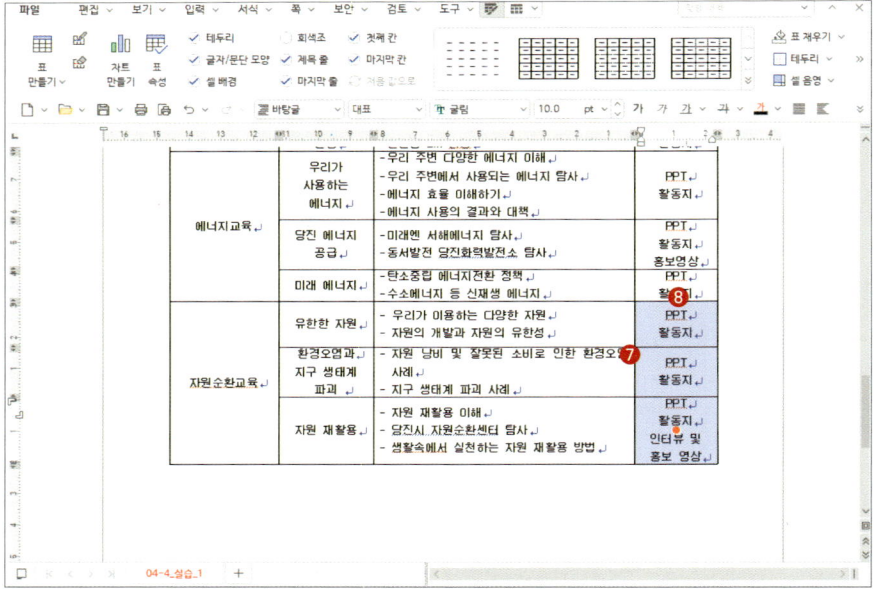

08 ❾ 표 안에 커서를 둔 후 F5 키를 세번 눌러 표 전체 셀을 블럭설정합니다. ❿ Shift + Alt + R 을 1번 눌러 표 안의 글자 크기를 1포인트 줄입니다.

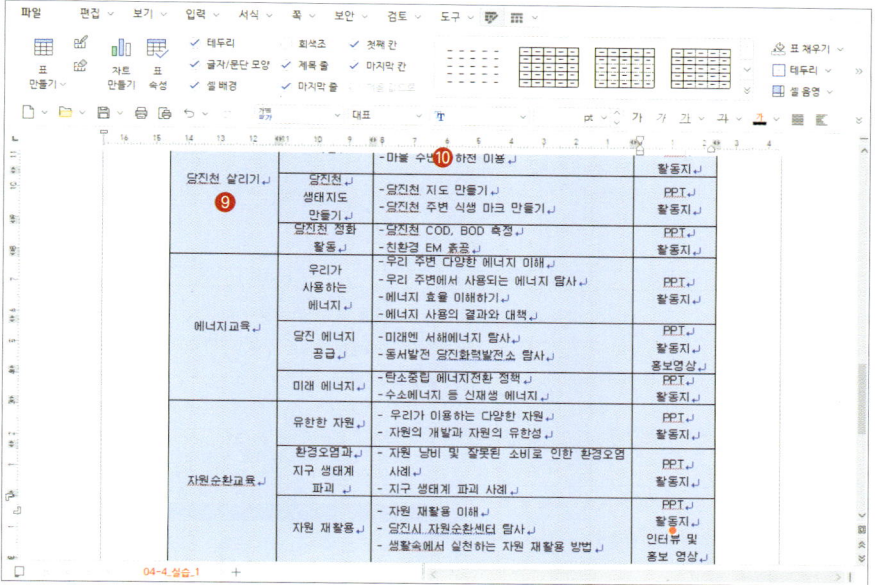

09 ❶ 표 전체를 블럭설정한 상태에서 Ctrl + ↑ 을 눌러 표의 높이를 줄입니다.
❷ Alt + T 를 누르고 ❸ 줄간격을 130으로 입력한 후 ❹ [설정] 버튼을 누릅니다.

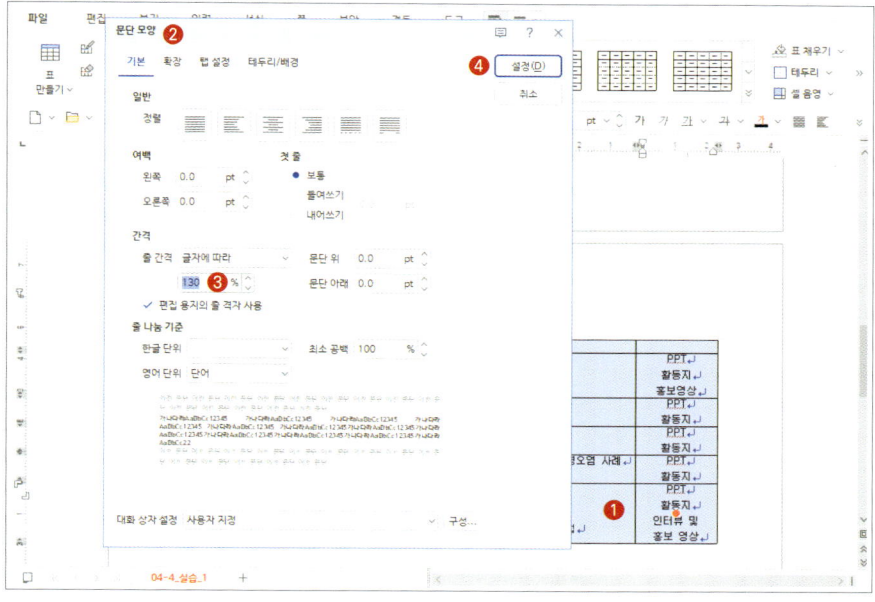

Chapter 4 보고서 깔끔하게 완성하기 **237**

10 ❺표의 3번째 칸 6번째 줄에 있는 '한국농어촌공사 대호방조제 관리사무소 직원 인터뷰'를 블럭설정한 뒤 ❻ `Shift` + `Alt` + `N` 과 `Shift` + `Alt` + `J` 를 번갈아서 한번씩 눌러 장평과 자간을 줄여 한 줄로 만듭니다.

11 ❼ '미세먼지 절감을 위한 기업'이 들어간 문장을 블럭설정한 뒤 ❻과 같은 방법으로 한 줄로 만들고 ❽ 그 아래 문장도 같은 방법으로 장평과 자간을 줄여 한 줄로 만듭니다.

12 ❾ 위에서 작업한 셀의 오른쪽 아래 칸에 같은 내용이 불필요하게 반복되어 있는 문구 'PPT 활동지'를 Delete 를 활용하여 삭제합니다.

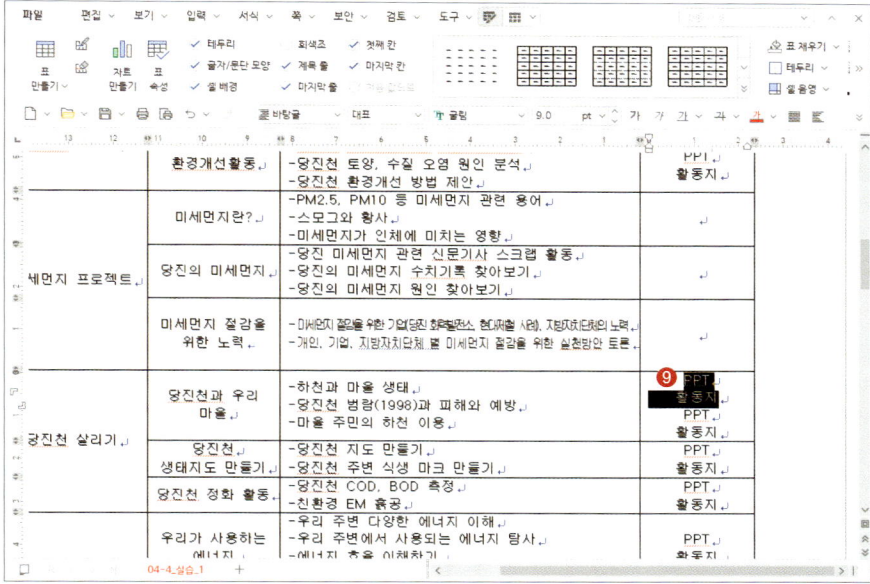

13 ❶ 표 안에 커서를 둔 채 F5 키를 세 번 눌러 모든 셀을 블럭설정 합니다. ❷ Ctrl + ↑ 를 눌러 표의 높이를 최소한으로 줄입니다.

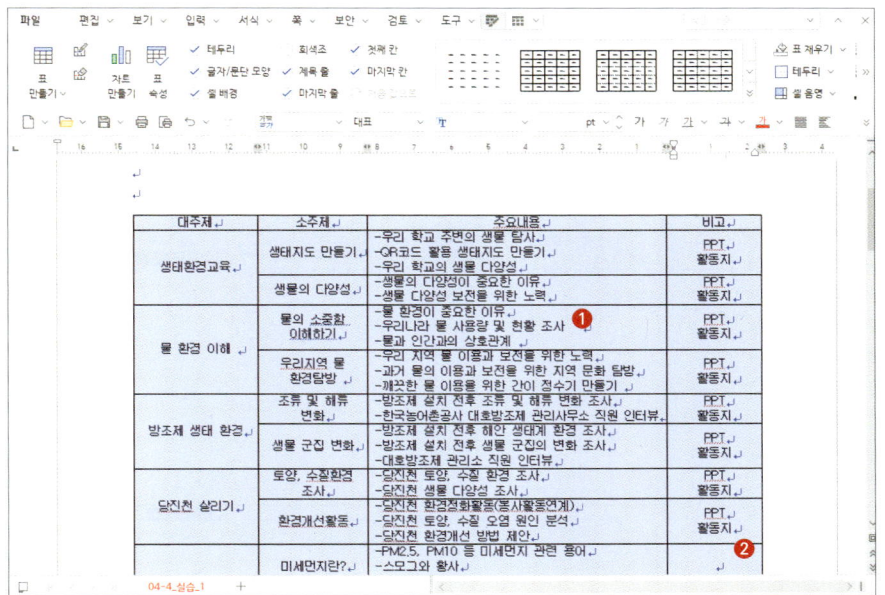

14 ❸ 표를 마우스로 선택한 뒤 위로 끌어올립니다.

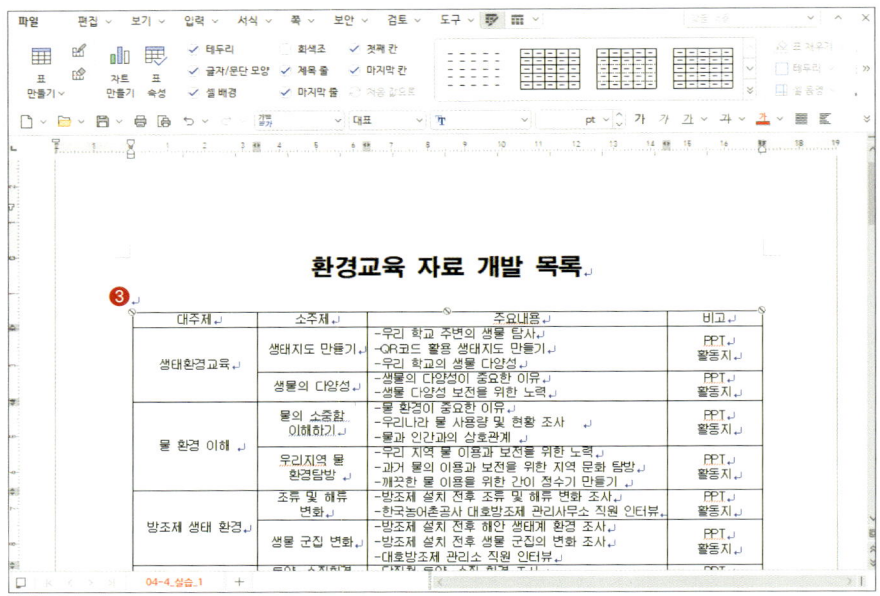

15 ❹ 마지막 줄 마지막 칸에 있는 '인터뷰 및 홍보 영상' 문구를 블럭설정한 뒤 ❺ Shift + Alt + N 과 Shift + Alt + J 를 번갈아서 한번씩 눌러 장평과 자간을 줄여 한 줄로 만듭니다.

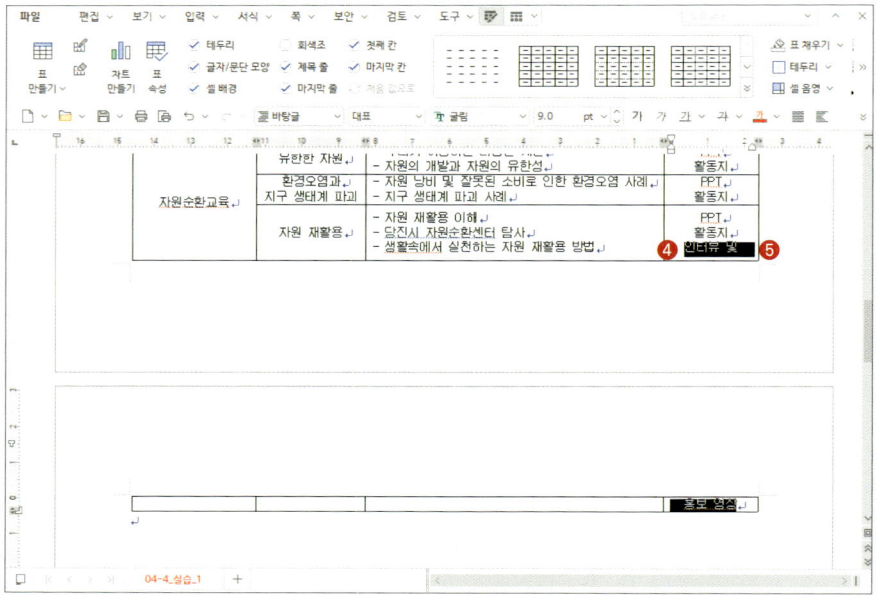

16 ❻ 표를 마우스로 선택한 후 더블클릭하여 표/셀 속성창에서 ❼[글자처럼 취급]을 선택하고 ❽[설정]을 누릅니다.

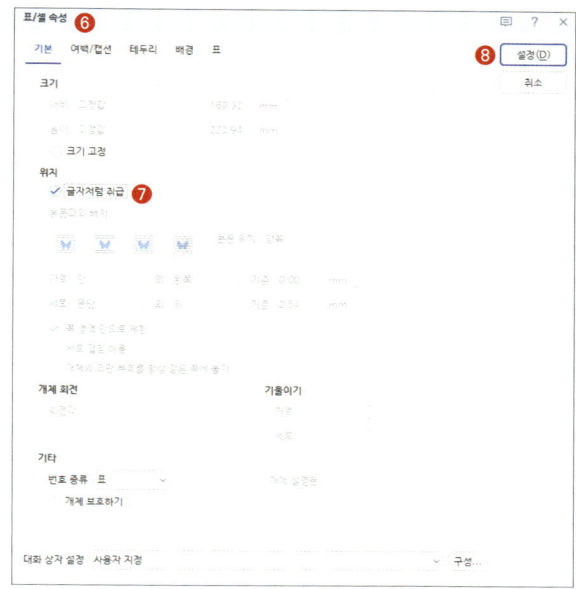

17 ❶ 표 안에 커서를 둔 뒤 F5 키를 세 번 눌러 전체 셀을 블록설정합니다. ❷ L 을 눌러 '셀 테두리/배경 창을 불러옵니다. ❸ 종류 실선 - ❹ 굵기 0.4mm - ❺ 색 검정색 - ❻ [선 모양 바로 적용] 체크 - ❼ [바깥쪽] 선택 - ❽ [설정] 버튼을 누릅니다.

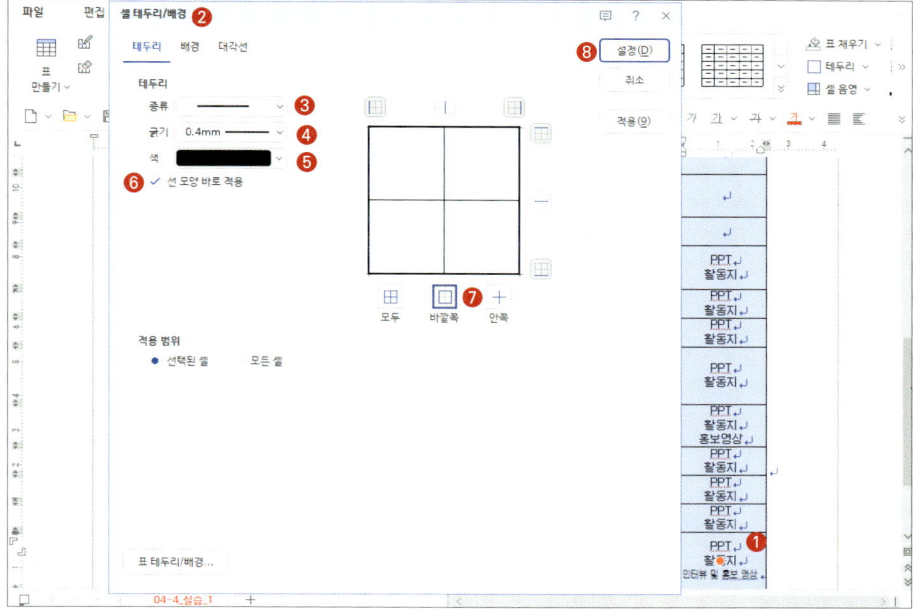

Chapter 4 보고서 깔끔하게 완성하기 241

18 ❶ 표의 첫 줄을 블럭설정한뒤 Ctrl + B 를 눌러 굵은 글씨체로 만듭니다. 이어서 ❷ L 을 눌러 '셀 테두리/배경 창을 불러옵니다. ❸ 종류 이중실선 ❹ [아래쪽 테두리] 선택 - ❺ [설정] 버튼을 누릅니다.

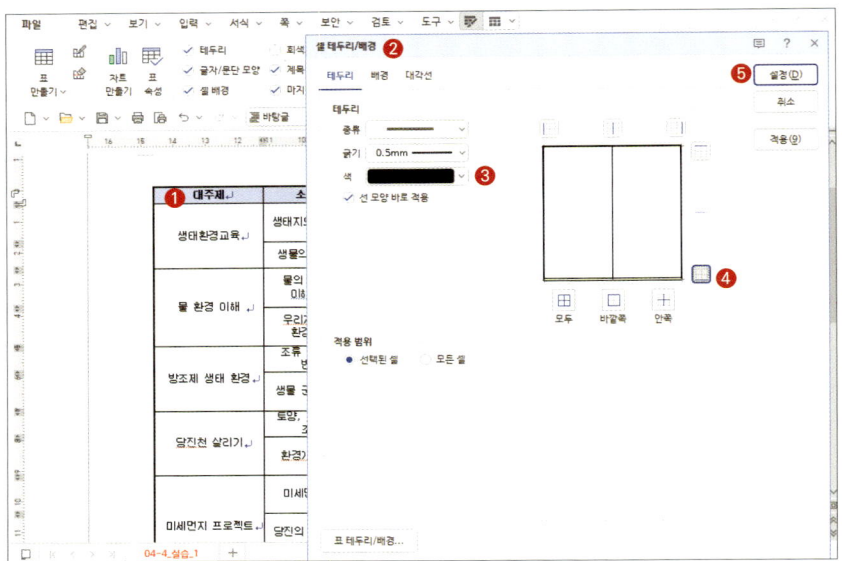

19 ❶ 표의 왼쪽 칸을 블럭설정한뒤 Ctrl + B 를 눌러 굵은 글씨체로 만듭니다. 이어서 ❷ L 을 눌러 '셀 테두리/배경 창을 불러옵니다. ❸ 종류 이중실선❹ [오른쪽 테두리] 선택 - ❺ [설정] 버튼을 누릅니다.

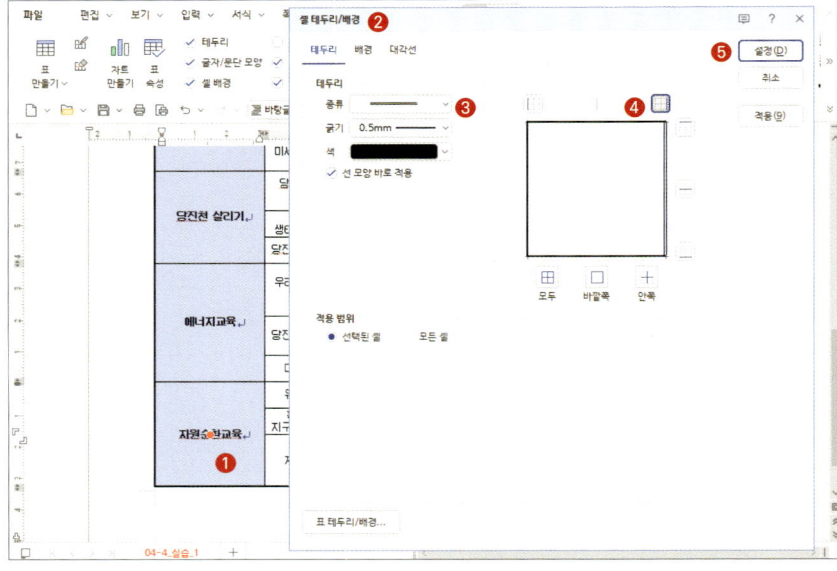

20 ❻ 표의 마지막칸 9번째 줄부터 12번째 줄까지 블럭설정한 뒤 ❼ A 키를 눌러 'PPT 활동지' 내용을 입력하며 작업을 마무리합니다.

실습과제2: 여러 개의 파일을 하나의 문서로 완성하기

7개의 파일을 하나의 문서로 완성하는 과정을 알아보겠습니다.

실습 파일: 04-4_실습_2.HWP / 04-4_실습_3.HWP / 04-4_실습_4.HWP / 04-4_실습_5.HWP
04-4_실습_6.HWP / 04-4_실습_7.HWP / 04-4_실습_8.HWP

완성 파일: 04-4_완성_2.HWP

01 실습 문서(04-4_실습_2.HWP)를 열고 ❶ 2쪽의 마지막 부분에서 `Ctrl` + `Enter` 를 눌러 새 쪽을 만듭니다.

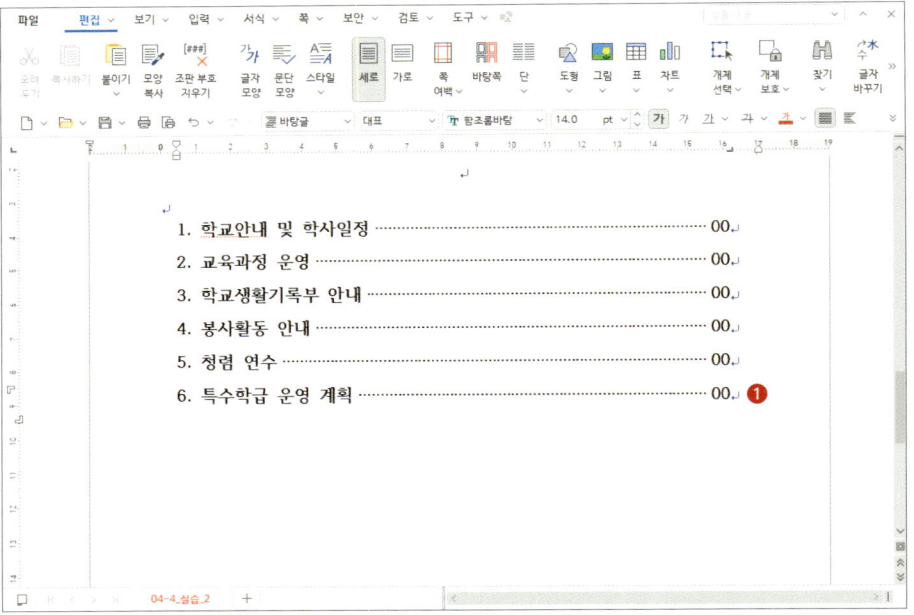

02 ❷ Ctrl + O 를 입력한 뒤 ❸ 실습 문서(04-4_실습_3.HWP)을 찾은 다음 ❹ [넣기]를 누릅니다.

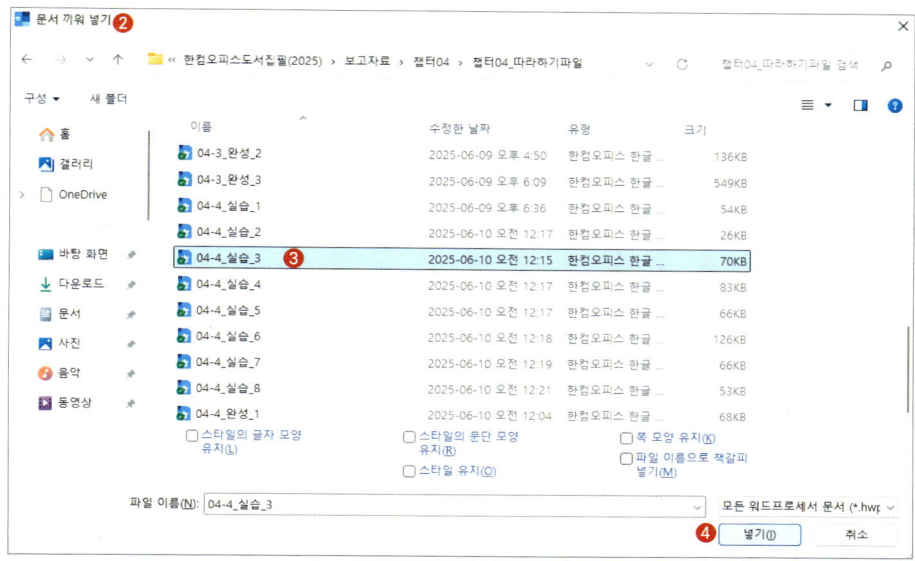

03 ❺ Ctrl + Pg Dn 을 눌러 마지막 쪽으로 이동한 뒤 ❻ Ctrl + Enter 를 입력하여 새 쪽을 만듭니다.

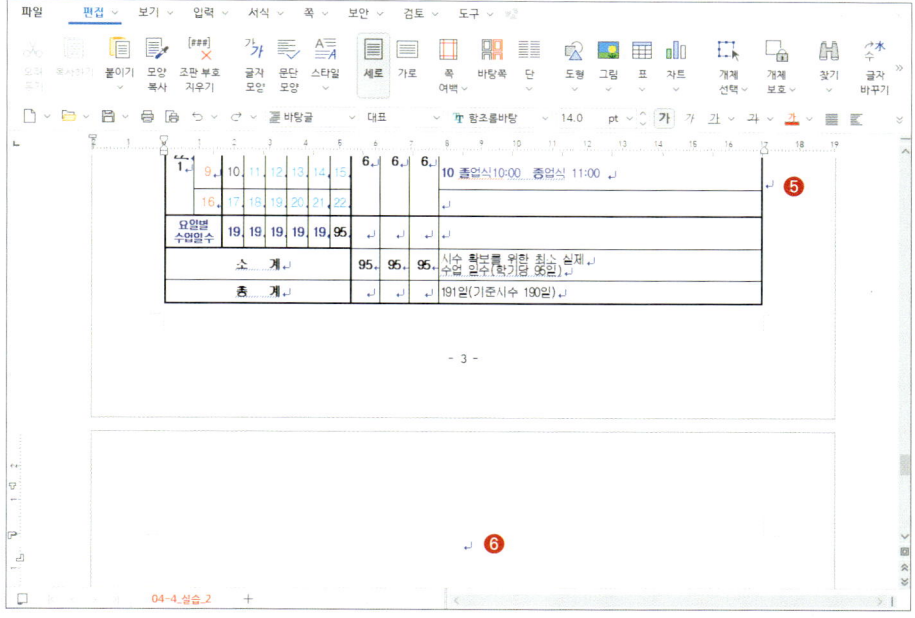

04 ❼ `Ctrl` + `O` 를 입력합니다. ❽ 실습 문서(04-4_실습_4.HWP)를 찾은 다음 ❾ [넣기]를 누릅니다.

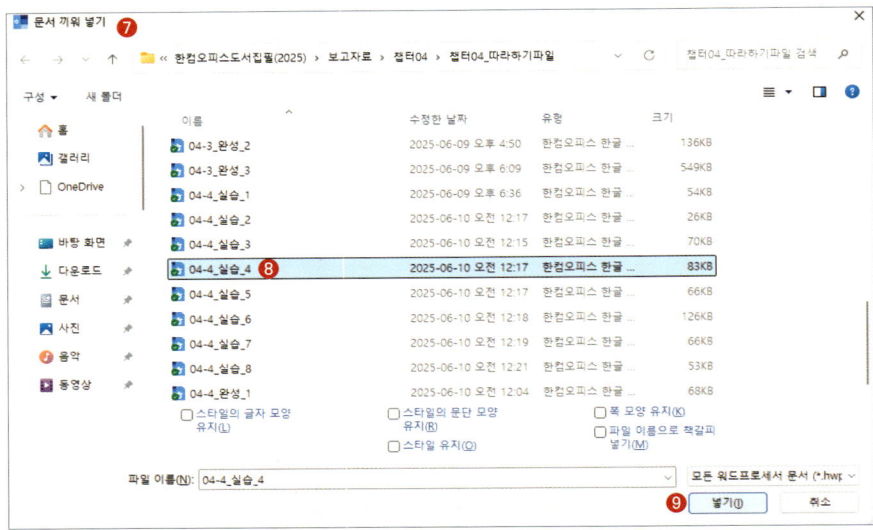

05 ❶~❾ 과정을 반복하여 나머지 4개의 실습 문서(4-4_실습_5.HWP, 04-4_실습_6.HWP, 04-4_실습_7.HWP, 04-4_실습_8.HWP)를 ❿ 차례대로 끼워 넣기 하여 하나의 문서로 만듭니다.

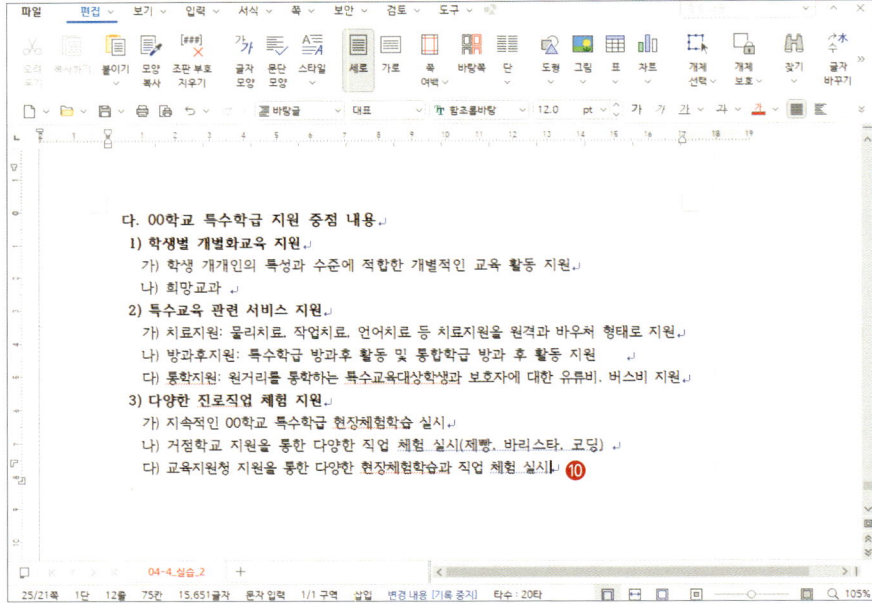

06 ❶ 한글 메뉴 [편집] - ❷ [조판 부호 지우기]를 선택합니다.

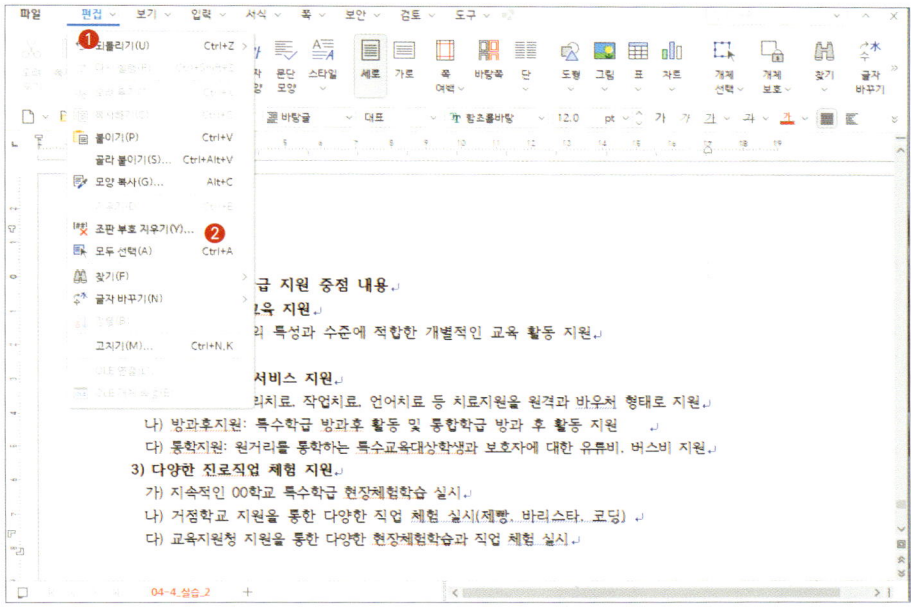

07 ❸ [메모] 체크 - ❹ [새 쪽 번호] 체크 - ❺ [지우기]를 선택합니다.

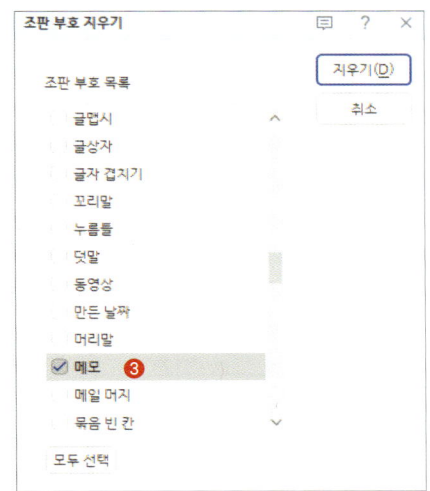 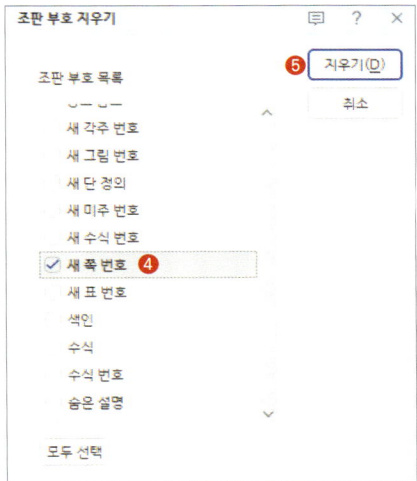

Chapter 4 보고서 깔끔하게 완성하기　247

08 ❶ 한글 메뉴 [보기] - ❷ [편집 화면 나누기] - ❸ [세로로 나누기]를 선택합니다.

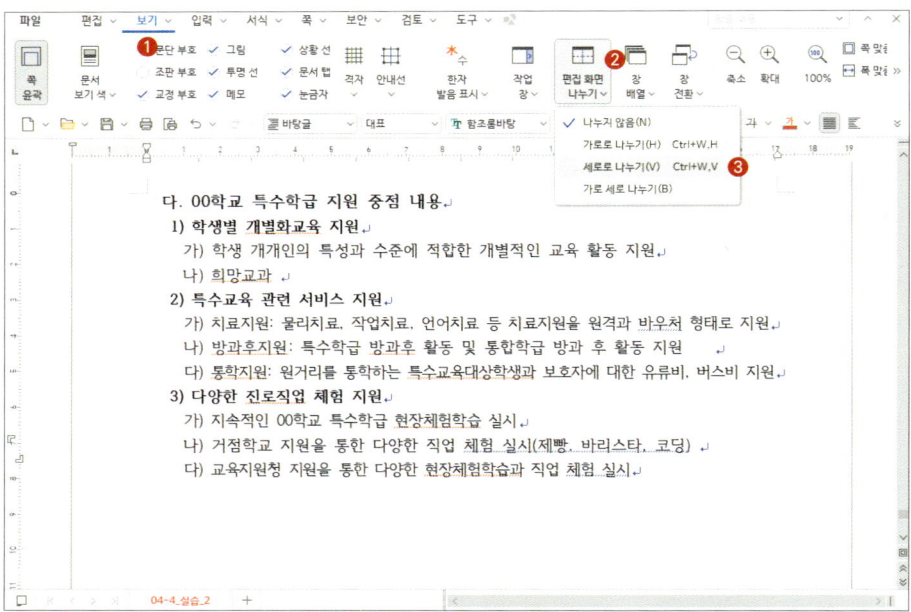

09 ❹ 왼쪽 편집화면에 커서를 두고 Ctrl 을 누른 상태에서 마우스 휠을 굴려 쪽의 전반적인 내용을 확인할 수 있을 정도로 축소합니다. ❺ 오른쪽 편집화면도 ❹와 같은 방법으로 화면을 축소합니다. ❻ 왼쪽 편집화면의 커서를 차례가 있는 쪽에 위치합니다.

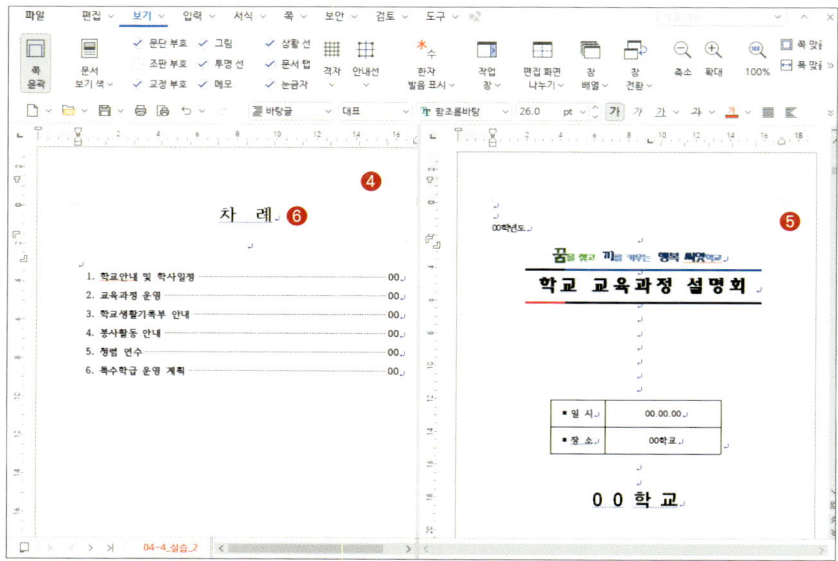

10 ❶ 오른쪽 편집화면에서 PgDn 을 누르며 '1.학교안내 및 학사일정'의 내용이 시작되는 쪽을 찾아갑니다. ❷ 오른쪽 편집화면의 쪽번호를 확인한 후 왼쪽 편집화면의 차례에 해당 쪽번호를 입력합니다.

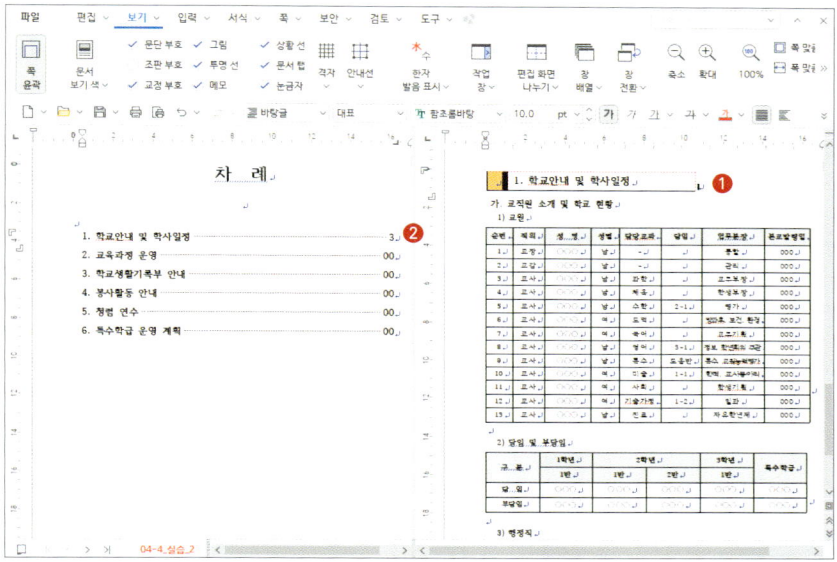

11 ❸ 오른쪽 편집화면에서 PgDn 을 누르며 '2.교육과정 운영'의 내용이 시작되는 쪽을 찾아갑니다. ❹ 오른쪽 편집화면의 쪽번호를 확인한 후 왼쪽 편집화면의 차례에 해당 쪽번호를 입력합니다.

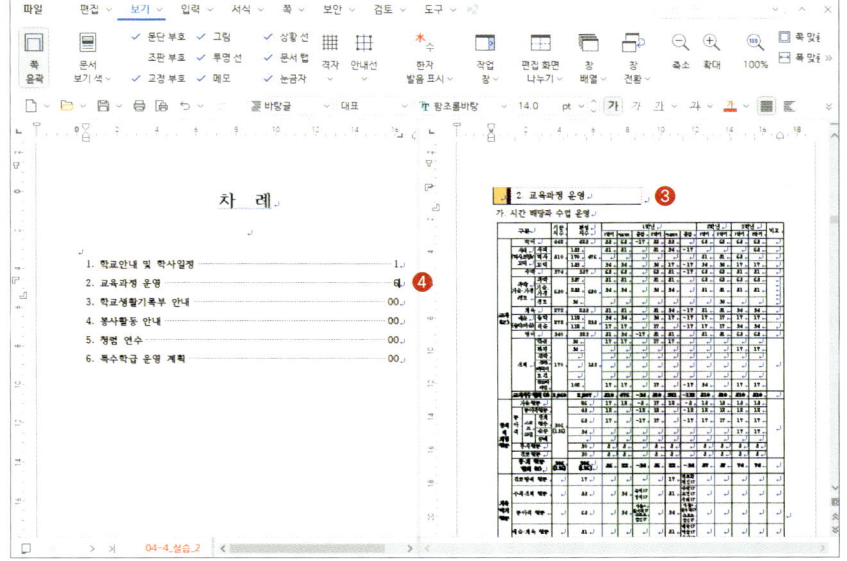

12 ❺ 오른쪽 편집화면에서 Pg Dn 을 누르며 '3.학교생활기록부 안내'의 내용이 시작되는 쪽을 찾아갑니다. ❻ 오른쪽 편집화면의 쪽번호를 확인한 후 왼쪽 편집화면의 차례에 해당 쪽번호를 입력합니다.

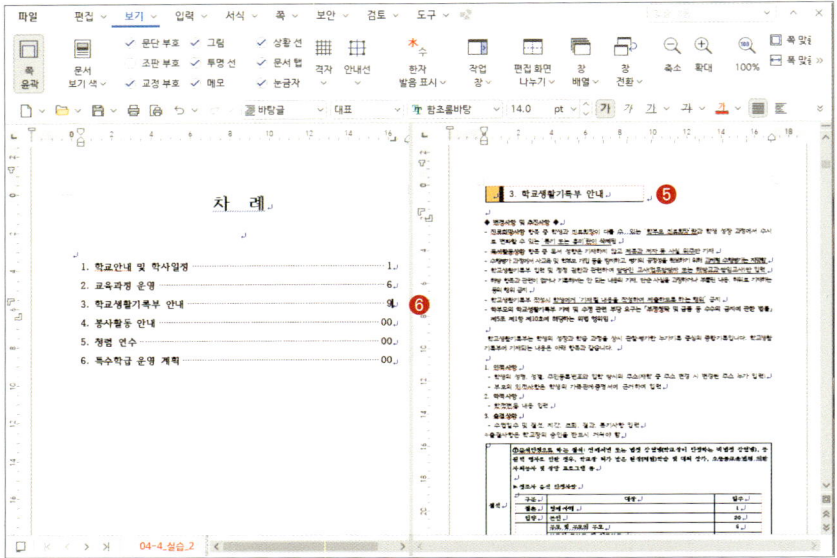

13 ❼ 오른쪽 편집화면에서 Pg Dn 을 누르며 '봉사활동 안내'의 내용이 시작되는 쪽을 찾아갑니다. ❽ 봉사활동 안내 앞의 숫자 6을 4로 수정합니다. ❾ 오른쪽 편집화면의 쪽번호를 확인한 후 왼쪽 편집화면의 차례에 해당 쪽번호를 입력합니다.

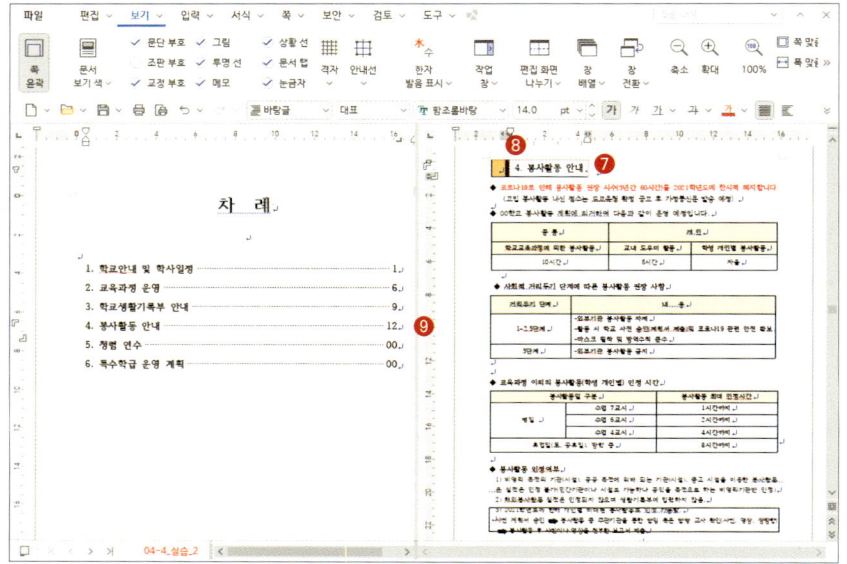

14 ❶ 오른쪽 편집화면에서 Pg Dn 을 누르며 '청렴 연수'의 내용이 시작되는 쪽을 찾아갑니다. ❷ 청렴 연수 앞의 숫자 14를 숫자 5로 수정합니다. ❸ 오른쪽 편집화면의 쪽번호를 확인한 후 왼쪽 편집화면의 차례에 해당 쪽번호를 입력합니다.

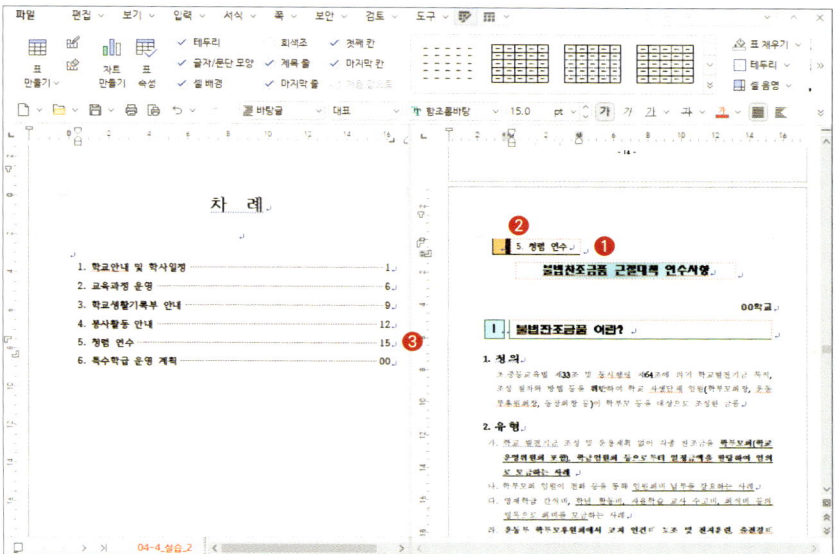

15 ❹ 오른쪽 편집화면에서 Pg Dn 을 누르며 '특수학급 안내'의 내용이 시작되는 쪽을 찾아갑니다. ❺ 특수 학급 안내 앞의 숫자 16을 숫자 6으로 수정합니다. ❻ 오른쪽 편집화면의 쪽번호를 확인한 후 왼쪽 편집화면의 차례에 해당 쪽번호를 입력합니다.

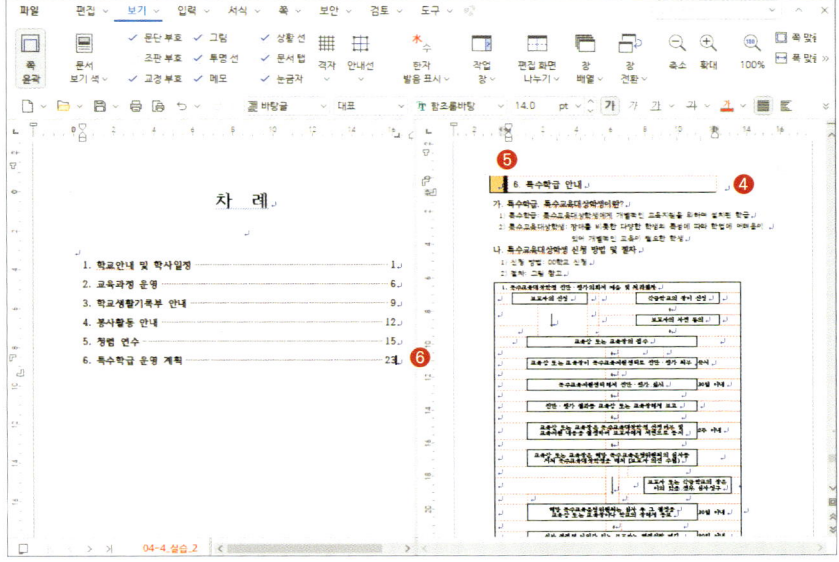

한쌤의 노하우 분량이 많은 문서를 편집하는 일을 수행할 때 다음과 같은 습관을 들이면 업무 효율을 높이는데 도움이 될 수 있습니다.

1. 작업하는 틈틈이 Alt + S 를 누르는 습관을 갖습니다.
   ☞ 문서 작업을 하다 중간에 오류가 나게 되면 애써 작업한 내용이 사라질 수 있습니다. [Alt]+[S]는 한글 문서를 저장하는 단축키로서 틈나는데로 해당 단축키를 입력하면 단축키를 입력한 시점까지의 문서를 저장할 수 있어 업무 효율을 높여줍니다.

2. 분량이 많은 문서의 경우 챕터별로 여러 개의 문서로 나누어 작업합니다.
   ☞ 문서의 분량이 많을 경우 중간 중간 저장하는데 많은 시간이 소요되곤 합니다. 이러한 경우에는 문서를 챕터별로 나누어 작업하면 좋습니다. 작업을 모두 마친 후에는 Ctrl + O 를 활용하여 문서 끼워넣기를 하면 손쉽게 여러 개의 문서를 하나의 파일로 만들 수 있어 업무효율을 높이는데 도움을 줍니다.

3. 복잡한 문서를 작업할 때는 '조판 부호 보기'를 활용합니다.
   ☞ 여러 사람이 작업한 문서를 하나의 문서를 합치는 경우에는 여러 가지 종류의 조판 부호가 혼재되어 있어 문서가 복잡해질 수 있습니다. 이러한 경우에는 Ctrl + G + C 를 눌러 문서에 입력된 조판부호를 확인하며 작업하면 효과적입니다. 만약 '새 쪽 번호', '감추기', '메모' 등 반복되는 조판 부호가 많을 경우에는 한글 메뉴에서 [편집]-[조판 부호 지우기]를 선택한 후 해당 조판 부호를 찾아서 한 번에 지우면 보다 효율적으로 문서 작업을 할 수 있습니다.

4. 편집 화면 나누기 기능을 적극 활용합니다.
   ☞ 요즈음 많이 사용되고 있는 PC 모니터는 보통 16:9 와이드형입니다. 와이드형 모니터의 경우 동시에 편집화면 두 쪽을 확인하는데 편리합니다. 문서의 특정 페이지에 있는 정보를 지속적으로 확인하며 작업을 수행해야 할 경우, 한글 메뉴에서 [보기]-[편집 화면 나누기]를 선택하여 동시에 두 개의 편집 화면으로 작업하면 문서의 작업 효율을 높일 수 있습니다. 특히 각각의 편집화면은 필요에 따라 그 크기를 조정할 수 있어 활용도가 매우 높습니다.

5. Ctrl , PgUp , PgDn 키를 적극 활용합니다.
   ☞ 문서의 처음이나 끝으로 이동하고자할 경우 마우스로 드래그하며 찾아가기 보다는 Ctrl + PgUp 이나 Ctrl + PgDn 을 활용하면 좋습니다. 또한 다음 페이지를 새 쪽으로 시작하고 싶은 경우에도 Enter 키를 여러번 누르기 보다는 Ctrl + Enter 를 누르면 보다 깔끔하게 새 쪽에서 시작하 수 있습니다. 그리고 마우스를 이용하여 페이지를 이동하다보면 원하는 페이지에 커서가 없어지며 다시 이전 쪽으로 돌아가는 경우가 있는데, 이때 PgUp 이나 PgDn 을 이용하여 페이지를 검색하면 해당 페이지로 커서가 이동하기 때문에 한결 안정적으로 문서의 내용을 살펴볼 수 있습니다.

6. 상용구를 적극 활용합니다.
   ☞ 분량이 많은 문서를 작업하다 보면 평소 잘 사용하지 않는 영문이나 특수 기호 등을 반복적으로 입력해야하는 경우가 있습니다. 이러한 때에는 Ctrl + F3 을 눌러 해당 문구를 상용구로 등록하여 작업하면 업무 효율을 높이는데 많은 도움이 됩니다.

교사를 위한 추천 도서

교실에서 바로 쓰는
캔바/캔바AI로 수업디자인하기
안익재 저 | 253쪽 | 16,800원

선생님을 위한
캔바 수업 활용
김민주 저 | 240쪽 | 18,800원

교사를 위한
패들렛
안익재 저 | 197쪽 | 16,800원

교사를 위한 스프레드시트 활용 가이드
구글 시트로 스마트한 학교 만들기
지미정 외 공저 | 400쪽 | 24,400원

선생님을 위한 노션
실전기초/수업활용/학생관리/업무관리/업무자동화/노션AI
임세범저 | 318쪽 | 21,800원

입상 교사만 아는 아무도 말해주지 않은
수업혁신사례연구대회 1등급의 비밀
임은빈 외 공저 저 | 352쪽 | 24,000원

교사를 위한 추천 도서

초등 개념기반 탐구수업
서술형평가 설계와 실천
진경오 저 | 356쪽 | 21,000원

선생님을 위한
교육용 AI 챗봇 활용법
임세범 외 공저 | 352쪽 | 22,500원

교실에서 바로 쓰는
챗GPT 교사 활용법
유수근 저 | 304쪽 | 19,800원

2022 개정 교육과정
평가, AI로 날개를 달다
지미정 외 공저 | 353쪽 | 21,000원

교실에서 바로 통하는
배움중심수업 에듀테크와 AI로 확! 잡자
유수근 저 | 196쪽 | 15,500원

"OECD 교육 2030" & "2022 개정 교육과정"
미래 교육 나침반
지미정 저 | 353쪽 | 17,700원